# 5 PRIMARIA

# Lengua

## Segundo trimestre

Maite Burruezo Ordóñez
Silvia Martínez Heredia
Ana Paula Moreno Agud
Sandra Tolsada Lozano

ANAYA

# ¿Qué vamos a aprender?

| COMPRENDO | ME EXPRESO | CONOZCO MI LENGUA |
| --- | --- | --- |
| • **Escucho:** La leyenda<br>• **Leo:** *Árboles.* Salvador Comelles | • **Palabras nuevas:** El bosque (el diccionario)<br>• **Hablo:** Expresarse en voz alta<br>• **Escribo:** Los géneros literarios | • **Gramática:** La comunicación<br>• **Ortografía:** Las sílabas tónica y átona; palabras agudas, llanas y esdrújulas |
| • **Escucho:** El texto expositivo<br>• **Leo:** *De viaje con don Quijote,* Pedro Aranda | • **Palabras nuevas:** La cultura (arcaísmos y neologismos)<br>• **Hablo:** La exposición oral<br>• **Escribo:** Las propiedades del texto | • **Gramática:** Lenguaje, lengua y dialecto; las lenguas de España<br>• **Ortografía:** Reglas generales de acentuación |
| • **Escucho:** El texto narrativo (partes de la narración)<br>• **Leo:** *Un desayuno feliz,* Louisa May Alcott | • **Palabras nuevas:** La solidaridad (palabras polisémicas)<br>• **Hablo:** Elementos de la narración<br>• **Escribo:** Tipos de narración | • **Gramática:** El nombre<br>• **Ortografía:** El diptongo y el hiato |
| • **Escucho:** Describir un lugar<br>• **Leo:** *Auggie nunca ha ido al colegio,* R. J. Palacio | • **Palabras nuevas:** El aprendizaje (palabras sinónimas y antónimas)<br>• **Hablo:** Describir un objeto<br>• **Escribo:** Describir a una persona | • **Gramática:** El adjetivo<br>• **Ortografía:** El punto, la coma y la mayúscula |

**PROYECTO INTERDISCIPLINAR · Nuestra cumbre por el clima:** Nos movilizamos — ANEXO

| | | |
| --- | --- | --- |
| • **Escucho:** El diálogo<br>• **Leo:** *Algo está pasando...* | • **Palabras nuevas:** El agua (palabras homófonas)<br>• **Hablo:** Expresar una opinión<br>• **Escribo:** El cómic | • **Gramática:** Los determinantes<br>• **Ortografía:** Los dos puntos, el punto y coma, y los puntos suspensivos |
| • **Escucho:** El diario<br>• **Leo:** *Florence Nightingale,* Katherine Halligan | • **Palabras nuevas:** La igualdad (los gentilicios)<br>• **Hablo:** El blog<br>• **Escribo:** Textos de la vida cotidiana | • **Gramática:** Los pronombres personales<br>• **Ortografía:** El paréntesis, la raya y el guion |
| • **Escucho:** La biografía<br>• **Leo:** *El patio de luces de mi abuelo,* Érica Esmorís | • **Palabras nuevas:** La ciudad (abreviaturas y siglas)<br>• **Hablo:** La fábula<br>• **Escribo:** El cuento y la novela | • **Gramática:** El adverbio, la preposición y la conjunción<br>• **Ortografía:** Palabras con *h* |
| • **Escucho:** Textos periodísticos (la entrevista)<br>• **Leo:** *Molly Steer (Queensland, Australia),* Lucy Bell | • **Palabras nuevas:** El consumo (palabras tabú y eufemismos)<br>• **Hablo:** Textos periodísticos (la noticia)<br>• **Escribo:** Textos periodísticos (la noticia) | • **Gramática:** El verbo<br>• **Ortografía:** Palabras con *g* y *j;* la diéresis |

**PROYECTO INTERDISCIPLINAR · Hacemos camino:** Experiencia en la naturaleza — ANEXO

| | | |
| --- | --- | --- |
| • **Escucho:** Textos publicitarios<br>• **Leo:** *Cuidemos nuestra salud mental* | • **Palabras nuevas:** La alimentación (campo semántico)<br>• **Hablo:** Recursos literarios<br>• **Escribo:** Recursos literarios | • **Gramática:** La oración<br>• **Ortografía:** Palabras con *b* y *v* |
| • **Escucho:** El resumen; ideas principales y secundarias<br>• **Leo:** *Unos científicos muy curiosos,* Diego Arboleda | • **Palabras nuevas:** La ciencia (los refranes)<br>• **Hablo:** La poesía (recitar un poema)<br>• **Escribo:** La poesía (verso, estrofa y rima) | • **Gramática:** Los complementos del verbo<br>• **Ortografía:** Palabras terminadas en *-d* y *-z* |
| • **Escucho:** La poesía<br>• **Leo:** *Sara Soler Segura se negaba a sacar la basura,* Shel Silverstein | • **Palabras nuevas:** Las tres erres (las frases hechas)<br>• **Hablo:** La poesía (el ritmo)<br>• **Escribo:** La poesía (medida de los versos) | • **Gramática:** Lexema y morfemas; palabras primitivas y derivadas<br>• **Ortografía:** Palabras con *c* y *cc;* palabras con *r* y *rr* |
| • **Escucho:** El teatro<br>• **Leo:** *Un juego sin reglas,* Daniel Pérez Fernández | • **Palabras nuevas:** La justicia (usos de la lengua)<br>• **Hablo:** El teatro<br>• **Escribo:** El texto teatral | • **Gramática:** Formación de palabras<br>• **Ortografía:** Palabras con *ll, y;* palabras con *x* |

**PROYECTO INTERDISCIPLINAR · Un lugar para mi recreo:** ¿Reinventamos? — ANEXO

# Así es tu libro

## ¿Para qué sirve lo que aprendo?

Cada unidad propone una **situación de aprendizaje** y un objetivo para el final de esta.

ODS

¡Sigue el hilo!

**Destrezas comunicativas** que trabajamos.

Descubrimos **saberes básicos** a través de la situación de aprendizaje.

**Actividades competenciales**

que acercan los contenidos a nuestro entorno.

¡Toma nota!

# Y para cada trimestre...

**Repaso trimestral** con actividades lúdicas.

**Proyecto interdisciplinar** para integrar con un objetivo común las diferentes áreas de aprendizaje.

## Iconos

Aprendizaje cooperativo

Educación emocional

TIC

Gamificación

ODS

Desarrollo del pensamiento

Audio

Evaluación

Objetivo en acción

**Porfolio**

**Conozco mi lengua**

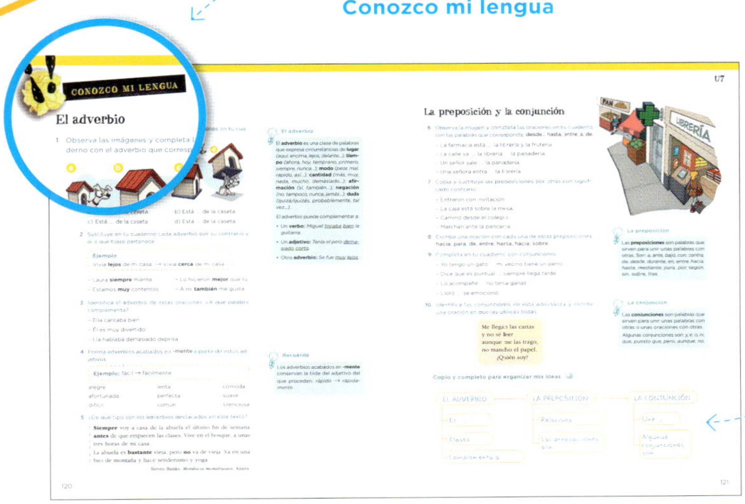


**Esquemas visuales** que facilitan el aprendizaje.

# Así es tu proyecto digital

## edu DYNAMIC

Un proyecto que te ofrece todos los contenidos del curso a través del libro digital, junto con una gran diversidad de recursos.

Descubre otra forma de aprender sencilla, intuitiva y compatible con cualquier plataforma y dispositivo.

## ¿Cómo accedes?

Tienes todas las indicaciones necesarias para acceder a él junto a la primera página de tu libro.

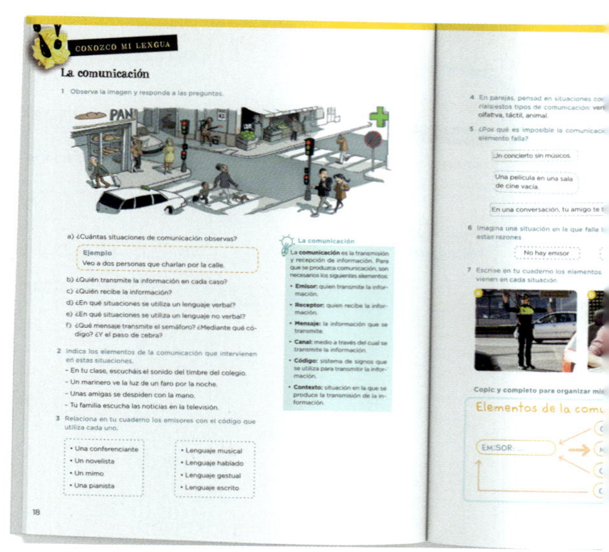

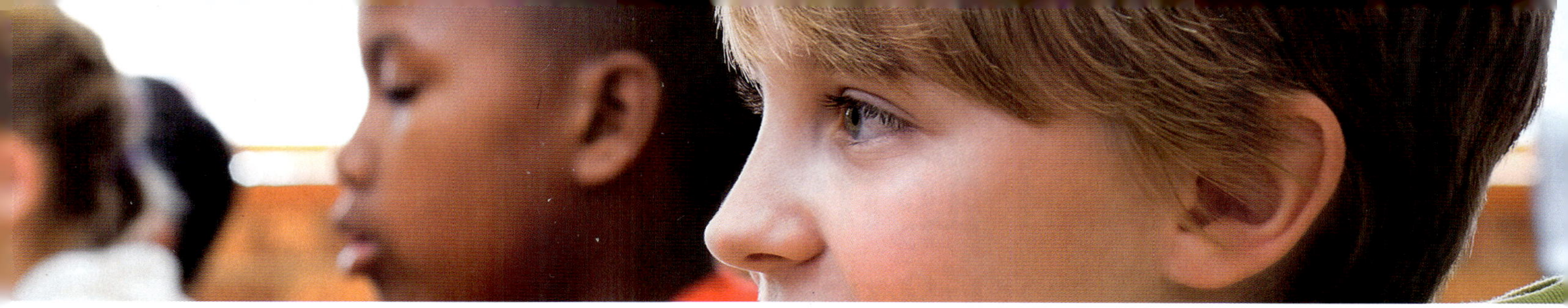

## ¿Qué te ofrece?

Contiene diversidad de recursos; es mucho más que una reproducción del libro en papel.

Con ellos podrás:

**Ejercitar**
actividades interactivas

**Estudiar**
resúmenes interactivos, esquemas...

**Aprender**
audios, vídeos, gameroom...

**Evaluar**
autoevaluación, porfolio...

## ¿Cómo es?

Una respuesta global para un entorno educativo diverso.

### Intuitivo

Fácil de usar para ti.

### Multidispositivo

Se adapta y visualiza en cualquier tipo de dispositivo (ordenador, tableta, *smartphone*...) a cualquier tamaño y resolución de pantalla.

### Descargable

Te permite trabajar sin conexión a internet y descargarlo en más de un dispositivo.

### Sincronizable

Los cambios que realices se sincronizan automáticamente al conectar cualquiera de los dispositivos en los que estés usándolo.

### Universal

Compatible con todos los sistemas operativos, los entornos virtuales de aprendizaje (EVA) y las plataformas educativas (LMS) más utilizadas en los centros escolares.

Compatible con:

blink Learning Alexia [click edu moodle

# 5 Por el agua, nos mojamos

La mayor parte de la superficie de la Tierra está cubierta de agua. ¡Lógico que la llamemos también «planeta azul»!

Sin embargo, el agua dulce, necesaria para la vida, representa solo una pequeña parte de todas las aguas del planeta. Su escasez en algunas regiones es la causa de graves problemas.

¡Aprendamos a no derrochar este valioso recurso!

## ¿Cómo lo ves?

¿Por qué es tan importante el agua?

Beber agua potable del grifo, ducharse con agua caliente... ¿sabías que mucha gente no puede hacerlo?

## El dato

En todo el mundo, una de cada tres personas no tiene acceso a agua potable.

Para esta unidad...

## Objetivo en acción

**¿Cómo puedes contribuir a resolver el problema del agua?**

**Elabora una «Agenda del agua».**

## ¡Sigue el hilo!

**El diálogo**

1 La capacidad de dialogar es nuestra mejor herramienta para resolver los problemas.

**Lectura**

2 ¿Crees que es importante emprender iniciativas de cooperación para mejorar el mundo?

**Vocabulario**

3

Utiliza palabras nuevas sobre el agua.

**Expresar una opinión**

4

¿Te gustaría desarrollar tus habilidades comunicativas y tu capacidad para convencer?

**El cómic**

5

¿Puede un cómic ayudarte a reflexionar sobre la necesidad de tomar iniciativas para resolver los problemas?

**CONOZCO MI LENGUA**

Los determinantes.

Los dos puntos, el punto y coma, y los puntos suspensivos.

COMPRENDO

# Escucho un diálogo

La capacidad de dialogar es nuestra mejor herramienta para resolver los problemas. El diálogo nos une, nos enriquece y nos ayuda a convivir mejor.

1 Escucha este fragmento de la obra *Pippi Calzaslargas,* de la escritora sueca Astrid Lindgren, y responde a las preguntas.

a) ¿Quiénes intervienen en este diálogo?

b) ¿De qué hablan?

c) ¿Qué quieren averiguar? Elige la opción que corresponda.

a) Quién ha robado la palabra «palitroche».

b) Dónde se puede comprar la palabra «palitroche».

c) El significado de la palabra «palitroche».

d) ¿Alguien ha podido ayudarlos? ¿Por qué?

2 Explica para qué se utilizan los dos puntos en esta oración.

La pastelera ha dicho: «No tenemos palitroches».

3 Ordena los textos en tu cuaderno para formar un diálogo.

—¿Qué es lo que has descubierto, Pippi?

—¿Qué quiere decir «palitroche»?

—Dínosla!

—Una palabra nueva.

—¡Ojalá lo supiera!

—¡Palitroche!

4 Según Pippi, las palabras pudo inventarlas «un grupo de profesores y profesoras». ¿Qué piensas tú de todo ello? ¿Quién crees que inventa las palabras?

5 Jugamos a inventar palabras. Por parejas, unid dos palabras que conozcáis para formar una nueva, como en los ejemplos, e inventaos su significado. Compartid vuestra palabra con el resto de la clase.

camirrota | danzapatos | motolibro

### El diálogo

Un **diálogo** es un intercambio de mensajes entre dos o más personas.

Se llama **conversación** cuando el diálogo es oral y espontáneo.

Al dialogar, debemos respetar los turnos de palabra y escuchar lo que dicen las otras personas con atención e interés.

### Dialogamos por el planeta

En parejas, dramatizad un diálogo. No perdáis de vista vuestro objetivo, que consiste en llegar a un acuerdo que contribuya a hacer un uso responsable del agua.

Estudiante A: Prefiere el baño a la ducha.

Estudiante B: Prefiere la ducha al baño.

Realizad en clase una puesta en común de los resultados de vuestros diálogos.

¡Toma nota!

En un diálogo, tan importante es expresarte como mostrar una actitud de escucha atenta y respetuosa.

# Leo un cómic

¿Crees que es importante emprender iniciativas de cooperación para mejorar el mundo? ¿Se atreverán los protagonistas de la lectura a hacerlo?

Antes de leer

- Observa la forma del texto: ¿qué elementos distingues en él?

## Algo está pasando...

## Leo un cómic

RÍO ARRIBA, ENCUENTRAN LA CAUSA.
¡GLU! ¡GLU!
AL DÍA SIGUIENTE, EN EL COLEGIO…
¡Y TODO ESO ES LO QUE HEMOS VISTO, PROFE!
¿QUÉ PODEMOS HACER?
¿Y SI ESCRIBIMOS AL AYUNTAMIENTO?
¡BUENA IDEA! SEGURO QUE HAY UNA SOLUCIÓN.
«EXCMA. SRA. ALCALDESA»…
AL FINAL, TODO SE SOLUCIONÓ. LA EMPRESA SE VIO OBLIGADA POR LAS AUTORIDADES A NO VERTER AGUAS CONTAMINADAS AL RÍO.
¡PLAS! ¡PLAS!

## Comprendo la lectura

1 ¿Cuál era en un principio el objetivo de la excursión?

2 Línea del tiempo Ordena en tu cuaderno estas oraciones en la línea del tiempo según suceden en el cómic.

- Escriben una carta a la alcaldesa.
- Hablan con la profesora.
- Perciben un mal olor.
- Deciden ir a coger moras.
- Descubren el origen del problema.

3 ¿Para qué se utiliza cada uno de estos tipos de bocadillo?

4 Narracción, descripción, diálogo, ¿qué predomina en el cómic?

5 ¿Para qué se utilizan los puntos suspensivos aquí?

Cerca del riachuelo...

Para expresar una enumeración. | Para expresar duda.

Para indicar que el texto no está completo.

6 Escribe un texto de unas cinco líneas donde expliques qué te ha enseñado esta lectura y cómo te ha hecho sentir.

### Iniciativas a favor del agua

Asamblea de ideas En grupos, pensad en una recomendación para hacer un buen uso del agua en vuestro colegio.

Elegid las tres mejores propuestas de toda la clase.

Escribidlas en una cartulina y colocadla en el espacio escolar que corresponda para informar a todo el colegio.

### La lengua y sus hablantes

En la lectura has podido leer «¡PLAS!, ¡PLAS!» como onomatopeya del aplauso. El equivalente inglés y francés de esta onomatopeya es «¡CLAP!, ¡CLAP!».

Averigua el equivalente en las lenguas de España de las siguientes onomatopeyas en castellano: «kikirikí», «guau, guau», «pío, pío».

ME EXPRESO

# Utilizo palabras nuevas sobre el agua

En el cómic que has leído, Pippi, Tommy y Annika consiguen con sus acciones devolver al agua su calidad original.

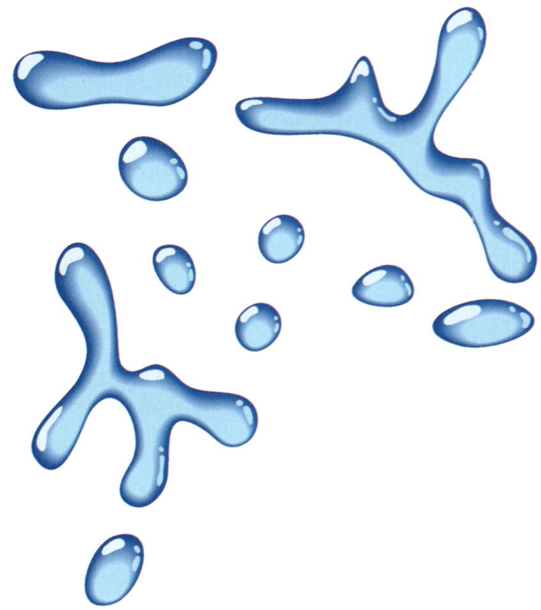

1 Ordena estos nombres en tu cuaderno según la cantidad de agua.

GOTA | SALPICADURA | CHORRO

2 Explica en tu cuaderno en qué se diferencian estos dos tipos de agua.

AGUA POTABLE | AGUA INSALUBRE

3 Relaciona en tu cuaderno los siguientes verbos sinónimos.

| | |
|---|---|
| canalizar | brotar |
| manar | malgastar |
| rebosar | circular |
| fluir | encauzar |
| derrochar | derramarse |

4 ¿Con qué sentido está relacionada cada una de estas propiedades del agua? Escribe una oración con cada una.

incolora • inodora • insípida

5 Encuentra el intruso entre los sinónimos de lluvia.

precipitación aguacero calabobos sirimiri
tempestad chaparrón diluvio tromba
tormenta borrasca líquido chubasco

6 Infórmate sobre el significado de estos refranes y piensa en una situación en la que podrías utilizarlos.

- Ahogarse en un vaso de agua.
- Hacérsele a alguien la boca agua.

7 Utiliza el diccionario y explica la diferencia de significado entre estas parejas de palabras homófonas. Luego, escribe una oración con cada una.

ola • hola | onda • honda | arroyo • arrollo

**Palabras homófonas**

Las **palabras homófonas** se pronuncian igual, pero pueden escribirse de manera diferente y tienen distinto significado: *vello* (pelo corto y suave) y *bello* (bonito).

La diferencia entre las palabras homófonas y las palabras polisémicas es que las homófonas tienen distintas entradas en el diccionario y las polisémicas tienen una sola entrada.

# Expreso mis opiniones

¿Te gustaría desarrollar tus habilidades comunicativas y tu capacidad para convencer? Para lograrlo… ¡busca buenos argumentos!

1 Observa esta situación comunicativa y responde.

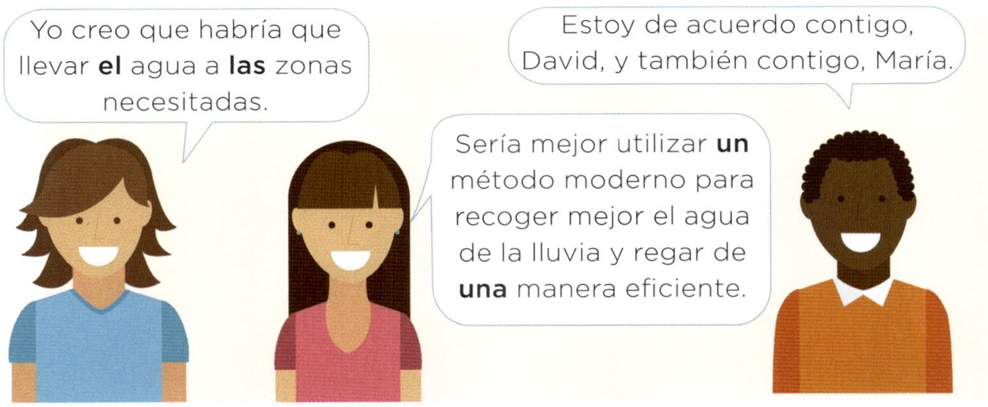


a) ¿Qué están haciendo estas personas?

b) ¿Sobre qué tema hablan?

c) ¿Están de acuerdo? ¿Qué opina cada uno?

d) ¿Delante de qué clase de palabra aparecen las palabras destacadas?

### Expresar una opinión

**Expresar una opinión** es decir lo que se piensa sobre un tema. Cuando expresamos nuestra opinión, debemos utilizar argumentos y mostrar respeto hacia la opinión de los demás.

## Un debate constructivo

Saco de dudas

Preparad un debate sobre el siguiente tema.

¿Deberíamos modificar nuestros hábitos de consumo de agua?

- Elegid a una persona que modere el debate.
- En dos grupos, cada uno elige una de estas opiniones.

| Nuestro consumo de agua es correcto. No es necesario modificar nuestros hábitos. | Nuestro consumo de agua es excesivo. Deberíamos modificar nuestros hábitos. |
|---|---|

- Lluvia de ideas Buscad argumentos sólidos en los que apoyar vuestra opinión y argumentos con los que rebatir la opinión del otro grupo.
- Durante el debate, utilizad expresiones como: *en nuestra opinión, estamos de acuerdo en que, porque, sin embargo, por lo tanto, en primer lugar, finalmente, por ejemplo…*
- Recoged unas conclusiones del debate en un documento escrito.

### El debate

El **debate** es un diálogo entre dos o más personas que expresan opiniones distintas sobre un tema y aportan **argumentos** para convencer.

Además de los participantes, en un debate puede intervenir un **moderador,** es decir, una persona que dirige el debate y organiza los turnos de palabra.

# Escribo un cómic

¿Puede un cómic ayudarte a reflexionar sobre la necesidad de tomar iniciativas para resolver los problemas?

**1** Lee este cómic y contesta a las preguntas.

a) ¿Cuántas viñetas tiene este cómic?

b) Resume en tres líneas lo que sucede en la historia.

c) ¿Hay alguna onomatopeya? ¿Qué significa?

**2** ¿Qué pueden significar estas imágenes en un cómic?

**3** Relaciona en tu cuaderno cada onomatopeya con su significado.

| | |
|---|---|
| Achís | Conversación |
| Bla, bla, bla | Timbre |
| Croac, croac | Rana |
| Ring | Estornudo |

### El cómic

El **cómic** es una serie de viñetas que cuenta una historia a través de la combinación de imágenes, elementos gráficos y texto.

Las palabras y los pensamientos de los personajes se sitúan en unos espacios llamados **bocadillos** o **globos.**

4 Piensa y comparte en pareja Observad estas dos viñetas y continuad el cómic.

a) Pensad en la historia completa que queréis contar.

b) Decidid cuántas viñetas vais a necesitar para continuar vuestra historia (no más de cuatro).

c) Redactad un borrador de los textos: diálogos y pensamientos de los personajes, palabras del narrador, onomatopeyas, ruidos...

d) Dibujad las escenas en viñetas, los bocadillos para los diálogos de los personajes y los espacios para las palabras del narrador.

e) Escribid los textos definitivos.

Webquest: Accede a este recurso en **anayaeducacion.es** e investiga sobre la literatura a través del cómic.

## Un libro de cómics

Reunid los cómics de toda la clase que habéis elaborado en la actividad anterior.

Cread un libro encuardenado con una bonita portada y un título atractivo.

Entregad vuestro libro de cómics a la persona a cargo de la biblioteca del centro escolar.

# Los determinantes

1 ¿Cuál es el género y el número de los nombres a los que acompañan los determinantes destacados en estas oraciones?

- **nuestras** gatas
- **la** cocinera
- **unas** conductoras
- **estos** aviadores
- **varios** encargados
- **este** fontanero
- **el** camarero
- **una** loba

2 Trasforma el género y el número de los nombres anteriores. ¿Has tenido que aplicar también cambios en los determinantes? ¿Por qué?

### Los artículos

Los **artículos** pueden ser de dos tipos:

- **Determinados,** cuando acompañan a nombres de seres u objetos conocidos *(**La** fuente está en **la** plaza).*
- **Indeterminados,** cuando acompañan a nombres de seres u objetos desconocidos *(Construyeron **una** presa).*

| | Determinado | Indeterminado |
|---|---|---|
| **Masculino singular** | el | un |
| **Femenino singular** | la | una |
| **Masculino plural** | los | unos |
| **Femenino plural** | las | unas |

3 Localiza los artículos y analiza su género y número.

Los deberes son los deberes. [...] Maisie abrió el libro por un mapa del Mediterráneo y decidió que todos aquellos nombres dispersos por sus costas eran demasiados para aprenderlos. Luego abrió la botellita de tinta, o por lo menos lo intentó: el tapón se resistía. Y cuando por fin cedió, un riachuelo oscuro cayó sobre el azul del mar.

Beatrice Masini, *Maisie y el tigre de Cleopatra,* Anaya.

**Ejemplo**
Los deberes: Los, artículo, masculino, plural.

4 Copia y completa con los artículos determinados o indeterminados que faltan.

En .... fiesta de cumpleaños nunca puede faltar .... tarta, .... música y .... amigos y .... amigas.

### Los determinantes

Los **determinantes** son palabras que acompañan a los nombres para precisar su significado y que **concuerdan** con ellos en **género** y en **número.**

Son determinantes: los **artículos,** los **demostrativos,** los **posesivos,** los **numerales** y los **indefinidos.**

### Los demostrativos

Los **demostrativos** indican la distancia a la que se encuentra el nombre al que acompañan con respecto a la persona que habla.

| | Cerca | Media distancia | Lejos |
|---|---|---|---|
| **Masculino singular** | Este | Ese | Aquel |
| **Femenino singular** | Esta | Esa | Aquella |
| **Masculino plural** | Estos | Esos | Aquellos |
| **Femenino plural** | Estas | Esas | Aquellas |

5 Copia y completa en tu cuaderno con el determinante que corresponda.

- .... pelota es amarilla.
- .... pelota es negra y blanca.
- .... pelota es naranja.

6 Escribe tres oraciones en las que utilices demostrativos a partir de la imagen anterior.

7 Completa en tu cuaderno con los demostrativos correspondientes.

**Ejemplo**
.... flores son para ti → Estas flores son para ti.

- ¿Ves a lo lejos .... árboles?
- En .... armario de ahí están las herramientas.
- .... señora de allá te está llamando.
- ¿Venís a mi casa .... tarde?
- Viven en .... mismo edificio de aquí.
- Toma, acaban de traer .... paquete para ti.

### Los posesivos

Los **posesivos** indican posesión o pertenencia y si hay un poseedor o varios.

| | Singular | Plural |
|---|---|---|
| **Un solo poseedor** | mi, tu, su | mis, tus, sus |
| **Varios poseedores** | nuestro, nuestra; vuestro, vuestra; su | nuestros, nuestras; vuestros, vuestras; sus |

8 ¿Cuál de las palabras de esta oración indica posesión? ¿A qué nombre acompaña?

Los dos hermanos perdieron sus lápices.

9 Sustituye en tu cuaderno las palabras destacadas por un posesivo.

**Ejemplo**

El pastel **de tus amigas** tiene moras.

↓

**Su** pastel tiene moras.

- La cesta **del señor Nelson** estaba llena de moras maduras.
- Los primos de **María y Paloma** son muy pequeños.
- **Tu casa y la mía** están cerca.
- En **tu pueblo y el de tu hermana** se vende buen pan.
- Las rojas son las tazas de **mi madre y de mi padre.**
- La azul es la chaqueta **de Pablo.**

10 Analiza los posesivos de la actividad anterior como en el ejemplo.

**Ejemplo**

Su: singular, masculino, varias poseedoras.

**11** ¿Qué indican las palabras destacadas?

Llegaron **dos** leonas con sus **tres** crías.

**12** Copia y escribe con letras estos números.

4 10 15 47 303

**13** Copia estas oraciones y subraya los indefinidos.

- Llegaron muchas personas que no esperábamos.
- Tengo bastante hambre.
- Algunas plantas estaban secas.
- Encontraron varios objetos perdidos.

**14** Completa estas oraciones con un determinante indefinido.

- Tengo .... ganas de volver a mi pueblo.
- Había .... coches en la carretera.
- Consiguieron .... dinero con la venta.
- Teníamos .... monedas sueltas.

### Los numerales

Los **numerales** indican cantidad.

Se escriben con una sola palabra hasta el treinta y, a partir de aquí, con dos o más palabras: *tres, dieciséis, treinta y cuatro.*

### Los indefinidos

Los **indefinidos** indican cantidad, pero de manera imprecisa: *alguna solución, ciertas personas, demasiados invitados, varios mensajes, bastante calor...*

**Copio y completo para organizar mis ideas**

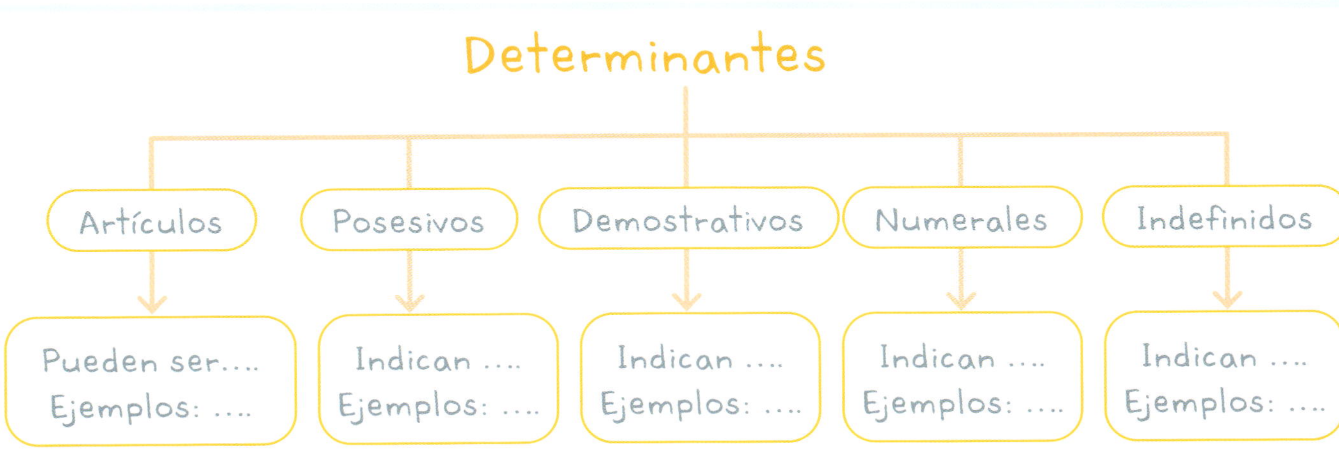

CONOZCO MI LENGUA

# Los dos puntos, el punto y coma, y los puntos suspensivos

1 Lee el texto e identifica el uso que se hace en él de los dos puntos.

> Era un caos, pero siempre estaba llena de increíbles objetos: tubos de pintura medio vacíos, tazas viejas llenas de pinceles, muestrarios de colores pegados a las paredes, muñecos de madera en diferentes poses y caballetes de todos los tamaños imaginables. Pero lo mejor de todo eran los cuadros, diseminados por todo el estudio.

Rob Biddulph, *Peanut Jones y la ciudad ilustrada,* Anaya.

2 Copia y escribe los dos puntos donde corresponda. Explica su uso en cada caso.

- No te olvides de comprar lo que te puse en la lista peras, manzanas y plátanos.
- Belén dijo «No vengas tarde».
- La profesora nos pidió «Traed mañana la calculadora».
- En el mercado vendían varias clases de alimentos frutas, carnes, pescados...
- Querido Marcos Hemos pasado unos días maravillosos en Tenerife.

3 Copia y completa este texto con los signos de puntuación que faltan.

> Estimada Gloria
> Por fin he recibido el envío que solicité hace meses a su librería una antología de poemas. dos libros de aventuras y otro de cuentos Como diría mi padre «Más vale tarde que nunca»

4 Lee este texto e identifica en él los distintos signos de puntuación. ¿Cuántos son? ¿Para qué se utilizan?

> Le dio un mordisco y se dijo ansiosamente: «¿Por dónde?, ¿por dónde?», colocándose una mano en la cabeza para comprobar por dónde iba a crecer; pero su tamaño no varió y eso le sorprendió. Cuando se come pastel, uno espera que pase algo fuera de lo normal; de modo que le pareció completamente soso y estúpido que la vida siguiera su curso como de costumbre.

Lewis Carroll, *Alicia en el país de las maravillas,* Anaya.

### Los dos puntos

Los **dos puntos (:)** se utilizan:

- Delante de una enumeración. *Quiero: sopa, filetes rusos, helado y un té.*
- Para introducir las palabras de otra persona.
  *Nos dijo: «No voy».*
- Tras el saludo en cartas y correos electrónicos.
  *Querido Raúl:*
  *Hoy ha sido mi primer de trabajo.*

### El punto y coma

El **punto y coma (;)** se utiliza:

- Para separar oraciones con significado relacionado o complementario.
  *Es una persona alegre; siempre está sonriendo.*
- Para separar los elementos de una enumeración que ya contiene comas.
  *Por la mañana fuimos a la pescadería, a la frutería y a la panadería; por la tarde fuimos al cine.*

5 Observa el ejemplo y escribe tres oraciones en las que utilices los puntos suspensivos.

**Ejemplo**

En la clase hemos hecho ejercicios de matemáticas, lengua castellana, inglés...

6 Completa las siguientes oraciones en tu cuaderno con enumeraciones incompletas de al menos tres elementos.

- Me gustan todas las verduras:
- Han venido muchos amigos a la fiesta:
- He visto varias películas:

7 Inspírate en la imagen para escribir una oración en la que utilices dos puntos, coma, punto y coma y puntos suspensivos.

**Los puntos suspensivos**

Los **puntos suspensivos (...)** se utilizan para indicar que una oración está inacabada o una enumeración está incompleta. Por ejemplo:

- *Llegó el detective y...,*
- *En este río viven truchas, carpas, cangrejos...*

Repasa la ortografía de la unidad en **anayaeducacion.es**.

## DICTADO: Practicamos con los signos de puntuación

Escucha y copia el texto en el cuaderno. Deberas utilizar una vez los dos puntos, otra vez el punto y coma, y varias veces la coma y el punto.

Organizad una puesta en común en la clase y valorad las dificultades que habéis tenido con los signos de puntuación.

**Después del dictado:**

Ortografía ☺ 😐 ☹  Presentación ☺ 😐 ☹  Caligrafía ☺ 😐 ☹

# ¿Qué he aprendido?

1 Completa en tu cuaderno con: **a ver, haber, a haber.**

- Mis padres nos llevaron .... un musical.
- Va .... que quedar un día para ir.
- En el próximo curso va .... un nuevo equipo de dirección en el centro.
- ¡....! ¡Atención! Tiene que .... alguien que tenga aquí un ordenador.
- Tiene que .... una solución.

2 Copia en tu cuaderno con la opción correcta: **valla, vaya, vaca, baca, cayó, calló.**

- El caballo ha saltado la .... .
- ¡...., qué día más bueno hace hoy!
- He colocado una .... en el coche.
- En la granja vimos una.... lechera.
- Lidia se .... y se hizo un esguince.
- Ricardo no se .... ni un minuto.

3 Identifica los artículos en el texto.

A un lado, un cuadro enorme representaba a una ballena en medio de una tempestad, abalanzándose sobre un barco de tres mástiles casi sumergido, con todas las velas recogidas. La pared opuesta mostraba una aparatosa exhibición de lanzas oxidadas y afilados arpones. Tras atravesar ese vestíbulo llegué a la sala común, donde unos jóvenes marineros bebían acodados en las mesas.

Herman Melville, *Moby Dick*, Anaya.

4 Completa en tu cuaderno con artículos.

- .... casa de Pedro es pequeña.
- .... día iremos a la montaña verde.
- .... perro de Luis es .... animal simpático.
- .... flores silvestres son de .... prado.

5 Identifica los demostrativos y los indefinidos y cópialos en tu cuaderno.

- Aquella playa tenía algunas piedras.
- En este río pescan muchos pescadores.
- Esas casas son de varios amigos de Sonia.
- Estas olas son buenas para algunos surfistas.

6 Escribe estos números con letras. **14, 39, 47.**

7 Lee esta oración e identifica la opción correcta.

> Que cada uno lleve lo que pueda:
> pan, bocadillos, postre, agua, bebidas...

a) El uso de los dos puntos es correcto puesto que introduce las palabras de otra persona.

b) El uso de dos puntos es correcto puesto que introduce una conclusión.

c) El uso de dos puntos es correcto puesto que introduce una enumeración.

8 Indica para qué se usan los dos puntos y el punto y coma en esta oración.

> Vinieron varios amigos: Juan, Marta y Lucas;
> David no pudo venir, estaba ocupado.

Realiza la autoevaluación interactiva en **anayaeducacion.es**.

## DICTADO

Lee el texto para preparar el dictado.

Llamadme Ismael. Hace años, con muy poco dinero en el bolsillo, y sin nada que me atara a la tierra, pensé en irme a navegar por ahí, para conocer los océanos del mundo. [...]

He nacido tierra adentro, pero todos los caminos llevan al mar. El agua tiene una magia irresistible que atrae a los hombres y los impulsa a cruzar montañas, a seguir arroyos, riachuelos y ríos, hasta llegar al mar, que es como un inmenso espejo donde a todos nos gusta mirarnos.

Herman Melville, *Moby Dick*, Anaya.

**El semáforo.** Junto a cada actividad, colorea así en tu cuaderno:

- si has sabido la respuesta,
- si has necesitado ayuda
- o si no la has sabido responder.

OBJETIVO EN ACCIÓN

## Agenda del agua

En esta unidad has comprobado que el diálogo y el trabajo en equipo son necesarios para llegar a acuerdos que solucionen los problemas. Por ejemplo, el del agua.

Ahora que sabes todo esto, vas a dar un paso más...

Con tus compañeros y compañeras, elabora una «Agenda del agua». En ella plantearéis una serie de metas u objetivos concretos para este curso escolar con los que contribuiréis a la gestión sostenible del agua.

1 Reflexionad y completad en el cuaderno este organizador gráfico. Os ayudará a ordenar vuestras ideas.

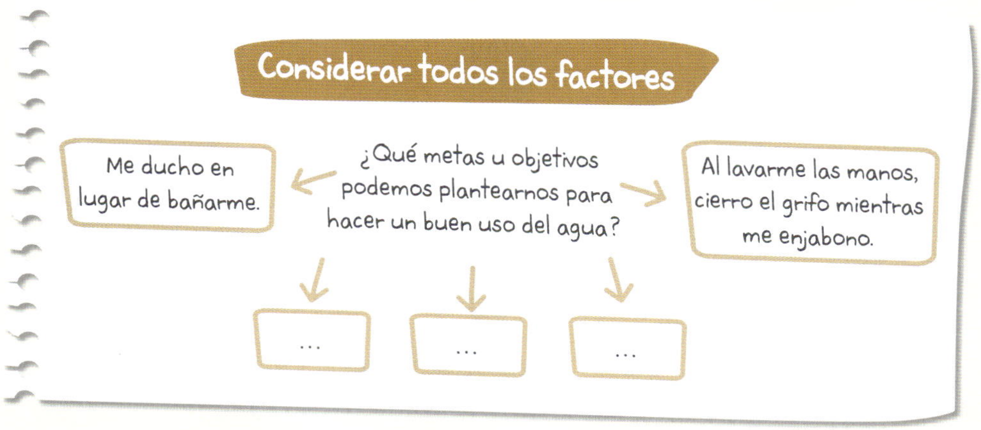


2 Cread un cartel con vuestros objetivos o metas. Ilustradlo y ponedle un título atractivo que anime al cumplimiento de la «Agenda del agua». Colgadlo en un lugar bien visible del colegio.

## ¿Cómo he aprendido?

1 ¿Qué sientes cuando te enfrentas a trabajos nuevos y diferentes?

Miedo | Inseguridad | Curiosidad | Entusiasmo

2 Pide a tus compañeros y compañeras que evalúen tu trabajo.

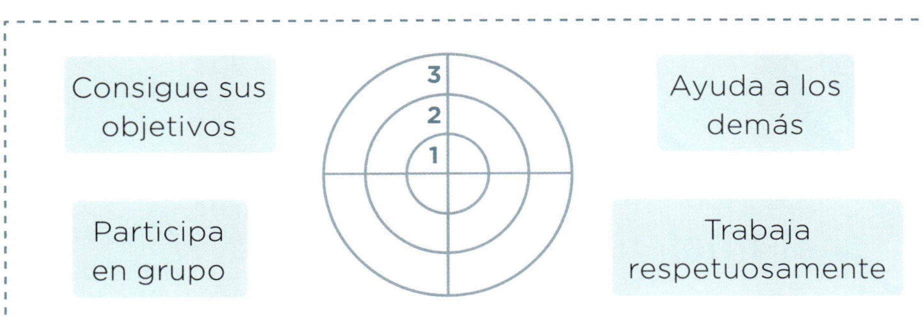

# 6 Caminamos por la igualdad

Hay mujeres médicas, alcaldesas, directoras de colegio, conductoras de autobús, ingenieras, electricistas, científicas... Parece mentira que lo que hoy nos parece normal en un pasado muy reciente fuera una auténtica excepción y que tantas niñas no pudieran cumplir sus sueños por el simple hecho de haber nacido mujer.

Sin duda, conocer la historia y los errores del pasado nos ayudará a lograr la igualdad plena y a que cada persona, sea hombre o mujer, encuentre y decida lo que quiere ser.

## ¿Cómo lo ves?

¿Sabías que hay países donde las mujeres no tienen los mismos derechos que los hombres?

¿A qué mujer célebre femenina admiras?

## El dato

Cada 8 de marzo el mundo recuerda los logros en favor de la igualdad y el trabajo pendiente para lograrla plenamente.

Para esta unidad...

## Objetivo en acción

**¿Qué puedes hacer tú para informar y difundir mensajes por la igualdad?**

**Crea un espacio de reflexión.**

## ¡Sigue el hilo!

**1 El diario**

¿Te gustaría escuchar el diario de una niña de tu edad y conocer sus pensamientos y las cosas que le suceden?

**2 Lectura**

¿Qué te enseñan las vidas de mujeres que cambiaron el mundo?

**Vocabulario**

3

Utiliza palabras nuevas sobre la igualdad.

**El blog**

4

Los medios de comunicación, como el blog, pueden servir para dar voz a mujeres de todo el mundo.

**Textos de la vida cotidiana**

5

¿Qué textos utilizas en tu día a día para expresarte?

¡!

**CONOZCO MI LENGUA**

Los pronombres personales.

El paréntesis, la raya y el guion.

COMPRENDO

# Escucho un diario

¿Te gustaría escuchar el diario de una niña de tu edad y conocer sus pensamientos y las cosas que le suceden? Escribir un diario te ayudará a conocerte mejor.

1 Escucha y responde a las preguntas.

a) ¿Qué tipo de texto acabas de escuchar? ¿Por qué lo sabes?

Noticia     Cuento     Diario

b) ¿Quién lo escribe?

c) ¿Qué dato aporta antes de comenzar el relato de cada día?

2 Completa en tu cuaderno con los sucesos y los pensamientos de la protagonista del diario.

| Sucesos | Pensamientos |
|---|---|
| .... | .... |

3 Antes pensaba..., ahora pienso... ¿Cómo ha cambiado la idea que la protagonista tiene de lo que es un diario?

4 Si escribieses un diario, ¿qué te gustaría contar en él?

5 Asamblea de ideas Pensad en un motivo para escribir un diario. Cread una lista con las mejores aportaciones de cada grupo.

6 Lee este fragmento del texto que has escuchado. ¿Para qué crees que se utiliza la raya (—) en la escritura?

—¡Hola, yo soy Raquel Segura! ¿Tú cómo te llamas?

—Yo me llamo David Nahún Serfaty.

### El diario

Un **diario** es una narración escrita en primera persona en la que contamos día a día nuestras experiencias, nuestros pensamientos y nuestros sentimientos. Suele ir acompañado de la fecha en la que se escribe.

## Querido diario...

¿Te parece interesante la idea de escribir un diario? ¿Te gustaría empezar hoy mismo?

Haz memoria y recuerda algo especial que te haya sucedido recientemente.

A partir de este suceso, escribe la primera página de tu diario.

- Escribe ordenadamente lo que te sucedió.
- Utiliza la primera persona.
- Describe también los pensamientos y sentimientos que te surgieron.
- No te olvides de anotar la fecha.

**¡Toma nota!**

Un diario es personal, nadie debe leerlo si tú no quieres. Pero puede ser divertido compartir en clase la primera página de tu diario... ¿Te atreves?

# Leo la historia de una mujer célebre

¿Qué te enseñan las vidas de mujeres que cambiaron el mundo? Lee la historia de una mujer valiente y excepcional, pionera de la enfermería.

Antes de leer

- Observa las fotografías: ¿a qué crees que se dedicaba la protagonista de la lectura?

## Florence Nightingale

### Llamada para ayudar

Florence nació en 1820 y le pusieron el nombre de su ciudad de nacimiento: Florencia. Su hermana se llamaba Parthenope, que era el antiguo nombre de Nápoles. Cuando Florence tenía un año, la familia regresó a Inglaterra. Su padre poseía una gran biblioteca, y a Florence le encantaba leer. Su madre organizaba fiestas para artistas, escritores y políticos.

Pero a Florence no le gustaban las fiestas: prefería jugar a solas. Su juego favorito era el del hospital, en el que cuidaba a sus muñecas y escribía listas sobre sus enfermedades y medicamentos. Cuando era una adolescente y viajaba con su familia a otros países de Europa, siempre se fijaba en los pobres y los enfermos. Florence [...] empezó a hacerse enfermera y cuidar del bienestar de los demás.

«Atribuyo mi éxito a que nunca puse excusas ni las acepté».

Sus padres se negaron, pues las señoritas de clase alta como Florence no trabajaban de enfermeras entonces. Pero ella estaba decidida, por lo que visitó un orfanato en Alemania y varios hospitales en París [...]. Después, regresó a Alemania para formarse como enfermera.

### Higiene y salud

Pronto estuvo lista para su primer trabajo [...]: directora de un hospital para mujeres pobres en Londres. Se encargó de que las enfermeras se lavaran las manos, algo poco habitual en esa época, y de que se **aseara** a los pacientes, otra idea novedosa. Les dio comida caliente y nutritiva, así como campanillas para pedir ayuda. La limpieza mejoró la salud de los enfermos y se ganó el respeto de sus enfermeras, que se dieron cuenta de que sus ideas funcionaban.

Más adelante, el Gobierno británico pidió a Florence que echara una mano para poner remedio a las terribles condiciones de los soldados en la guerra de Crimea, en Turquía. Ella acudió y, aunque los médicos eran **reticentes** a que los ayudase una mujer, enseguida vieron que la necesitaban. Florence y su equipo limpiaron el hospital y consiguieron medicinas, vendas y comida nutritiva para los soldados. Lámpara en mano, Florence hacía **rondas** nocturnas por el hospital para comprobar el estado de sus pacientes. Los soldados querían a aquella valerosa y **diligente** enfermera, a la que llamaban la Dama de la Lámpara.

**LA LUPA ORTOGRÁFICA**

Al final de los títulos no se escribe punto final.

**Aseara:** limpiara, lavara.

**Reticentes:** desconfiados.

**Rondas:** vigilancias nocturnas.

**Diligente:** cuidadosa, rápida.

## Leo la historia de una mujer célebre

Al terminar la guerra, Florence fue una heroína. Regresó a Inglaterra para seguir luchando contra la suciedad y la enfermedad. La gente donaba dinero para su Fundación Nightingale, que pagaba su trabajo y mostraba la importancia de preservar la salud de los más pobres.

[...] Asimismo, en 1860 abrió la Escuela de Formación de Enfermeras Florence Nightingale, con la que cambió la imagen de la gente sobre la enfermería y la transformó en una profesión respetable para las mujeres. La propia Florence se reunió con la reina Victoria muchas veces y compartió con ella sus ideas sobre cómo mejorar la asistencia médica en los hospitales. Su idea más brillante fue que la enfermedad podía prevenirse con una buena higiene y combatirse con una comida más nutritiva, limpieza y cuidados. El concepto de cuidado preventivo supuso entonces una transformación radical, y mucha gente no la creyó.

**Así cambió el mundo**

Florence nunca se dio por vencida. Aunque pasó enferma en la cama gran parte del resto de su vida, siguió trabajando incansablemente y escribió más de 13 000 cartas para cambiar la mentalidad de la gente sobre la conexión entre limpieza y buena salud. Florence fue la fuente de inspiración de la Cruz Roja y ganó muchos premios por su labor. Murió en 1910, con 90 años, tras haber dedicado su vida a prestar auxilio a los enfermos y a los pobres. Fue una adelantada a su tiempo: además de cambiar la percepción de la gente acerca de la salud y los hospitales, creó la profesión de enfermería tal y como se conoce hoy, y transformó la atención médica en todo el mundo.

«Si no hubiera nadie descontento con lo que tiene, el mundo nunca alcanzaría algo mejor».

Katherine Halligan, *Ellas cuentan,* Ediciones SM.

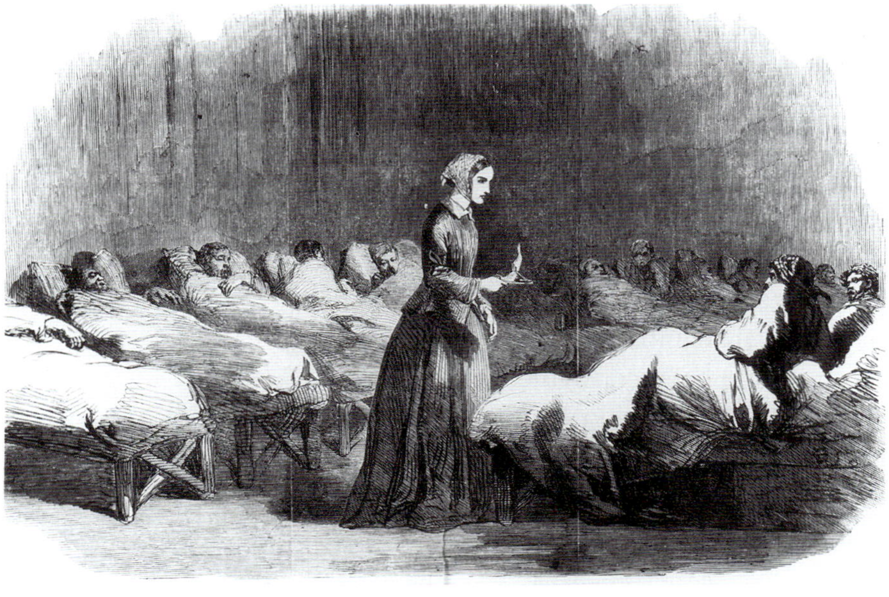

## Comprendo la lectura

1 ¿Con qué ámbito profesional está relacionada la protagonista?

2 Completa las oraciones en tu cuaderno con la palabra que falta.

- Florence nació en 1820 y le pusieron el nombre de su .... de nacimiento: Florencia.
- A Florence no le gustaban las fiestas: prefería jugar a solas. Su juego favorito era .... .
- Florence pronto estuvo lista para su primer trabajo: ....

3 ¿Cuáles fueron las primeras ideas novedosas que introdujo en su trabajo como directora de enfermeras en un hospital de Londres? ¿Qué mejoró con ello?

4 En tu opinión, ¿cuál de estas opciones describe el significado de la expresión «señoritas de clase alta» utilizada en la lectura?

| | | |
|---|---|---|
| Mujeres jóvenes de elevado nivel cultural. | Mujeres jóvenes de mucha estatura. | Mujeres jóvenes procedentes de familias ricas. |

5 ¿Por qué los padres de Florence se negaban a que su hija fuera enfermera? ¿Actualmente, te parece una buena razón? Justifica tu respuesta.

6 Observa las oraciones de color azul, en los márgenes de la lectura. ¿Por qué crees que se escriben entre comillas?

### ¿Quién lo inventó?

Vais a contribuir a visibilizar el trabajo de algunas mujeres inventoras.

Infórmate sobre las mujeres que inventaron estos objetos.

En grupos, elegid uno de estos inventos y explicad en qué facilita vuestra vida cotidiana.

Compartid vuestro resultado con el resto de la clase y elaborad un mural con todos ellos.

bote salvavidas
jeringa
WIFI
lavavajillas
jeringa
libro electrónico
envasado al vacío

ME EXPRESO

# Utilizo palabras nuevas sobre la igualdad

A lo largo de la historia, muchas mujeres, personas imaginativas y luchadoras, abrieron camino hacia la igualdad de género.

**1** Relaciona cada palabra con su significado.

igual · igualar · desigual

- Hacer iguales.
- Que tiene las mismas características.
- Diverso, variable.

**2** Escribe un diálogo en el que utilices estas dos expresiones.

¡Siempre igual! · ¡Da igual!

**3** Copia y completa con la palabra que corresponda.

lenguaje • ley • reparto • participación

- En mi familia hay un .... igualitario de las tareas de la casa.
- Hemos de regirnos por una .... igualitaria.
- Conviene utilizar un .... igualitario e inclusivo al escribir.
- La sociedad apuesta por una .... igualitaria en las decisiones.

**4** Copia y sustituye las palabras destacadas por la que corresponda de manera que utilices un lenguaje inclusivo.

alumnado • familias • profesorado

**5** Infórmate sobre el lugar de origen de estas mujeres y relaciónalas en tu cuaderno con el gentilicio que corresponda.

norteamericana • europea • africana • asiática

- La aviadora Amelia Earhart.
- La química Rosalind Franklin.
- La emperatriz Wu Zetian.
- La escritora Chimamanda Ngozi Adichie.

### La lengua y sus hablantes

Debemos poner atención al uso que hacemos del lenguaje y expresarnos con respeto hacia todas las personas, evitando palabras no inclusivas, ofensivas o discriminatorias.

Webquest: Accede a este recurso en **anayaeducacion.es** e investiga sobre el lenguaje no discriminatorio.

### Gentilicios

Los **gentilicios** indican el lugar de procedencia de las personas o de las cosas: *sevillano, sevillana; malagueña, malagueño; bilbaíno, bilbaína; canadiense; francés, francesa; italiano, italiana.*

# Publico una entrada de audio en un blog

Los medios de comunicación, como el blog, pueden servir para dar voz a mujeres de todo el mundo.

1 Lee este blog y responde a las preguntas.

a) ¿Cómo se llama el blog?

b) ¿De qué tema trata?

c) ¿De quién se habla en la última entrada del blog?

**El blog**

Un **blog** es una página web en la que se publican contenidos ordenados por fecha de publicación. Los contenidos pueden ser textos, vídeos, audio...

## Blog

Publica tu propia entrada de audio en el blog «Pioneras».

- Elige una de las materias propuestas en el blog (ciencia, literatura, arte o política) e infórmate sobre alguna mujer que destacó en esta disciplina.
- Selecciona las fuentes donde investigar y obtener datos sobre ello.
- Entre los datos recopilados, elige aquellos que creas importantes para conocer al personaje.
- Graba el audio de tu publicación.
- Comparte tu audio con el resto de la clase.

**¡Toma nota!**

Un blog es un espacio personal donde puedes expresarte y dar voz a tus ideas. ¡Hazlo siempre mostrando respeto hacia las de los demás!

# Escribo textos de la vida cotidiana

¿Qué textos utilizas en tu día a día para expresarte? ¿Correos electrónicos, mensajes de audio o de texto, avisos, notas...?

## Textos de la vida cotidiana

En nuestra vida cotidiana, utilizamos **correos electrónicos, cartas, notas, anuncios, avisos, mensajes de texto** y **de voz,** etc., para expresar nuestras necesidades y peticiones tanto en el colegio o en las administraciones, como con nuestras familias o amistades.

### Nota

Escrito breve dirigido a una persona cercana, como alguien de la familia, un amigo o una amiga...

### Aviso

Escrito breve que se utiliza para transmitir información pública.

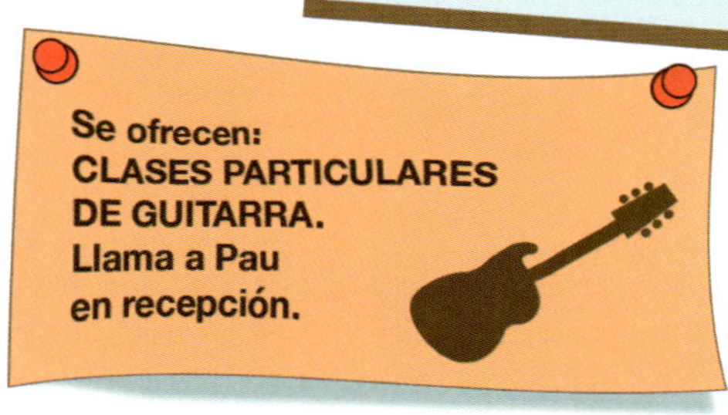


### Anuncio

Mensaje público para comprar, vender, informar de un evento o proveer información.

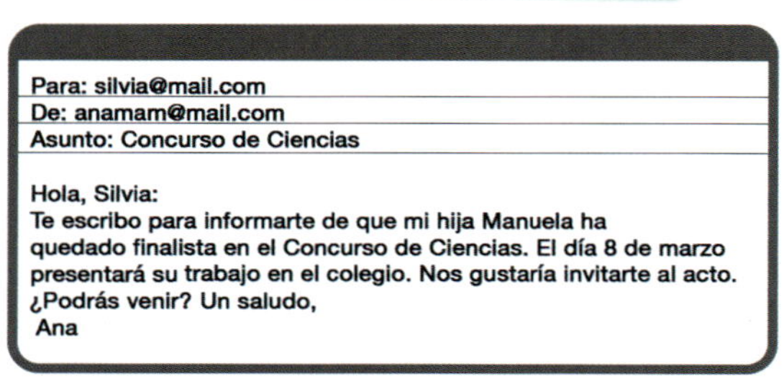
Para: silvia@mail.com
De: anamam@mail.com
Asunto: Concurso de Ciencias

Hola, Silvia:
Te escribo para informarte de que mi hija Manuela ha quedado finalista en el Concurso de Ciencias. El día 8 de marzo presentará su trabajo en el colegio. Nos gustaría invitarte al acto. ¿Podrás venir? Un saludo,
Ana

### Correo electrónico

Sirve para enviar y recibir mensajes a través de Internet.

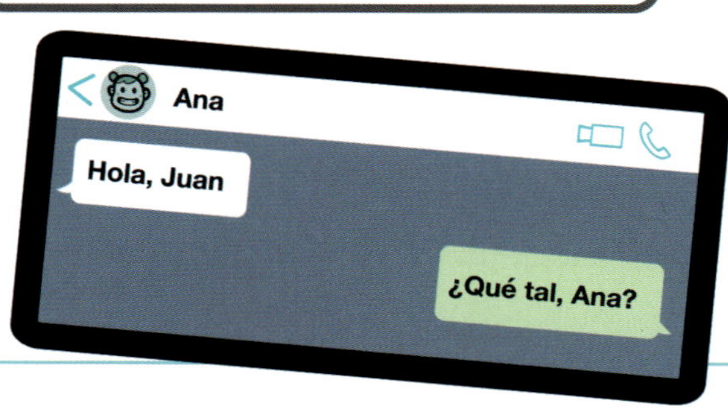


### Chats, *wasaps...*

Conversaciones orales o escritas entre dos o más personas a través de aplicaciones de mensajería instantánea en Internet.

1 Lee los textos de la página anterior y responde a las preguntas.

a) ¿Quién es el emisor y el receptor de cada texto?

b) ¿Cuál de ellos utilizas más en tu vida cotidiana? ¿Para qué lo utilizas?

c) Observa los mensajes de *wasap:* ¿cuántos mensajes de texto se envían a través de esta aplicación?

d) Observa el correo electrónico:

- ¿Cuál es el mensaje?
- ¿Qué fórmula de saludo se utiliza?
- ¿Y qué fórmula de despedida?
- ¿Conoces tú otras fórmulas de saludo?
- ¿Y qué otras formulas de despedida conoces?
- ¿Para qué crees que sirve el apartado «Asunto»?

e) Ventajas e inconvenientes En dos grupos, elaborad un listado de ventajas e inconvenientes del correo electrónico frente a la carta, y del *wasap* frente a llamar por teléfono.

2 Rompecabezas Escribe en tu cuaderno los siguientes tipos de textos.

a) NOTA
Explica a tu padre que, si hace la compra, recuerde comprar yogures.

b) CORREO ELECTRÓNICO
Redacta una respuesta al correo electrónico de la página anterior.

c) AVISO
Informa a tu comunidad de vecinos de que el ascensor está averiado.

d) ANUNCIO
Informa a tu clase de que quieres crear un grupo de música rock.

## Tablón de anuncios

Cread el tablón de anuncios de la clase.

Decidid junto a vuestro profesor o vuestra profesora dónde queréis colocar el tablón de anuncios de la clase.

Estrenad vuestro tablón colgando horarios, actividades, anuncios, notas...

CONOZCO MI LENGUA

# Los pronombres personales

1 Copia las oraciones en tu cuaderno sustituyendo las palabras destacadas por la pareja de palabras que corresponda.

él • lo | él • los | ellas • las | ella • la

**Marina** contempla **la luna.**

**Dani** fotografía **los barcos.**

**Sara y Julia** observan **las estrellas.**

**Juan** escucha **el mar.**

## Los pronombres personales

Los **pronombres** personales pueden ser:

- De **primera persona,** designan al emisor del mensaje *(yo, nosotras...).*
- De **segunda persona,** designan al receptor del mensaje *(tú, vosotros...).*
- De **tercera persona,** se refieren a seres que no son ni el emisor ni el receptor *(él, ellas...).*

**Pronombres personales tónicos**

Pueden aparecer solos.

Ejemplos: ***Ellos*** *salieron temprano; El perro viene* ***conmigo.***

**Pronombres personales átonos**

Siempre acompañan al verbo. Pueden aparecer antes o después. Cuando van después aparecen unidos al verbo.

Ejemplo: ***Le*** *dije que sí; Tráe****melo.***

| | | 1.ª persona | 2.ª persona | 3.ª persona |
|---|---|---|---|---|
| **Tónicos** | **Singular** | yo, mí, conmigo | tú, usted, ti, contigo | él, ella, ello, sí, consigo |
| | **Plural** | nosotros, nosotras | vosotros, vosotras, ustedes | ellos, ellas, sí, consigo |
| **Átonos** | **Singular** | me | te | lo, la, le, se |
| | **Plural** | nos | os | los, las, les, se |

2 Identifica los pronombres tónicos en estas oraciones y analízalos.

**Ejemplo**

Yo → pronombre tónico, 1.ª persona, singular.

- Ella escribía en su diario.
- Tú no fuiste al espectáculo.
- Nosotras somos muy afortunadas.
- Ellos se sintieron bien.

3 Sustituye en tu cuaderno las palabras destacadas por los pronombres personales adecuados.

**Ejemplo**
**María** ha llegado. → **Ella** ya ha llegado.

- **Mi amiga y yo** hemos llegado antes.
- **Julia y Sara** son muy buenas hermanas.
- **Pepe y tú** salisteis huyendo.
- **Usted y su esposo** serán nuestros invitados.

4 Transforma en tu cuaderno la situación formal que describe este texto en una situación informal.

> —Viene usted muy bien recomendado. Tengo buenos informes sobre usted. ¿Conoce mis condiciones?
> —Sí, señor.
> —Bien. A partir de este momento, once horas y veintinueve minutos de la mañana, este miércoles 2 de octubre de 1872, entra usted a mi servicio.
>
> Julio Verne, *La vuelta al mundo en 80 días,* Anaya.

5 Identifica y describe en tu cuaderno los pronombres personales átonos en estas oraciones.

**Ejemplo:** *Dame tu número de telefóno.*
Me → pronombre átono, 1.ª persona, singular.

- Dile si te gustó el regalo.
- Nos hiciste un favor.
- Os dije que llegáseis temprano.
- Te vi ayer con tu padre.

## La lengua y sus hablantes

Los pronombres *usted* y *ustedes* se utilizan generalmente en situaciones formales de respeto. Sin embargo, en la variedad del castellano que se habla en Canarias se utiliza mayoritariamente el pronombre *ustedes,* tanto en contextos formales como informales.

Según esto, ¿cómo se dice en Canarias «Vosotras sois mis mejores amigas»?

**Copio y completo para organizar mis ideas**

Pronombres personales
- Tónicos: ....
  - 1.ª persona: ....
  - 2.ª persona: ....
  - 3.ª persona: ....
- Átonos: ....
  - 1.ª persona: ....
  - 2.ª persona: ....
  - 3.ª persona: ....

# El paréntesis, la raya y el guion

1 ¿Qué uso se hace del paréntesis en estos textos?

**TEXTO 1**
El equipo de mi colegio (el mejor en su categoría) jugó mal ese día.

**TEXTO 2**
LEÓN. —*(Rugiendo)* ¡Dejad de molestarme!

**TEXTO 3**
La invención del telégrafo (1829) fue un hito histórico.

**TEXTO 4**
La gran escritora Emilia Pardo Bazán (1851-1921) siempre defendió los derechos de las mujeres.

**TEXTO 5**
El próximo martes (24 de julio) es mi cumpleaños.

2 Copia y completa las siguientes oraciones con paréntesis.

**Ejemplo**
Carmen de Burgos (Almería, 1867 - Madrid, 1932) fue una destacada periodista española.

- Los Juegos Olímpicos de Barcelona 1992 supusieron el despegue del deporte español.
- Toda su familia nació en Motril Granada.
- El objetivo de la ONU Organización de Naciones Unidas es mantener la paz.
- Toda la clase 25 alumnas y alumnos acudió a la excursión.
- Álex: ¡Jo! *Se cubre la cara con las manos* ¡Es muy temprano!
- Los ODS Objetivos de Desarrollo Sostenible son una herramienta contra la desigualdad de género.
- En los cítricos naranjas, mandarinas, limones... encontrarás una importante fuente de vitamina C.

3 ¿Qué uso se hace de los paréntesis en este texto?

Es posible que el pan y el queso no sean tan sabrosos como la carne, el pollo o el pavo real (aunque lo del pavo real no lo tengo tan claro, ya que nunca lo he probado. ¿Y tú?), pero lo mires por donde lo mires, el pan y el queso son mejor que nada, y más aún cuando llevas sin comer nada desde el desayuno (las grosellas y la gaseosa no cuentan) y hace rato que se ha pasado la hora de cenar. Así que los cuatro comieron y bebieron, y se sintieron mucho mejor.

Edith Nesbit, *El castillo encantado,* Anaya.

### Los paréntesis

Los **paréntesis ()** se utilizan:

- Para introducir aclaraciones, explicaciones o datos concretos:
  *Federico García Lorca (1898-1936) fue un gran poeta andaluz.*
- Para presentar las acotaciones en las obras de teatro.
  GIGANTE. —*(Con ferocidad)* ¡Te comeré!

4 Copia este diálogo en tu cuaderno utilizando las rayas correspondientes.

> ¿Vienes del ensayo con tu grupo de música? preguntó Leti.
> Sí respondió Lolo.
> ¡Genial! dijo Leti entusiasmada.

5 ¿Qué uso se hace de la raya en este texto?

> Me hablaba con una voz aguda y clara, y yo le contestaba en todos los idiomas que sé —inglés, francés, alemán, español, portugués, italiano, holandés y latín—; pero sin resultado.
>
> Jonathan Swift, *Los viajes de Gulliver,* Anaya.

6 Copia el texto de la actividad anterior en tu cuaderno y separa correctamente las palabras al final de cada renglón.

7 Separa con guion las sílabas de las siguientes palabras de todas las maneras posibles: frontera, igualdad, ordenador, experiencia, derechos, impulsó, veinticinco, forastero.

**Ejemplo:** frontera, fron- tera, fronte- ra.

8 ¿Por qué no se pueden separar en renglones distintos las sílabas de estas palabras?: oca, pie, otra, bien, leo.

### La raya

La **raya (—)** se utiliza:

- Para señalar las intervenciones de los personajes en un diálogo.
- Antes y después de una aclaración. En este caso, también se pueden utilizar comas: *El león —que tenía la pata herida— no pudo alcanzar a la presa.*

### El guion

El **guion (-)** se utiliza:

- Para dividir la palabra al final del renglón. Recuerda: no se deben separar las letras de una misma sílaba ni aislar una letra al principio o al final de un renglón.
- Para separar algunas palabras compuestas: *físico-químico, hispano-alemán.*

Repasa la ortografía de la unidad en **anayaeducacion.es**.

## DICTADO: Dictado gemelo

Cuatro personas de la clase elegidas por sorteo inventarán y escribirán secretamente un breve diálogo que conste de cuatro intervenciones en total y que incluya al menos un uso de paréntesis y un uso de rayas.

Tras memorizar cada persona su intervención, el grupo dramatizará dos veces el diálogo ante sus compañeros y compañeras.

El resto de la clase intentará copiar la mayor cantidad de palabras posible.

En parejas, intentarán reconstruir el diálogo completo. Luego, se juntarán dos parejas para comparar y corregir sus dictados. Al final, se compararán los resultados de toda la clase con el texto original.

**Después del dictado:**

Ortografía ☺ 😐 ☹ Presentación ☺ 😐 ☹ Caligrafía ☺ 😐 ☹

# ¿Qué he aprendido?

1 Investiga y escribe en tu cuaderno el gentilicio de estos lugares, en femenino y masculino.

| | | | |
|---|---|---|---|
| Melilla | Orense | Barcelona | Sevilla |
| Cáceres | Valencia | Toledo | Córdoba |

2 Completa con el gentilicio correspondiente.

**Ejemplo**

Laura es de Almería, es almeriense.

- Sara es de Galicia, es ....
- Marie es de Francia, es ....
- Miranda es de Colombia, es ....
- Óscar es de Uruguay, es....

3 Sustituye las palabras destacadas por un pronombre.

- **Tu hermana y yo** iremos a Berlin.
- Dieron un susto **a los vecinos del quinto.**
- He hablado con **tu mejor amigo y contigo.**
- Daré clases de inglés **a Elsa y Julia.**

4 Escribe una oración en tu cuaderno con cada uno de estos pronombres.

conmigo    contigo

5 Copia y subraya los pronombres personales en estas oraciones. ¿A qué persona pertenecen? ¿Son tónicos o átonos?

- Él dijo que nosotros iríamos con vosotros.
- Me fascina cómo canta ella.
- ¿Vendréis vosotros conmigo?
- Nosotras nos llevamos el premio.
- Mi perro Rufus no se aparta de mí.
- Yo les contaré una historia.

6 Indica si las siguientes afirmaciones son verdaderas o falsas. Transforma las falsas en verdaderas.

- Los paréntesis introducen aclaraciones o datos concretos en una oración.
- Utilizamos paréntesis para indicar la intervención de un personaje en un diálogo.

7 Escribe dos oraciones donde utilices paréntesis y otras dos donde utilices raya.

8 Estas palabras compuestas han perdido su guion. Escríbelas correctamente.

| | |
|---|---|
| hispanoromano | científicotécnico |
| escuelataller | lógicamatemática |

9 ¿Cual es la función del paréntesis en estos textos?

AIDÚN.—¡Ah!, claro, sí. *(Con decisión)* He venido hasta aquí y ahora… *(Dudando)* ¿Ahora?

NARRADOR.—Ahora... Mario… Lo tienes ahí...

AIDÚN.—¡Ah, sí, claro! ¡Mario! ¡Je, je! He venido a hablar con él.

Gracia Morales, *De aventuras,* Anaya.

Marie Curie, nacida en Varsovia (Polonia), fue una mujer pionera en la ciencia y recibió dos premios Nobel en distintas especialidades (física y química).

Realiza la autoevaluación interactiva en **anayaeducacion.es**.

## DICTADO

Lee el texto para preparar el dictado.

Después, vino la gran fiesta... El capitán Plata cumplió su promesa, y tuvimos de todo: comida rica, baile (con la conga incluida) y una maravillosa aurora boreal que llenó el cielo de colores morados y azules.

—¡Es lo más bonito que he visto en mi vida! —declaró Leonor llorando de emoción.

Yo también tenía lágrimas en los ojos.

—Es verdad. Tenemos un planeta increíble —contesté—. ¡A ver si dejamos de estropearlo ya!

Ana Alonso, *El último glaciar,* Anaya.

**El semáforo.** Junto a cada actividad, colorea así en tu cuaderno:

- si has sabido la respuesta,
- si has necesitado ayuda
- o si no la has sabido responder.

OBJETIVO EN ACCIÓN

## Un espacio de reflexión

En esta unidad has comprendido la importancia de reconocer la labor de las mujeres que hicieron historia y cómo la igualdad es condición imprescindible para todas las personas.

Ahora que sabes todo esto, vas a dar un paso más...

Entre toda la clase, cread un tablón que convertiréis en un espacio de reflexión sobre la igualdad de género para toda vuestra comunidad escolar.

1 Completa este organizador gráfico. Te ayudará a ordenar tus ideas.

| ANTES PENSABA..., AHORA PIENSO... | | |
|---|---|---|
| **Tema: Igualdad de género** | | |
| Antes pensaba... | Ahora pienso... | Causas |
| ¿Cuáles eran antes tus pensamientos con respecto a la igualdad de género? | ¿Cuáles son ahora tus pensamientos con respecto a la igualdad de género? | ¿Ha cambiado tu manera de pensar como resultado de lo aprendido en esta unidad? ¿Cómo ha cambiado? ¿Por qué? |

2 Pensad en un buen nombre para vuestro tablón.

3 En grupos, cada uno se encargará de completar y mantener actualizada una sección del tablón. Por ejemplo:

- Citas o frases inspiradoras sobre igualdad.
- Textos que informen sobre avances en igualdad.
- Lecturas sobre mujeres que por sus logros han hecho historia.

# ¿Cómo he aprendido?

1 Reflexiona en tu cuaderno sobre cómo te has sentido en estas situaciones.

| | |
|---|---|
| ¿Qué siento cuando he comprendido algo? | ¿Qué siento cuando no he comprendido algo? |

2 Copia y completa en tu cuaderno.

Lo que más trabajo me ha costado aprender es .... porque ....

3 En esta unidad has tratado aspectos relacionados con el modo en que nos relacionamos con los demás. Escribe en tu cuaderno cómo te has sentido al tratar el tema de la igualdad entre hombres y mujeres.

# 7 Comunidades con futuro

Las personas compartimos espacios para vivir que llamamos ciudades, pueblos, aldeas... Sea como sea ese lugar, y esté donde esté, para cada ser humano el sitio donde vive y tiene su hogar es siempre especial. Por eso, tenemos que cuidar de nuestras localidades, promover que todas las personas vivan en ellas de forma plena e igualitaria, y asegurar su sostenibilidad, es decir, que podamos satisfacer nuestras necesidades del presente sin agotar los recursos del planeta, sin poner en riesgo el futuro.

## ¿Cómo lo ves?

¿Hay en el lugar donde vives suficientes espacios públicos, como plazas, parques, jardines...?

¿Cómo vas al colegio cada día: a pie, en bici, en transporte público...?

## El dato

Las ciudades ocupan solo el 3% de la superficie terrestre, pero consumen el 80% de sus recursos energéticos.

Para esta unidad...

## Objetivo en acción

**¿De qué manera puedes contribuir a hacer del colegio donde te educas un lugar mejor?**

**Crea un espacio amable y sostenible.**

## ¡Sigue el hilo!

**1 La biografía**

¿Sabías que hay personas que dedican su vida a hacer de nuestras ciudades lugares más amables?

**2 Lectura**

¿Por qué es bueno establecer con nuestros vecinos y vecinas lazos de confianza, tolerancia y ayuda mutua?

**Vocabulario**

3

Utiliza palabras nuevas sobre la ciudad.

**La fábula**

4

¿Qué te enseñan las fábulas sobre la vida en el campo y la vida en la ciudad?

**El cuento y la novela**

5

¿Cómo son los lugares donde suceden las historias de los cuentos y de las novelas?

**CONOZCO MI LENGUA**

El adverbio, la preposición y la conjunción.

Palabras con *h*.

COMPRENDO

# Escucho una biografía

¿Sabías que hay personas que dedican su vida a hacer de nuestras ciudades lugares más amables? Acércate a la biografía de una de ellas y conoce su obra.

1 Escucha esta biografía del arquitecto Antonio Gaudí y responde a las preguntas.

a) ¿Dónde estudió y trabajó?

b) ¿Qué datos de su vida te han parecido más interesantes?

c) ¿Por qué se dice que Gaudí se adelantó a su tiempo?

2 Lo común En grupos, ¿qué creéis que puede aportaros la lectura de biografías de personas célebres como Gaudí? Aquí tenéis algunas ideas.

- Un modelo de vida.
- Una ventana abierta a otras vidas y otros mundos.
- Un mejor conocimiento de otra época y de otro país.

3 1-2-4 ¿Qué datos de la vida de una persona te parecen más importantes para conocerla? Señala algunos ejemplos.

4 Si escribieses tu autobiografía, ¿qué sería lo más importante de ti que las demás personas deberían conocer?

5 ¿Conoces alguna película que esté basada en la biografía de algún personaje célebre? Compártela con tu clase.

Antonio Gaudí (arquitecto).

### La biografía

La **biografía** es un texto en el que se cuenta la vida de una persona, normalmente de alguien célebre y conocido.

Si quien cuenta la biografía es también su protagonista, se llama **autobiografía.**

## Vidas apasionantes

Seguro que te gustaría conocer la vida de tu abuelo, de tu abuela o de cualquier otro familiar: saber cuáles fueron sus experiencias más felices, las más difíciles, los sucesos históricos que vivió... Para conocer mejor a esa persona, escribe su biografía.

Entrevista al familiar elegido para obtener los datos que necesitas. Prepara cinco o seis preguntas: fecha y lugar de nacimiento, experiencias que le marcaron o cualquier otra información importante sobre su infancia y juventud.

Completa una línea del tiempo para ordenar toda la información obtenida.

A partir de este trabajo previo, escribe una biografía siguiendo el modelo de la de Gaudí y compártela oralmente con tus compañeros y compañeras de clase.

# Leo sobre una comunidad de vecinos

¿Por qué es bueno conocer a nuestros vecinos y vecinas, y establecer con ellos lazos de confianza, tolerancia y ayuda mutua?

Antes de leer

- Lee el título del texto: ¿de qué crees que tratará?

## El patio de luces de mi abuelo

Las tardes de los viernes las paso con mi abuelo.

Me viene a recoger al colegio y volvemos rápidamente a su edificio.

—Date prisa, Lea, que tendría que estar trabajando. —El abuelo camina dando zancadas y yo, para seguirlo, tengo que correr—. ¡Cualquier día me cambian por una máquina!

Al abuelo le gusta exagerar. También reír. Todo le hace gracia. Sobre todo lo que yo hago y digo.

Mi abuelo es portero. Él dice que es una profesión en peligro de extinción.

—Como el lince ibérico y el rinoceronte blanco, ¡igual! —se queja el abuelo cada viernes—. Pero ¿conoces alguna **ONG** que defienda al portero? ¡Noooo! Los señores y las señoras de las ONG viven en edificios con **interfonos** y aún se atreven a llamarlos porteros automáticos. ¡¿Un portero que no da ni los buenos días?!

Mi abuelo vive en el bajo del edificio en el que trabaja. Su piso es tan pequeño y oscuro que parece una casa de muñecas sin **desembalar.** Además, es aburrido; salvo por su **patio de luces,** al que el abuelo me tiene terminantemente prohibido salir. [...]

Cuando llegamos, me siento en el sofá y él enciende la tele, me da un bollito de pan, un trozo de chocolate y un zumo y se despide diciendo siempre lo mismo:

—Quietecita en el sofá, salvo por causa de fuerza mayor.

En cuanto el abuelo vuelve a la portería, salgo al patio de luces y me siento en el arcón en el que guarda sus herramientas. Entonces miro hacia arriba. A veces durante tanto rato que, después, me duelen el cuello y la cabeza.

En el edificio del abuelo hay cinco pisos y yo observo sus **tendales** y, en los días de sol, con suerte, también al gato de la vecina del primero. Nunca he visto a la vecina del primero. De hecho, nunca he visto a ningún vecino, pero me gusta imaginarme cómo son por la ropa que cuelga de sus tendederos.

Del tendal de la vecina del primero cuelgan siempre vestidos grandes y negros. Ella es una viuda, como mi bisabuela y sus amigas; es decir, tuvieron un marido, pero ya no lo tienen. Las viudas se juntan y hacen largos viajes en autobús y hablan a todas horas de su segunda juventud. La viuda del primero vive con su gato, negro como sus vestidos, y al que yo llamo Solcito.

**Interfonos:** aparatos para comunicarse internamente en un edificio.

**Desembalar:** desempaquetar, quitar la envoltura.

**Patio de luces:** patio interior al que dan las ventanas de un edificio.

**Tendales:** conjuntos de ropa tendida para que se seque.

**LA LUPA ORTOGRÁFICA**

Las siglas se escriben en mayúscula en todas las letras que las componen.

COMPRENDO

## Leo sobre una comunidad de vecinos

Del tendal del vecino del segundo cuelgan siempre pantalones, camisas y sombreros de camuflaje. Es un cazador: ¡el culpable de la extinción de los linces y rinocerontes de los que habla el abuelo!

No me gusta el vecino del segundo y le lanzo pinzas a su ventana. A veces hasta le doy. Entonces corro a esconderme dentro. Tengo miedo de que mi cabeza acabe disecada encima de su chimenea.

Del tendal de la vecina del tercero cuelgan siempre un sinfín de estrafalarios vestidos de fiesta. Ella es una elegante y rica heredera. ¡La reina de todas las celebraciones!

Aunque la vecina del tercero es mi favorita, también le lanzo pinzas, pero no para molestarla, sino porque me encantaría que se cayera uno de sus vestidos y quedármelo.

Del tendal del vecino del cuarto cuelgan siempre trajes de neopreno. Él es surfista y todos los días va a la playa. Es alto y fuerte y tiene el pelo tan rubio que parece blanco. No sé si me gusta el surfista. Se cree el dueño del patio: sus trajes de neopreno mojan los bonitos vestidos de la del tercero. Me gustaría juntarlos a los dos y proponerles un turno de secado.

Del tendal del vecino del quinto no cuelga nunca ropa. Pero estoy segura de que alguien vive ahí porque la ventana a veces está abierta y otras, cerrada. Quien vive en el último piso siempre lleva la misma ropa. El vecino del quinto es un fantasma al que le gustan los pisos bien ventilados. Me da miedo el vecino del quinto.

A veces, el abuelo aparece sin hacer ruido y me pilla observando los tendales. Me manda entrar y me riñe. Que si solo hay una norma y aun así la desobedezco y que si quiero que la presidenta de la comunidad lo eche… Yo sé que el abuelo finge estar enfadado y que, en el fondo, como todo lo que yo hago y digo, le hace muchísima gracia.

—¡Qué chiquilla! Prefiere ver la ropa secar a los dibujos de la tele.

Entonces le pregunto por la viuda del primero y sus viajes en bus, por el cazador del segundo y su colección de escopetas, por la ricachona del tercero y sus armarios llenos de lentejuelas y por el surfista del cuarto y sus olas de cuatro metros. Nunca le pregunto por el vecino del quinto porque no quiero saber nada de él.

—Abuelo, háblame de los vecinos —le pregunto insistentemente—. ¡Aunque sea de uno solo! ¡Por favor!

El abuelo se echa a reír y repite: «Qué chiquilla, qué chiquilla». Y no dice nada más.

—Llévame a la próxima reunión de vecinos —le pido.

Y él sigue riendo, y riendo vuelve a la portería.

Al abuelo le hago tanta gracia que no puede parar de reír ni cuando yo hablo en serio.

Érica Esmorís, *Patio de luces,* Anaya.

## Comprendo la lectura

1 ¿Qué hace la protagonista de este relato las tardes de los viernes?

2 ¿Cuántas plantas tiene el edificio del que nos habla?

3 ¿Cuál es la profesión del abuelo de Lea? ¿En qué consiste ese trabajo?

4 Completa en tu cuaderno un organizador gráfico como este para cada vecino o vecina, tal como lo imagina la narradora.

| Piso | Tendedero | Datos personales |
|---|---|---|
| Primer piso → | Vestidos negros y grandes → | Viuda que vive con un gato |

5 El abuelo de Lea dice que su profesión está «en peligro de extinción». ¿Qué quiere decir con ello?

6 Averigua el significado de la expresión «salvo por causa de fuerza mayor» y piensa en una situación en la que podrías utilizarla.

7 ¿Qué emoción despierta en Lea el vecino del quinto? ¿Está justificada esta emoción? ¿Por qué?

8 ¿Por qué al abuelo le hace gracia todo lo que dice su nieta?

9 Explica de qué forma estos elementos de la arquitectura de los edificios pueden contribuir a fomentar o dificultar las relaciones vecinales?

escaleras · rampas · jardines · ascensores · zona infantil de juegos

10 Observa estas oraciones. ¿Qué diferencia existe entre ellas? ¿Cuál es la que se utiliza en la lectura?

Entonces miro hacia arriba. Entonces miro desde arriba.

### Buena convivencia

Organizad una tormenta de ideas en clase con propuestas sobre cómo sería una buena comunidad de vecinos y vecinas. Tened en cuenta estos aspectos:

- Aspectos relacionados con el espacio: eliminación de barreras para personas ancianas y discapacitadas; zonas verdes; zonas de recreo y deportivas...
- Aspectos relacionados con la convivencia: normas de la comunidad, actividades...

Seleccionad las propuestas que más hayan gustado a la mayoría y anotadlas todas en un documento único.

ME EXPRESO

# Utilizo palabras nuevas sobre la ciudad

En la lectura, Lea nos descubre cómo los edificios de cualquier ciudad son espacios compartidos por personas, cada una de ellas con una historia que contar.

**1** Encuentra, entre las siguientes palabras, los sinónimos de ciudad.

pueblo localidad país aldea urbe villa hogar capital caserío poblado vivienda metrópoli

**2** Piensa y comparte en pareja En parejas, ordenad estos espacios de mayor a menor tamaño.

calle edificio habitación
piso ciudad barrio

Murallas de la ciudad de Ávila.

**3** Completa las oraciones con la palabra que corresponda.

fantasmal • amurallada • bulliciosa • natal • monumental

- Ávila era una ciudad .... rodeada de impresionantes defensas.
- Las calles estaban vacías y en silencio, parecía una ciudad .... .
- Antiguamente esta era una ciudad .... con una animada vida callejera.
- La deportista será recibida con honores en su ciudad .... .
- Granada es una ciudad .... con muchos lugares de interés turístico.

**4** Copia y sustituye en estas oraciones las abreviaturas por las palabras completas.

- Fuimos al Ayto. a recoger un documento.
- El coche salía de la avda. Norte a gran velocidad.
- Mi tío vive en el n.º 16 de la calle de las Fuentes.
- Pasé por la plza. del Carmen.
- La Bibl. Municipal Gloria Fuertes estará abierta por la tarde.

**5** Averigua el significado de estas abreviaturas relacionadas con las clases de palabras.

Adv. Conj. Prep.

**6** Infórmate y escribe el significado de las siguientes siglas.

DNI • RAE • COI • NY • OMS

### Abreviaturas y siglas

Las **abreviaturas** y las **siglas** son dos procedimientos para acortar palabras.

- Las **abreviaturas** consisten en acortar una palabra suprimiendo sus letras centrales o finales. Siempre terminan con un punto. Por ejemplo: *Dra.* (doctora).
- Las **siglas** se forman con las letras iniciales de varias palabras. Por ejemplo: *ONG* (Organización No Gubernamental).

# Narro una fábula

¿Qué te enseñan las fábulas sobre la vida en el campo y la vida en la ciudad?

1 Lectura compartida En grupos de tres personas, realizad una lectura dramatizada y en voz alta de esta fábula. Luego, responded a las preguntas.

## Ratón de campo y ratón de ciudad

Un ratón de campo que tenía un amigo en la ciudad lo invitó un día a comer, y este, al ver que le ofrecía trigo y cebada, le dijo:

—Amigo, llevas una vida de hormiga. Yo, en cambio, tengo abundancia de todo. Ven conmigo a mi casa y sabrás lo que es disfrutar.

Y allá se fueron los dos. El ratón de la ciudad le mostró no solo el trigo, sino legumbres también, y dátiles, queso, miel y frutos de otoño. Y el ratón de campo, maravillado, se deshacía en elogios hacia su amigo y lamentaba su propia suerte. Iban a ponerse a comer cuando un hombre abrió de pronto la puerta, y, asustados por el ruido, los pobres ratones se refugiaron en los rincones. Cuando quisieron de nuevo coger unos higos, entró otra persona y ellos, al verla, corrieron a esconderse en un agujero.

Entonces, el ratón de campo, olvidándose ya del hambre, suspiró y le dijo al otro:

—Adiós, amigo, tú sigue comiendo hasta hartarte y disfrutando con alegría, sigue con tu miedo constante y tus sobresaltos, que yo viviré tranquilo royendo mi trigo y mi cebada sin temores ni desconfianzas.

*La fábula enseña que es mejor vivir sin preocupaciones y pasar los años tranquilo que sufrir una existencia llena de miedos y angustias.*

Esopo, *Fábulas,* Anaya.

a) ¿Quiénes son los protagonistas de la fábula?

b) ¿Cómo es la vida de cada uno de ellos?

c) ¿Qué rasgos humanos tienen estos personajes?

d) ¿Con cuál de ellos te identificas tú? ¿Por qué?

e) Explica con tus palabras la moraleja de la fábula.

### Las fábulas

Las **fábulas** son narraciones breves, en verso o en prosa, que terminan con una enseñanza o **moraleja.** Suelen estar protagonizadas por animales con rasgos propios de los seres humanos.

### La fábula enseña...

En grupos, inventaos una fábula que tenga lugar en una comunidad de vecinos y que esté protagonizada por animales a partir de la siguiente moraleja: Ofrece tu mano a quien te pide ayuda porque mañana puedes ser tú quien la necesite.

Repartíos los papeles (narrador y personajes) y dramatizad vuestra fábula ante el resto de la clase.

# Escribo una narración literaria

¿Cómo son los lugares donde suceden las historias de los cuentos y de las novelas?

**1** Lee este cuento y explica en qué se parece y en qué se diferencia del cuento tradicional en el que se basa.

Érase una vez una niña que siempre llevaba una caperuza de color rojo y que todos conocían como Caperucita Roja. Un día, su mamá le pidió que llevara la merienda a su abuelita, pero le advirtió de que no fuera por el camino del bosque, pues habían visto a un lobo.

Caperucita Roja contestó que no se preocupara, pero la verdad es que fue por el camino del bosque y todo fue bien. Sin más historias. Llegó a casa de la abuelita, comieron el riquísimo pastel y volvió a su casa.

Ya está. No sé si ahora estás abriendo la boca para bostezar mejor o abriendo mucho tus ojos para verlo mejor. Da igual, si hace falta lee estas líneas en voz alta y abre mucho las orejas para oírlo mejor, pero sin lobo no hay cuento.

Gabriel García de Oro, *La vuelta al año en 365 cuentos,* Anaya.

**2** Identifica las partes del relato (comienzo, nudo y desenlace) en el cuento que has leído. ¿En cuáles de ellas se introduce un cambio con respecto al cuento tradicional?

### El cuento

Los **cuentos** son narraciones de extensión breve sobre hechos imaginarios. Hay dos tipos de cuentos:

- **Cuento tradicional:** es una narración breve y anónima que normalmente se ha transmitido oralmente de generación en generación. Suele tener un carácter fantástico.
- **Cuento actual:** es una narración breve escrita por una autora o un autor conocido.

## ¿Cómo cambia el cuento?

Como has podido ver en la actividad anterior, si se introduce un cambio importante en el comienzo o en el nudo del relato, la historia puede tener otro final.

Piensa en un cuento tradicional que suceda en un pueblo y reescríbelo de manera que la historia ocurra en una ciudad y que cambie el desenlace.

Comparte tu resultado con el resto de la clase. Elegid por votación las tres historias que más hayan gustado a la mayoría.

3 Lee este fragmento de una novela y responde a las preguntas.

Eva no tenía claro lo que quería ser de mayor. Y no porque no se le ocurriera ninguna posibilidad interesante, sino porque se le ocurrían muchas. De noche, cuando el cielo estaba cuajado de estrellas, quería ser astrónoma o astronauta; pero por la mañana temprano, mientras aún se acordaba de las increíbles aventuras que había vivido en sueños, quería ser escritora de novelas fantásticas.

Cuando paseaba por el parque que había cerca de su casa y veía a las ardillas saltando de rama en rama, quería ser, según el día, bióloga o veterinaria. Y cuando iba a la playa soñaba con dedicarse a la arqueología y explorar las profundidades marinas. A no ser que estuviera escuchando música, en cuyo caso quería ser cantante y bailarina.

Aquella soleada mañana de domingo, Eva quería ser arquitecta. Se había levantado muy temprano y muy contenta, pues acababan de empezar las vacaciones, y había salido a dar una vuelta por la ciudad, casi desierta a aquella hora, y se imaginaba restaurando los edificios que veía a su paso y llenando las azoteas de jardines.

«Mediante pasarelas –pensó–, uniría las azoteas entre sí, y los peatones podrían ir de una punta a otra de la ciudad por un gran jardín sin tráfico ni contaminación».

Carlo Frabetti, *¿Quién quieres ser?,* Ediciones SM.

a) ¿Quién es la protagonista?

b) ¿Dónde sucede la historia, en el campo o en la ciudad?

c) ¿Qué se cuenta en el fragmento?

d) Como Eva, ¿has pensado tú en lo que quieres ser de mayor? Compártelo con tus compañeros y compañeras de la clase.

4 Sustituye las palabras destacadas en estas dos oraciones del texto por un antónimo. ¿Sabes a qué clase de palabras pertenecen? Utiliza el diccionario si lo necesitas.

- Aquella soleada mañana se había levantado **temprano.**
- Paseaba por el parque que había **cerca** de su casa.

5 ¿A qué clase de novela podría pertenecer cada uno de estos títulos?

*Alfonso el detective* • *La cueva del pirata* • *Un amor imposible* • *La ciudad del miedo* • *El imperio romano* • *El robo inesperado*

Repasa la ortografía de la unidad en **anayaeducacion.es**.

### La novela

La **novela** es una narración extensa que se desarrolla en un tiempo y un lugar determinados y en la que se cuenta una historia imaginaria que les sucede a unos personajes. Está escrita por una autora o un autor conocido.

Las novelas pueden ser de **aventuras, policíacas, históricas, de ciencia ficción, de terror, románticas...**

CONOZCO MI LENGUA

# El adverbio

1 Observa las imágenes y completa las oraciones en tu cuaderno con el adverbio que corresponda.

a) Está .... de la caseta. b) Está .... de la caseta.

c) Está .... de la caseta. d) Está .... de la caseta.

2 Sustituye en tu cuaderno cada adverbio por su contrario y di a qué clase pertenece.

**Ejemplo**

Vivía **lejos** de mi casa. → Vivía **cerca** de mi casa.

- Laura **siempre** miente.
- Lo hicieron **mejor** que tú.
- Estamos **muy** contentos.
- A mí **también** me gusta.

3 Identifica el adverbio de estas oraciones. ¿A qué palabra complementa?

- Ella cantaba bien.
- Él es muy divertido.
- Lía hablaba demasiado deprisa.

4 Forma adverbios acabados en **-mente** a partir de estos adjetivos.

**Ejemplo:** fácil → fácilmente

| | | |
|---|---|---|
| alegre | lenta | cómoda |
| afortunada | perfecta | suave |
| difícil | común | silenciosa |

5 ¿De qué tipo son los adverbios destacados en este texto?

**Siempre** voy a casa de la abuela el último fin de semana **antes** de que empiecen las clases. Vive en el bosque, a unas tres horas de mi casa.

La abuela es **bastante** vieja, pero **no** va de vieja. Va en una bici de montaña y hace senderismo y yoga.

Steven Banks, *Mordiscos monstruosos,* Anaya.

### El adverbio

El **adverbio** es una clase de palabras que expresa circunstancias de **lugar** *(aquí, encima, lejos, delante...)*; **tiempo** *(ahora, hoy, temprano, primero, siempre, nunca...)*; **modo** *(peor, mal, rápido, así...)*; **cantidad** *(más, muy, nada, mucho, demasiado...)*; **afirmación** *(sí, también...)*; **negación** *(no, tampoco, nunca, jamás...)*; **duda** *(quizá/quizás, probablemente, tal vez...)*.

El adverbio puede complementar a:

- Un **verbo:** *Miguel tocaba bien la guitarra.*
- Un **adjetivo:** *Tenía el pelo demasiado corto.*
- Otro **adverbio:** *Se fue muy lejos.*

### Recuerda

Los adverbios acabados en **-mente** conservan la tilde del adjetivo del que proceden: *rápido* → *rápidamente.*

# La preposición y la conjunción

**6** Observa la imagen y completa las oraciones en tu cuaderno con las palabras que corresponda: desde... hasta, entre, a, de.

- La farmacia está .... la librería y la frutería.
- La calle va .... la librería .... la panadería.
- Un señor sale .... la panadería.
- Una señora entra .... la librería.

**7** Copia y sustituye las preposiciones por otras con significado contrario.

- Entraron con invitación.
- La caja está sobre la mesa.
- Caminó desde el colegio.
- Marchan ante la pancarta.

**8** Escribe una oración con cada una de estas preposiciones: hacia, para, de, entre, hasta, hacia, sobre.

**9** Completa en tu cuaderno con conjunciones.

- Yo tengo un gato .... mi vecino tiene un perro.
- Dice que es puntual .... siempre llega tarde.
- Lo acompañé .... no tenía ganas.
- Lloró .... se emocionó.

**10** Identifica las conjunciones en esta adivinanza y escribe una oración en que las utilices todas.

Me llegan las cartas
y no sé leer
aunque me las trago,
no mancho el papel.
¿Quién soy?

### La preposición

Las **preposiciones** son palabras que sirven para unir unas palabras con otras. Son: *a, ante, bajo, con, contra, de, desde, durante, en, entre, hacia, hasta, mediante, para, por, según, sin, sobre, tras.*

### La conjunción

Las **conjunciones** son palabras que sirven para unir unas palabras con otras o unas oraciones con otras.

Algunas conjunciones son: *y, e, o, ni, que, puesto que, pero, aunque, no.*

**Copio y completo para organizar mis ideas**

EL ADVERBIO
- Es ....
- Clases: ....
- Complementa a: ....

LA PREPOSICIÓN
- Relaciona ....
- Las preposiciones son: ....

LA CONJUNCIÓN
- Une ....
- Algunas conjunciones son: ....

# Palabras con *h*

1 ¿A qué regla del uso de la h responden las palabras destacadas en esta oración?

Al **huir** dejó sus **huellas** en la **hierba** húmeda.

2 Relaciona en tu cuaderno cada palabra con su definición.

hierba • hueco • huevo • hiena • huida • hielo • hueso

- Agua en estado sólido.
- Fuga, evasión.
- Pieza dura de nuestro esqueleto.
- Planta verde que crece en los prados.
- Lo producen la gallina y otras aves.
- Agujero, espacio vacío.
- Animal mamífero carroñero.

3 Escribe una oración con cada palabra de la actividad anterior.

4 Copia y completa las oraciones con la forma que corresponda del verbo oler. Unas se escriben con h y otras no.

- En este jardín siempre .... bien.
- Llegarás a tu casa y .... a bizcocho recién hecho.
- Se quemó la comida y toda la casa .... a quemado.
- .... el perfume antes de comprarlo.

5 Completa en tu cuaderno estas oraciones con la forma correcta del verbo entre paréntesis.

- Las chicas .... (hablar) sobre el tema.
- ¿Qué has .... (hacer) este verano?
- La casa no está .... (habitar).
- Ya no .... (haber) nada que hacer.
- Llegaron tarde y no .... (hallar) a nadie.

### Palabras con *h*

Se escriben con **h:**

- Las palabras que comienzan por **hia-, hie-, hue-, hui-:** Por ejemplo: *hiato, hielo, hueco, huida.*
- Las palabras que empiezan por **hidra-, hidro-, hiper-, hipo-, hecto-, hepta-, hexa-, hemi-.** Por ejemplo: *hidráulico, hidrógeno, hipérbole, hipócrita, hectómetro, heptasílabo, hexágono, hemiciclo.*
- Las formas de los verbos ***haber, hacer, hablar, hallar*** y ***habitar.***

### La lengua y sus hablantes

La letra h no representa ningún sonido en español. Sin embargo, se pronuncia como un sonido aspirado en algunas palabras de origen extranjero: *hámster, Hawái, hardware...*

También se pronuncia como una aspirada en algunas zonas de Andalucía, Extremadura, Canarias y América. A veces, incluso, se pronuncia como una *j.* Por ejemplo, *cante hondo* → *cante jondo,* para nombrar el cante flamenco, un arte genuino andaluz, de profundo sentimiento.

6 Relaciona las filas para encontrar las palabras.

| | | |
|---|---|---|
| hidro | hiper | hemi |
| mercado | ciclo | avión |

7 Forma palabras derivadas a partir de hilo y hora.

8 Identifica y copia en tu cuaderno, ordenadas alfabéticamente, las palabras del texto que empiezan por h.

**Recuerda**

Si una palabra se escribe con **h,** las palabras derivadas de ella también la llevan.

### La selva amazónica

Si hay un lugar en el mundo rico en diversidad natural, ese es sin duda la Amazonia. La selva amazónica es una inmensa región de América del Sur de clima húmedo y cálido. En ella habitan infinitas especies animales y vegetales. Si hablamos de flora, podemos decir que la Amazonia es el pulmón del planeta debido a su vegetación hiperdiversa y fecunda. Casi la mitad de las especies de plantas amazónicas son árboles, pero abundan también las hierbas y arbustos. La selva amazónica contiene también la mayor fuente de minerales del mundo, como el hierro, el oro, los diamantes…

La Amazonia es además el hogar de numerosas tribus indígenas, algunas de las cuales viven aisladas y nunca han entrado en contacto con el exterior; si advierten la presencia de humanos extraños, pueden huir. En la Amazonia se hablan unas 300 lenguas diferentes, muchas de ellas están en peligro de desaparición y probablemente no dejarán huella de su existencia.

Sin embargo, toda esta inmensa riqueza se está viendo amenazada por la acción humana.

La Amazonía es la selva tropical más grande del mundo.

Repasa la ortografía de la unidad en **anayaeducacion.es**.

## DICTADO: Practicamos con palabras con h

Lee este texto incompleto al que le faltan seis palabras con *h.*

Escucha el texto completo y luego, en grupos de cuatro, reconstruidlo añadiendo las palabras que faltan.

Comparad vuestro texto reconstruido con el que os proporcione después vuestro profesor o vuestra profesora. ¿Lo habéis completado bien?

Lo llevó a la laguna, que estaba completamente …. . Toda el agua se había convertido en …. blanco y friísimo. No le costó mucho convencerlo de que, si lamía bien aquel …. con su larga y áspera lengua de sapo, este se derretiría hasta hacer un …. por el que saldrían todos los mosquitos que se …. quedado atrapados bajo la capa …. .

María Solar, *Quokka Moka,* Anaya.

**Después del dictado:**

Ortografía ☺ 😐 ☹ Presentación ☺ 😐 ☹ Caligrafía ☺ 😐 ☹

# ¿Qué he aprendido?

1 Copia y sustituye las abreviaturas por las palabras completas.

- Dile al dr. que ya te encuentras bien.
- En aquella avda. está la biblioteca municipal.
- Abrid el libro por la primera pág.
- Vivo en el bajo izda.
- El depto. de lengua está al final del pasillo.

2 Escribe en tu cuaderno las siglas que corresponden a los siguientes grupos de palabras.

- Unión Europea
- Organización de las Naciones Unidas
- Producto interior bruto
- Instituto Nacional de Empleo
- Número de identificación fiscal

3 Une en tu cuaderno cada adverbio con la clase a la que pertenece.

| | |
|---|---|
| Durante | Tiempo |
| Allí | Cantidad |
| Bastante | Lugar |
| Tal vez | Modo |
| Bien | Duda |

4 Identifica y clasifica los adverbios de las siguientes oraciones.

- Juan llegó pronto y tuvo que esperar fuera.
- Jamás te dejarán entrar allí.
- Mi perro es muy rápido, el tuyo más lento.
- Posiblemente hoy haga más frío que ayer.
- ¿Todavía no has desayunado? Llegarás tarde.

5 Clasifica en tu cuaderno las palabras que se escriben con h y escribe una oración con cada una.

- Hemos hecho un bizcocho para la merienda.
- Cuando llegaron ya nos habíamos ido.
- Hallaron restos de dinosaurios.
- Nos hablaba como si tuviésemos tres años.
- El planeta estaba habitado por extraños seres.

| Hablar | Haber | Hallar | Habitar | Hacer |
|---|---|---|---|---|
| .... | .... | .... | .... | .... |

6 Agrupa en tu cuaderno las siguientes palabras por familias: **huidizo, herbáceo, horticultor, herbívoro, hierro, huir, hortaliza, herrero, horticultura, herrar, herrumbre, herbicida, huerto, hortelano, hierbajo.**

| hierro | huerta | huida | hierba |
|---|---|---|---|

7 Une las sílabas en tu cuaderno para formar palabras.

| | |
|---|---|
| hie | bitar |
| hue | vo |
| ha | cer |
| hue | na |
| ha | co |

Realiza la autoevaluación interactiva en **anayaeducacion.es**.

## DICTADO

Lee el texto para preparar el dictado.

Llegó hasta la escalinata, la bajó corriendo de escalón en escalón, se precipitó hacia el portón de la sala y se frenó en seco, clavada en el umbral, con Suzanne desplomada a su lado. Frente a ellas, a pocos pasos, había un hombre que portaba un farol. Con un gesto, apuntó hacia las dos jóvenes, a las que deslumbró, y contempló largamente sus rostros; luego, sin prisa, con los movimientos más tranquilos del mundo, se puso la gorra, recogió una hoja de papel y dos briznas de paja, borró las huellas que había dejado en la alfombra, se acercó hasta el balcón, se volvió hacia las jóvenes, las saludó y desapareció.

Maurice Leblan, *Arsène Lupin. La aguja hueca*, Anaya.

**El semáforo.** Junto a cada actividad, colorea así en tu cuaderno:

- 🟢 si has sabido la respuesta,
- 🟡 si has necesitado ayuda
- 🟠 o si no la has sabido responder.

OBJETIVO EN ACCIÓN

## Un aula más amable y sostenible

En esta unidad has reflexionado sobre la importancia de cuidar nuestras comunidades, has ampliado tu vocabulario sobre la ciudad y has conocido la biografía de un arquitecto que trabajó por hacer de la ciudad un lugar más amable.

Ahora que sabes todo esto, vas a dar un paso más...

1 Reflexiona y completa en tu cuaderno este organizador gráfico. Te ayudará a ordenar tus ideas.

| Antes pensaba... | Ahora pienso... |
|---|---|
| Reflexiono sobre lo que antes pensaba respecto a mi aula: ¿es un lugar amable y respetuoso con el medioambiente? | ¿De qué manera puedo hacer de mi aula un lugar más amable y sostenible? |

2 Cread contenedores o bandejas para guardar los materiales que reutilizaréis en otras actividades o manualidades, como papel, cartón, plástico...

3 Usad vuestra imaginación para dar una «segunda vida» a materiales que recuperéis de casa: ropa, esponjas, lana...

4 Decorad y rotulad cajas de cartón recicladas para separar los residuos de la clase: azul (papel y cartón), verde (vidrios), amarillo (envases de plástico, latas, briks...).

## ¿Cómo he aprendido?

1 Completa las oraciones en tu cuaderno.

- Las actividades con las que más disfruto son ....
- Me enfado cuando no consigo ....
- Siento curiosidad cuando ....

2 Copia y dibuja el emoticono que refleje cómo te has sentido trabajando en equipo a lo largo de la unidad.

Me he sentido muy bien

Me he sentido bien

Me he sentido mal

# 8 Actúo por el planeta

El clima de la tierra está cambiando debido a la acción del ser humano. Conocerlo, tener información sobre el estado medioambiental en el que se encuentra el planeta es vital para poder actuar. Proteger la naturaleza hoy, significa un planeta mejor para las generaciones futuras. El poder del cambio está en nuestras manos: ¿qué podemos hacer para frenar el cambio climático y sus efectos?

## ¿Cómo lo ves?

¿Sabes qué es el cambio climático? ¿Por qué debería importarte? ¿Estamos a tiempo de pararlo?

## El dato

Año tras año, la temperatura del planeta sigue aumentando.

Para esta unidad...

## Objetivo en acción

**¿Qué pequeños gestos puedes hacer tú por el clima?**

**Graba una noticia radiofónica.**

**¡Sigue el hilo!**

**1** Textos periodísticos: la entrevista

¿Qué puedes aprender de un niño que, como tú, quiere cambiar el mundo?

**2** Lectura

¿Cómo afectan tus acciones del día a día a la salud del planeta?

13

### Vocabulario

3

Utiliza palabras nuevas sobre el consumo.

### Textos periodísticos: la noticia

4

¿Te animas a informarte e informar sobre el futuro del planeta?

### Textos periodísticos: la noticia

5

¿Por qué es importante difundir en los medios de comunicación las iniciativas medioambientales?

¡!

### CONOZCO MI LENGUA

El verbo.

Palabras con *g* y *j*.

La diéresis.

COMPRENDO

# Escucho una entrevista

¿Qué puedes aprender de un niño que, como tú, quiere cambiar el mundo?

**1** Escucha y responde a las preguntas.

a) ¿Quién es y de dónde es la persona entrevistada?

b) El espejo ¿Es muy diferente su vida de la tuya? ¿Por qué?

c) Escribe en tu cuaderno dos datos de su biografía.

d) Pienso - me interesa investigo ¿Qué es la «huella de carbono»?

e) ¿Cómo acaba la entrevista que has escuchado?

f) ¿Cuál es la principal pasión del entrevistado?

g) ¿Cuál es tu principal pasión? Explícalo.

**2** Sumamos Entrevistador o entrevistado: ¿qué papel te parece más interesante en una entrevista? ¿Por qué?

**3** Completa el consejo de Finn Vicars a los niños y las niñas con las palabras que faltan. ¿Qué clase de palabras son?

.... la tabarra a tus padres para que .... paneles solares y .... el agua de lluvia.

### Textos periodísticos

Los **textos periodísticos** se utilizan para informar sobre temas y acontecimientos de la actualidad que interesan a muchas personas. La **noticia** y la **entrevista** son textos periodísticos.

### La entrevista

La **entrevista** es una conversación entre una persona que entrevista y una o varias personas entrevistadas.

En la entrevista se distinguen **tres partes:** saludo y presentación de la persona entrevistada; preguntas y respuestas; y despedida del personaje.

## Hoy entrevistamos a...

Buscad información sobre la vida y la actividad profesional de alguno de estos personajes que han destacado por su defensa del planeta.

a

**Félix Rodríguez de la Fuente**

b
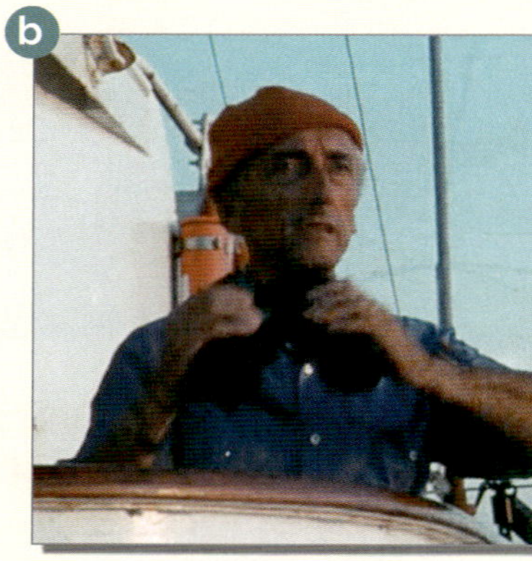
**Jacques Cousteau**

c

**Jane Goodall**

En parejas, preparad una entrevista imaginaria con este personaje y dramatizadla ante el resto de la clase.

# Leo una entrevista

¿Cómo afectan tus acciones del día a día a la salud del planeta? Lee esta entrevista para comprobar cómo una pequeña iniciativa puede llegar muy lejos.

Antes de leer

- Observa la forma de la lectura: ¿sabes qué tipo de texto es?; ¿por qué algunas partes están en negrita?

## Molly Steer (Queensland, Australia)

Cuando tenía diez años, Molly Steer convenció al gobierno de su localidad para que retirase gradualmente las pajitas de plástico de un solo uso. Ahora aspira a animar a todos los colegios de Australia a que dejen de utilizarlas. La campaña de Molly se llama «Straw No More» ('no más pajitas'), ¡y está consiguiendo algunos logros increíbles!

**1. ¿Cuántos años tienes ahora y cuántos tenías cuando fundaste «Straw No More»?**

Tengo doce años. Empecé «Straw No More» cuando tenía nueve.

**2. ¿Dónde te criaste y cómo te inspiró eso en tu vida?**

Nací en Cairns. Allí se encuentra la **Gran Barrera de Coral** y el bosque tropical de Daintree, así que es un lugar genial para vivir.

**3. ¿Cuál es tu afición o pasatiempo favorito?**

Me encanta nadar y hacer **esnórquel.** También me gusta jugar con mi perro, Fruit Loop.

**4. Háblanos de «Straw No More».**

Cuando estaba en 4.º de Primaria, después de ver un **documental** titulado *Un océano de plástico,* decidí hacer algo para reducir la cantidad de plástico que llega a los océanos. Pensé que, si mis amigos y yo dejábamos de

**LA LUPA ORTOGRÁFICA**

Es aconsejable escribir la edad de las personas con letras y no con números.

**Gran Barrera de Coral:** es el mayor arrecife de coral del mundo, situado frente a la costa de Queensland, Australia.

**Esnórquel:** buceo cerca de la costa con un tubo para respirar.

**Documental:** programa informativo de televisión.

## Leo una entrevista

utilizar pajitas de plástico, estaríamos aportando nuestro granito de arena. Cuando pregunté en mi colegio si podríamos dejar de usarlas, me pidieron que explicara los motivos en una asamblea de profesores y alumnos. Salió genial. Entonces me entrevistaron en la radio local y a partir de ahí todo fue creciendo.

**5. ¿Qué te inspiró para iniciar esta campaña?**

Después de ver *Un océano de plástico,* visité el Centro para la **Rehabilitación** de Tortugas de Cairns. Allí descubrí que, cuando una tortuga se traga una bolsa de plástico, puede padecer algo que se llama «síndrome de flotación», que le impide bucear bajo el agua. Cuando eso ocurre, no puede cazar ni protegerse frente a embarcaciones y **depredadores.** Me encantan las tortugas, así que quiero hacer todo lo posible por ayudarlas.

**6. ¿Por qué es importante dejar de usar pajitas?**

Frenar el uso de pajitas de plástico es solo el primer paso. Mucha gente ha comentado que, al darse cuenta de que no necesitan utilizar estas pajitas, se han fijado en todos los demás objetos de plástico de los que pueden **prescindir.**

**7. ¿Cuál ha sido tu mayor logro hasta la fecha?**

En marzo de 2018, mientras recibía el Premio a la Joven del Año de Cairns, le pedí al alcalde de mi ciudad que se sumara al proyecto de «Straw No More» y él aceptó el desafío. El gobierno regional de Cairns se convirtió en el primero de toda Australia en acceder a dejar de utilizar pajitas de plástico. También se comprometieron a retirar todos los plásticos de un solo uso de los actos y reuniones del consejo. Otros ayuntamientos de Queensland han seguido su ejemplo, y ahora todos ellos retirarán poco a poco los plásticos de un solo uso gracias a mi petición. Es maravilloso. [...]

**8. ¿Qué consejos les darías a los niños que quieran dejar de usar plástico?**

Nuestra página web incluye todos los consejos que he aprendido durante los últimos dos años para combatir la contaminación por plástico. Está enlazada a nuestro programa «StrawBassadors», y mi madre ha incluido varios consejos para ayudar a los padres a que colaboren con la causa de sus hijos.

Lucy Bell, *Tú puedes cambiar el mundo,* Anaya.

**Campaña:** conjunto de actividades encaminadas a lograr un fin.

**Rehabilitación:** rescate, salvación.

**Depredadores:** animales que cazan a otros de distinta especie.

**Prescindir:** evitar su uso.

Accede a tu Club de Lectura en **anayaeducacion.es**.

## Comprendo la lectura

1 ¿Qué tipo de texto acabas de leer? ¿Cómo lo sabes?

Una noticia | Una entrevista | Un reportaje

2 ¿Cuántos años tenía Molly Steer cuando convenció al gobierno de su localidad para que retirase gradualmente las pajitas de plástico de un solo uso?

3 ¿Cuál ha sido el mayor logro de Molly hasta la fecha?
- Crear una página web de consejos contra los plásticos.
- Conseguir que en Queensland se retiren poco a poco los plásticos de un solo uso.
- Impulsar la campaña «Straw No More».

4 ¿Cuál fue la primera iniciativa de Molly para intentar reducir la cantidad de plástico que llega a los océanos?

5 Respecto al llamado «síndrome de flotación»:

a) ¿A qué animales puede afectar?

b) ¿A qué es debido?

c) ¿Qué consecuencias tiene?

6 Preguntas provocadoras ¿Qué pasaría si todo el mundo dejara de utilizar plásticos de un solo uso? ¿En qué cambiaría, por ejemplo, la vida de los animales marinos?

7 Comprobamos ¿Por qué el lugar donde vive Molly ha podido influir en su proyecto contra el uso de estos plásticos?

8 ¿Cómo te sientes al saber que no estamos solos en el planeta y que la cooperación y la solidaridad son esenciales para su salud?

### ¡Stop al consumo excesivo!

Reflexiona sobre los productos que utilizas en tu actividad diaria y elige uno del que podrías prescindir o sustituir por otro más respetuoso con el medioambiente.

Compartid vuestras iniciativas en clase y elegid por votación la que más haya gustado a la mayoría.

Poned en práctica vuestra iniciativa y realizad un seguimiento diario durante unas semanas: ¿habéis conseguido el objetivo de incorporar este pequeño gesto por el planeta a vuestra vida diaria?

ME EXPRESO

# Utilizo palabras nuevas sobre el consumo

La entrevista a Mollly Steer nos transmite la importancia de promover un consumo responsable y respetuoso con el medioambiente.

1 ¿Conoces los adjetivos que puedes asociar a la palabra consumo? Relaciónalos en tu cuaderno.

moderado · excesivo · responsable

- Consumo reducido, solidario y sostenible de productos y servicios.
- Consumo en cantidades exageradas de productos y servicios.
- Consumo en cantidades razonables de productos y servicios.

Símbolo del ODS 12 (producción y consumo responsables) de la ONU.

2 Copia y completa la tabla en tu cuaderno con estas palabras y escribe una oración con cada una.

consumista · consumir · consumo

| Nombre | Adjetivo | Verbo |
|---|---|---|
| .... | .... | .... |

3 ¿Con qué único verbo sustituirías las palabras destacadas en estas oraciones?

- La lavadora **consume** mucha electricidad.
- **Pagó** mucho dinero por la compra de su casa.
- **Emplea** su tiempo en ir de tiendas.
- Ya se ha **terminado** la batería del móvil.

4 Copia y sustituye el verbo producir por el que corresponda en cada caso, correctamente conjugado.

dar • crear • ocasionar • fabricar

- En esta empresa **se producen** coches eléctricos.
- Velázquez **produjo** magníficas obras de arte.
- El consumo de plásticos **produce** enormes problemas.
- La huerta de mi abuela **producía** unos tomates riquísimos.

5 Une en tu cuaderno cada palabra tabú relacionada con el consumo con su eufemismo.

| | |
|---|---|
| Vendedor | Actualización de precios |
| Subida de precios | Económico |
| Barato | Agente comercial |

**Palabras tabú y eufemismos**

- Las **palabras tabú** son términos cuyo uso está mal visto por la sociedad.
- Los **eufemismos** son las palabras con las que sustituimos las palabras tabú.

# Cuento una noticia

¿Te animas a informarte e informar a los demás para contribuir al futuro del planeta? ¿Qué función tienen los medios de comunicación en todo ello?

### La noticia

La **noticia** es un texto narrativo que transmite una información de actualidad y de interés para muchas personas.

Las noticias intentan responder a las llamadas «preguntas del periodismo»: **¿qué ha sucedido?, ¿a quién?, ¿dónde?, ¿cuándo?, ¿cómo** o **por qué?**

1 Lee esta noticia y responde a las preguntas del periodismo en tu cuaderno: ¿qué?, ¿quién?, ¿dónde?, ¿cuándo?, ¿cómo o por qué?

**PLAYAS LIMPIAS DE RESIDUOS**

**Niños y niñas se suman al reto ecológico con la iniciativa «Playas limpias 2023»**

**José M.ª Martínez Alcolea** **24/05/2023**

Como cada año a finales de mayo, coincidiendo con las últimas semanas del curso escolar, decenas de niñas y niños de la localidad gaditana de Vejer de la Frontera se han sumado a la iniciativa «Playas Limpias» y han realizado una batida por las playas de la zona con el fin de limpiarlas. Organizados en pequeños equipos de cinco personas y provistos del material necesario (como guantes y bolsas biodegradables) han eliminado todo tipo de residuos de los arenales. En este reto ecológico han estado acompañados en todo momento por personal especializado. Además, durante las cuatro jornadas que ha durado la campaña, han señalizado los puntos limpios de las playas y colocado más recipientes para el reciclaje de los residuos en zonas estratégicas bien visibles. También han instalado paneles informativos para reforzar un cambio de hábitos en la población en relación con la disminución del consumo de plásticos y otros materiales contaminantes. Esta generosa iniciativa medioambiental contó con una enorme participación. La campaña «Playas Limpias 2023» ha sido todo un éxito.

### ¡Buenas noticias!

Inspírate en esta imagen e inventa una noticia.

Prepara tu guion a partir de la respuesta a las preguntas: ¿qué?, ¿a quién?, ¿dónde?, ¿cuándo?, ¿cómo o por qué?

Cuenta tu noticia oralmente como si estuvieras presentando un informativo en la televisión.

# Escribo textos periodísticos

¿Por qué es importante difundir en los medios de comunicación las iniciativas medioambientales? ¿Crees que con ello se sumarán más personas a la causa del planeta?

1 Por parejas, leed esta noticia y responded a las preguntas.

**MI PUEBLO SIN «BASURALEZA»: OCIO AL AIRE LIBRE SIN RESIDUOS**

AMADO HERRERO — 19 AGOSTO 2021

**Envases de alimentos y bebidas, colillas, bolsas de un solo uso... Los residuos generados en actividades durante el verano acaban a menudo abandonados. Para evitarlo, más de 400 municipios se han unido al proyecto #MiPuebloSinBasuraleza.**

Los residuos generados en actividades al aire libre, como los envases de alimentos y bebidas o las bolsas de un solo uso, se encuentran entre los productos que más frecuentemente acaban en la naturaleza. Suponen casi la mitad del total de objetos que contaminan ríos y océanos. Los científicos que estudian su impacto ambiental señalan la necesidad de sensibilizar a la población para reducir el consumo de estos productos al aire libre, porque es ahí cuando la posibilidad de escape es más alta. Y el verano es, precisamente, la época en la que más planes al aire libre se realizan. Por eso nació el Proyecto LIBERA [...] con el objetivo de contribuir a la protección del medioambiente en estos meses de calor. Y con él una serie de campañas para, entre todos, concienciar sobre la contaminación de nuestro entorno.

Entre ellas se encuentra #MiPuebloSinBasuraleza, a la que se han sumado ya más de 400 municipios. [...] Los distintos ayuntamientos y entidades locales pueden colaborar en esta iniciativa informando sobre las consecuencias de liberar «basuraleza» en los entornos naturales, y prestar el apoyo institucional necesario a las asociaciones que desarrollan actividades que promuevan la conservación de los entornos y la retirada de residuos. [...]

www.elmundo.es

a) ¿De qué nos informa el texto?

b) ¿En qué medio de comunicación se ha publicado?

c) Identifica en el texto la respuesta a estas preguntas del periodismo: ¿qué?, ¿quién?, ¿cuándo?, ¿dónde?, ¿cómo o por qué?

d) Inventa otro titular para esta misma noticia.

e) Lee el recuadro azul de la página siguiente y completa el esquema de la estructura de la noticia.

TITULAR Líneas.... a .... → ENTRADILLA Líneas.... a .... → CUERPO Líneas.... a ....

2 Relaciona en tu cuaderno cada dato con la pregunta que le corresponda.

| | |
|---|---|
| El 24 de abril de 2023. | • **¿Qué** ha sucedido? |
| Invención de una máquina para reciclar el papel usado que se genera en el colegio. | • **¿Quién** protagoniza el suceso? |
| Se otorga el primer premio del Concurso de Ciencias. | • **¿Cuándo** ha ocurrido? |
| El alumnado de tu clase de 5.º de Primaria. | • **¿Dónde** ha ocurrido? |
| Tu colegio. | • **¿Cómo** o **por qué** ha ocurrido? |

**La noticia**

En las noticias escritas se distinguen estas partes:

- **Titular:** texto breve que resume lo más importante de la noticia.
- **Entradilla:** párrafo que adelanta los datos más importantes.
- **Cuerpo:** texto principal que cuenta la noticia comenzando por la información más importante.

3 Redacta una breve noticia a partir de los datos de la actividad anterior. No olvides el titular y la entradilla.

4 Comprobamos En grupos, consultad un periódico en Internet y observad su forma, los tamaños de letra, su estructura...: ¿qué información aparece en la página de inicio?, ¿hay alguna imagen?, ¿en cuántas secciones se divide?, ¿contiene publicidad?...

## Una noticia digital

Infórmate sobre algún acontecimiento de actualidad medioambiental y, a partir de él, invéntate una noticia.

Escribe un titular que llame la atención y genere curiosidad en quien lo lee.

Redacta una entradilla que resuma lo más importante de la noticia.

Redacta el cuerpo de la noticia de manera ordenada, y de forma que responda a las preguntas del periodismo: qué, quién, cuándo, dónde, cómo o por qué.

Revisa tu escrito para comprobar que se entiende bien. Revisa la ortografía y realiza las correcciones necesarias.

Redacta la versión definitiva de tu noticia utilizando un procesador de textos. Incluye también una imagen que la ilustre.

Reunid los textos periodísticos de toda la clase a modo de periódico, que podríais colgar en la web del colegio o en el blog de la clase.

**¡Toma nota!**

Al principio de cualquier noticia, suele aparecer el nombre del periodista o la periodista que la ha escrito, junto a la fecha de publicación.

CONOZCO MI LENGUA

# El verbo

## El verbo

El **verbo** es una palabra que indica acción *(cuidar)*, estado *(sentir)* o situación *(dormir)*. Está formado por el **lexema** o **raíz** (que contiene el significado del verbo) y las **desinencias** (que complementan el significado del lexema).

cuid -ar    cuid -amos    cuid -aréis    cuid -arás

Las **desinencias** indican:

- **Tiempo** en el que se realiza la acción: **pasado** *(cuidé)*, **presente** *(cuido)* y **futuro** *(cuidaré)*.
- **Número: singular,** cuando la acción la realiza una persona *(yo cuido, tú cuidas, ella cuida)* y **plural,** cuando la acción la realizan varias personas *(nosotros cuidamos, vosotras cuidáis, ellos cuidan)*.
- **Persona** que realiza la acción del verbo: **primera** *(yo cuido, nosotros cuidamos...)*, **segunda** *(tú cuidas, vosotras cuidáis...)* y **tercera** *(él cuida, ellas cuidan...)*.

Las formas verbales pueden ser:

- **Personales:** tienen desinencias de persona y número *(cuidamos, cuida)*.
- **No personales:** no tienen desinencias de persona y número. Son el **infinitivo** *(cuidar)*, el **gerundio** *(cuidando)* y el **participio** *(cuidado/cuidada)*.

1 Identifica el verbo en estas oraciones e indica la persona, el número y el tiempo.

- María vino a primera hora de la mañana.
- Ella mide 160 centímetros.
- Vosotras comisteis arroz con tomate.
- Tú estabas en clase de piano.

2 Separa el lexema de las desinencias en estos verbos e indica la persona, el número y el tiempo.

| | | |
|---|---|---|
| escribe | vivimos | cantaré |
| lee | cuidarán | aprendimos |

**Ejemplo:** escribe (escrib-ir).
Raíz: escrib-; y desinencia: -e. Segunda persona, número singular, tiempo presente.

3 ¿En qué se diferencian los significados de los verbos destacados en estas oraciones?

- **Cuido** el planeta.
- **Cuidaremos** el planeta.

4 Completa estas oraciones con una forma no personal del verbo e indica si es un infinitivo, un gerundio o un participio.

- Cuando llegamos ellos ya se habían .... .
- Me gusta .... con acuarela.
- Estamos .... un pastel de manzana.

## La conjugación verbal

Llamamos **conjugación** al conjunto ordenado de las distintas formas de un verbo.

El **infinitivo** es la forma que utilizamos para nombrar los verbos *(correr, saltar, repetir)*.

Según la terminación del infinitivo, las conjugaciones verbales son tres:

- **Primera conjugación:** verbos acabados en **-ar.**
- **Segunda conjugación:** verbos acabados en **-er.**
- **Tercera conjugación:** verbos acabados en **-ir.**

## Anexo: Conjugación verbal

Para obtener más información sobre la conjugación verbal, consulta el Anexo, al final de tu libro.

**5** Indica a qué conjugación pertenecen los siguientes verbos.

| | | |
|---|---|---|
| duermen | jugábamos | barreréis |
| saltó | amaré | ves |
| correremos | viviste | ríen |
| he observado | comieron | saldrás |

**Ejemplo**
Duermen: verbo *dormir*, tercera conjugación.

**6** Clasifica las formas verbales de estas oraciones en simples o compuestas.

- Ella cuidaba de su jardín con las herramientas que le habían regalado.
- La abuela ya habrá recibido la carta que mandamos.
- No han desaparecido, seguro que se han escondido.
- Comí toda la fruta que había comprado.

### Formas simples y compuestas

- **Formas simples:** formadas por una sola palabra *(escribió, pasaron, acogemos)*.
- **Formas compuestas:** se construyen con una forma conjugada del verbo **haber** y el **participio** del verbo que se conjuga *(había salido, habrá aceptado, he encontrado)*.

### Copio y completo para organizar mis ideas

# Palabras con *g* y *j*. La diéresis

1 Lee estos titulares de un periódico y clasifica las palabras con **g** en tu cuaderno según suene fuerte o suave.

> Un alumno de un colegio gaditano gana una competición de gimnasia artística

> Un estudio sobre cómo proteger los campos de girasoles contra plagas de insectos revela resultados muy positivos

2 Copia y completa en tu cuaderno las siguientes palabras con: ga, go, gu, gue, gui, güe, güi, ge, gi.

**Ejemplo:** bilin.... → bilingüe

| | | | |
|---|---|---|---|
| pedi....ño | ....nas | se....dora | ci....ña |
| prodi....o | in....nio | para....as | ....tana |
| astrólo.... | nostal....a | alber.... | ....arida |
| pin....no | lon....tud | á....la | pira....ista |

3 ¿Cuáles de las siguientes palabras deben escribirse con diéresis? Cópialas correctamente en tu cuaderno.

**Ejemplo:** ambigüedad

| | | | |
|---|---|---|---|
| pinguino | aguinaldo | guitarra | verguenza |
| piraguismo | Siguenza | averigue | guisantes |
| guiso | unguento | aguijón | desague |

### La letra *g*

- La letra **g** suena **fuerte** cuando va delante de **e** o **i:** *genio, girasol.*
- La letra **g** suena **suave** cuando va delante de **a, o, u:** *oruga, gota, aguja.*
- Para que letra **g** suene suave delante de **e** o **i,** hay que escribir **gu:** *guepardo, guisante.*
- Para que la **u** suene en las sílabas **güe, güi,** debemos colocar dos puntos encima de la **ü** llamados **diéresis:** *pingüino, antigüedad.*

| Se escriben con **g** | Se escriben con **j** |
|---|---|
| Los verbos terminados en **-igerar** *(aligerar)*, **-ger** *(recoger)* y **-gir** *(dirigir)*, excepto *tejer* y *crujir.* | Las palabras que terminan en **-aje** *(garaje)*, **-eje** *(maneje)*, **-jero** *(pasajero)*, **-jera** *(extranjera)* y **-jería** *(relojería)*, excepto *ligero* y *ultraligero.* |
| Las palabras que empiezan por **geo-** *(geografía)* o **gest-** *(gesto).* | Las palabras que comienzan por **aje-** *(ajetreo)* y **eje-** *(ejemplo)*, con algunas excepciones como *agente, agenda, agencia...* |
| Las palabras que contienen **gen** *(margen).* | Algunas formas del verbo **traer** *(trajo)* y sus derivados *(distrajo, sustrajo, contrajo...)* y los verbos cuyo infinitivo termina en **-cir** *(dijo)* y **-ducir** *(traduje).* |

4 Observa la imagen y completa en tu cuaderno.

En el equipaje llevaba....

5 Forma palabras derivadas terminadas en **-aje** a partir de los siguientes verbos: **aterrizar, almacenar, maquillar, espiar, embalar, reciclar, patinar, montar**.

**Ejemplo:** fichar → fichaje

6 Escribe una oración en tu cuaderno con cada uno de estos verbos en una forma que contenga **j**.

| traer | conducir | introducir | decir |
|---|---|---|---|

## La lengua y sus hablantes

En el sur de España y en muchas zonas de Latinoamérica el sonido de la **j** y la **g** fuerte se suaviza y se aspira.

*tejado → *te$^h$ado*

Repasa la ortografía de la unidad en **anayaeducacion.es**.

## DICTADO: Cuentos en cadena

En grupos de cuatro personas, inventad y escribid un cuento.

Un miembro del equipo dicta una primera oración que contenga al menos una palabra con **g** y otra con **j**. A continuación, otra persona dictará una segunda oración con **g** y con **j** y así sucesivamente hasta completar el cuento.

Una vez acabado el cuento, realizad una puesta en común poniendo especial atención a la ortografía de las palabras con **g** y con **j**.

**Después del dictado:**

| Ortografía | Presentación | Caligrafía |
|---|---|---|
| ☺ 😐 ☹ | ☺ 😐 ☹ | ☺ 😐 ☹ |

# ¿Qué he aprendido?

**1** Busca una palabra tabú para cada uno de los eufemismos destacados.

El **conflicto bélico** ocasionó numerosas **víctimas.**

**2** Encuentra las palabras tabú correspondientes a los siguientes eufemismos.

| | |
|---|---|
| inodoro | recluso |
| tercera edad | paciente |
| poco agraciado | invidente |
| fallecer | centro penitenciario |
| indigente | entrado en carnes |

**3** Sustituye el verbo **consumir** por otro de la lista.

derretir • comer • gastar • desesperar

- La vela se ha consumido.
- La caldera consume mucho gas.
- Me consume su insistencia.
- Han consumido lo que había en el frigorífico.

**4** Clasifica estas formas verbales según la conjugación a la que pertenecen: **miraré, abrieron, coses, salían, lanzo, vuelan, sirvió, rellenan, he comido.**

**5** Sustituye los infinitivos en tu cuaderno por las formas que corresponda.

- Ayer mis amigos .... (llegar) tarde al partido.
- Si vienes, te .... (cocinar) un bizcocho.
- Las alumnas de quinto .... (ser) encantadoras.
- Yo jamás .... (mentir).

**6** Copia y completa la tabla en tu cuaderno.

| | Abres | Caminaré | Hemos cogido |
|---|---|---|---|
| Conjugación | 3.ª (abrir) | .... | .... |
| Persona | Segunda | .... | .... |
| Número | Singular | .... | .... |
| Tiempo | Presente | .... | .... |
| Forma simple o compuesta | Simple | .... | .... |

**7** Escribe tres oraciones en las que el verbo **encontrar** esté conjugado en forma compuesta.

**8** Clasifica estas palabras con **g** en tu cuaderno: **agudo, imagen, goma, manguera, piragüista, guindilla, guepardo, gusano, galaxia, generosa, girar, antigüedad, bilingüismo, distinguido.**

| Suave con ga, go, gu | Suave con gue, gui | Fuerte con ge, gi | Con güe, güi |
|---|---|---|---|
| .... | .... | .... | .... |

**9** Completa con **g** o **j**.

- Todos los ....ueves escribo un mensa....e a ....avier por correo electrónico.
- La ima....en de este televisor es ....enial.
- Me ....usta llevar la merienda a la vie....ecita.

Realiza la autoevaluación interactiva en **anayaeducacion.es**.

## DICTADO

Lee el texto para preparar el dictado.

«Todas las ciudades se parecen cuando llegas», pensó Bernal mientras miraba por la ventanilla del elegante automóvil negro que los había recogido en el aeropuerto de Sofía para llevarlos al hotel.

El conductor, un amable anciano con bigote, les había indicado en un inglés bastante rudimentario que ocupasen las dos filas de asientos reservadas a los pasajeros. Bernal se había sentado con sus padres, Carmen y Mauro, en la primera fila. Detrás iban Susana y Santi, los colaboradores de Carmen en la Misión Biológica del Consejo Superior de Investigaciones Científicas en Pontevedra.

Ana Alonso, *Historia de una rosa,* Anaya.

**El semáforo.** Junto a cada actividad, colorea así en tu cuaderno:

- si has sabido la respuesta,
- si has necesitado ayuda
- o si no la has sabido responder.

OBJETIVO EN ACCIÓN

## Noticia radiofónica: Pequeños gestos que llegan lejos

En esta unidad has comprendido cómo tus acciones de cada día pueden repercutir en la salud del planeta. También sabes ya que, para poder actuar en beneficio del medioambiente, conviene estar bien informado.

Ahora que sabes todo esto, vas a dar un paso más...

Vais a crear una noticia radiofónica en la que concienciaréis a vuestra comunidad escolar sobre la importancia de adoptar hábitos respetuosos con el planeta.

1 En grupos de cuatro, inventaos una acción emprendida por alguna persona imaginaria que beneficiaría al medioambiente si todo el mundo la aplicara a su vida.

2 Completad en el cuaderno este organizador gráfico. Os ayudará a ordenar vuestras ideas.

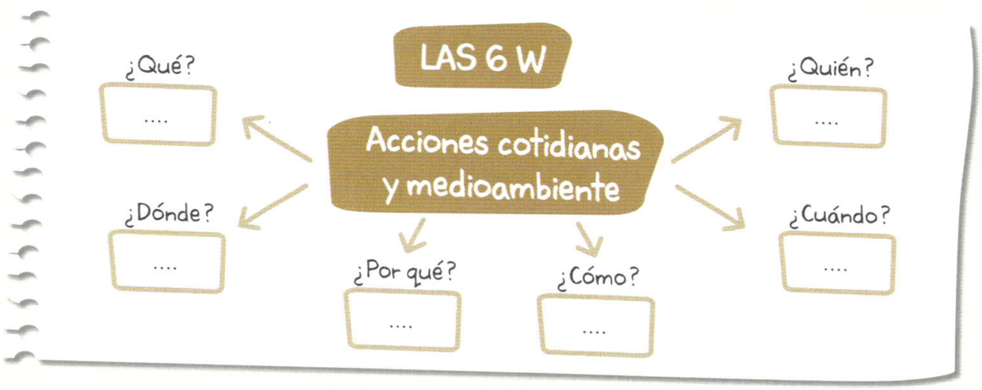


3 Redactad el guion de vuestra noticia.

4 Grabad vuestra noticia radiofónica.

5 Reunid las grabaciones de toda la clase y colgadlas en la web del colegio o difundidlas a través de la megafonía.

# ¿Cómo he aprendido?

1 Revisa lo estudiado en la unidad y completa en tu cuaderno.

| |
|---|
| Siento orgullo por haber... |
| Me enfado cuando... |
| Lo que más me ayuda a aprender es... |

2 Reflexiona y piensa en las cosas que se te dan mejor y en las que se te dan peor. Luego, elabora un listado de cada uno de estos aspectos.

| Mis fortalezas | Mis debilidades |
|---|---|

1

Lee el siguiente texto y realiza las actividades.

## LA EMPRESA DE GESTIÓN DE LAS AGUAS VALENCIANAS FOMENTA UNA CAMPAÑA PARA EL AHORRO DE AGUA

D.V. VALENCIA, 20/12/2021

La empresa ha puesto en marcha una campaña para promover el consumo de agua del grifo entre la población. [...], una acción que busca contribuir a la recuperación económica con un modelo de gestión del agua que mejore la calidad de vida y proteja a las personas, especialmente a las más vulnerables. Este modelo, basado en el compromiso local y alineado con los ODS de la ONU marcados dentro de la Agenda 2030, promueve la reconstrucción verde y la innovación, favoreciendo la evolución hacia una comarca sostenible [...]

Así, se han preparado varios vídeos a través de los cuales se mencionan los controles de calidad que supera el agua del grifo, la apuesta por la innovación de la empresa valenciana, los beneficios que aporta para la salud, la importancia de su uso a la hora de cocinar, las iniciativas para proteger a los **colectivos más vulnerables** con las que cuenta la compañía y la mínima huella ambiental que se genera a través del consumo de este recurso.

Asimismo, esta iniciativa ha sido subvencionada por parte de la Generalitat Valenciana para la realización de acciones de apoyo, de fomento y de implementación de la Agenda 2030 y de sensibilización de los Objetivos de Desarrollo Sostenible. En este caso, a través de la campaña se promueve el cumplimiento del ODS 3: Salud y Bienestar; ODS 6: Acceso al agua y saneamiento; ODS 12: Producción y consumo responsable; ODS 13: Acción por el clima; ODS 1: Fin de la pobreza; y ODS17: Alianzas para lograr los objetivos.

www.abc.es

a) ¿Qué tema se trata en esta noticia?

b) Inventa otro titular.

c) En el texto se incluyen varias siglas. Localízalas y averigua su significado.

d) Observa el eufemismo destacado. ¿A qué palabra tabú crees que sustituye?

e) Identifica un gentilicio en el texto. ¿Con qué comunidad autónoma está relacionado?

f) Localiza en la noticia dos verbos de cada conjugación verbal.

g) ¿Qué uso se hace de los dos puntos y del punto y coma en el tercer párrafo?

h) Copia esta tabla y clasifica los determinantes que encuentres en el texto.

| Artículos | Demostrativos | Indefinidos | Posesivos | Numerales |
|---|---|---|---|---|
| .... | .... | .... | .... | .... |

i) Copia este fragmento de la noticia en tu cuaderno y rodea de distinto color estas palabras invariables: un adverbio, una preposición y una conjunción.

> «Un modelo de gestión del agua que mejore la calidad de vida y proteja a las personas, especialmente a las más vulnerables».

## 2

Organizad en clase un debate sobre este tema.

**Agua embotellada o agua del grifo... ¿cuál es la mejor opción para el planeta?**

- Dividid la clase en dos grupos, cada uno defenderá una de las dos opciones.
- Informaos sobre el consumo de agua de grifo y de agua embotellada.
- Buscad argumentos en los que apoyar vuestra opinión. Completad esta tabla para organizar vuestras ideas.

| Agua del grifo | | Agua embotellada | |
|---|---|---|---|
| Ventajas | Inconvenientes | Ventajas | Inconvenientes |
| .... | .... | .... | .... |

## 3

Copia y resuelve en tu cuaderno este «crucinombre».

1. 3.ª pers. del sing. del presente del verbo **saber.**
2. 1.ª pers. del sing. del presente del verbo **saltar.**
3. 1.ª pers. del sing. del presente del verbo **enojar.**
4. 3.ª pers. del singular del pasado del verbo **leer.**
5. Adv. de tiempo. El día que precede al de hoy.
6. Adv. de lugar. Antónimo de **abajo.**
7. Adv. de afirmación.
8 y 9. Adverbios de lugar.
10. Preposición que indica origen, procedencia.
11. Preposición que indica dirección, destino.
12. Al revés, frente a.
13. 3.ª pers. del sing. del presente del verbo **cenar.**
14. 1.ª pers. del sing. del pasado del verbo **callar.**
15. 3.ª pers. del sing. del presente del verbo **lamer.**
16. 1.ª pers. del sing. del presente del verbo **alejar.**

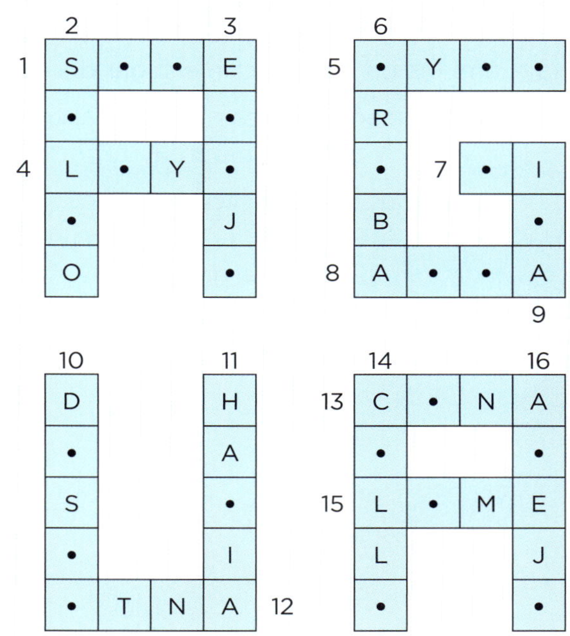

PROYECTOS QUE DEJAN HUELLA

DESCUBRE EL PROYECTO INTERDISCIPLINAR

## Hacemos camino:

# EXPERIENCIA EN LA NATURALEZA

¿Sabes qué es eso del «senderismo interpretativo»?
¡El ecoturismo está de moda!

¿Te animas a escribir un artículo sobre el senderismo interpretativo en tu entorno?

## 1 PIENSA
Think

¿Te gusta salir a la naturaleza y estar en contacto con ella?
¿Hay caminos para pasear en el lugar donde vives?

¿Qué tipo de actividades puedes realizar en el entorno natural?

¿Sabes qué es el «ecoturismo?»
¿Has oído hablar de «senderismo interpretativo»?
¿Qué crees que es?

Reflexionad en grupo y compartid vuestras ideas.

## 2 DISEÑA
Design

La naturaleza nos ofrece muchas posibilidades de ocio. Entre ellas, el ecoturismo y la modalidad del senderismo interpretativo.

Investiga sobre el concepto de «senderismo interpretativo», sus características y beneficios, y busca algunos ejemplos.

¿Qué tipo de información necesitas para escribir un artículo sobre este tema?

## 3 CONSTRUYE

Maker

Con toda la información obtenida, escribe tu artículo. Primero, redacta un borrador y revísalo con ayuda de tu profesor o profesora, y de tus compañeros y compañeras.

Redacta la versión definitiva en papel o en formato digital.

¡Seguro que te queda genial!

## 4 PRESENTA

Stage

El ecoturismo y el senderismo interpretativo son actividades beneficiosas para la salud y para la naturaleza.

Comparte tu artículo con el resto de la clase, informa a otras clases y cuéntaselo a tu familia.

¡Es una opción de ocio muy saludable!

## 5 COMPRUEBA

Test

Con este proyecto he aprendido...

## Sílabas tónica y átona

Sílaba **tónica** es la que pronunciamos con **mayor** fuerza de voz.

Las demás sílabas de la palabra se llaman **átonas.**

Según el lugar que ocupa la sílaba tónica, las palabras son: **agudas, llanas** y **esdrújulas.**

## La tilde

En algunas palabras la **sílaba tónica** va marcada con una rayita (´). A esta rayita la llamamos tilde. Llevan **tilde:** las palabras **agudas** que terminan en **vocal,** en **-n** o en **-s:** (*café, salón, ciprés*); las palabras **llanas** que terminan en consonante que no sea ni **-n,** ni **-s:** (*árbol, lápiz*); todas las palabras **esdrújulas:** (*árbitro*).

## El diptongo y el hiato

- El **diptongo** es la unión de dos vocales que se pronuncian en una **misma sílaba.**
  - Cuando el diptongo está formado por una vocal abierta (**a, e, o**) y otra cerrada (**i, u**), la tilde se coloca sobre la vocal abierta: *adiós.*
  - Cuando el diptongo está formado por dos vocales cerradas, la tilde se coloca sobre la segunda vocal: *construí.*
- El **hiato** es el encuentro de dos vocales que se pronuncian en **sílabas distintas.** Los hiatos pueden estar formados:
  - Por dos vocales abiertas. En este caso, se acentúan según las normas generales de acentuación: *trocéalo, caos.*
  - Por una vocal abierta y una cerrada. La tilde se coloca sobre la vocal cerrada: *actúas.*

## El punto

Se utiliza para señalar el final de una oración (**punto y seguido**); de un párrafo (**punto y aparte**) o de un escrito (**punto final**). Al empezar un escrito y después de punto se escribe letra **mayúscula.**

## La coma

Indica una pausa breve al hablar o al escribir. Se escribe para separar palabras de una enumeración; después de expresiones como *es decir, por ejemplo, en primer lugar...;* para introducir aclaraciones *(Pienso, aunque no estoy segura, que ya se han ido);* para separar del resto de la oración el nombre de la persona a la que nos dirigimos *(Jon, ven un momento).*

## Los dos puntos

Se utilizan detrás de fórmulas de saludo (*querido profesor:* ...); delante de una enumeración (*seguid estos pasos:* ...); delante de una cita textual que va entre comillas (*él me dijo: «te invito a mi cumple»*).

## El punto y coma

Indica una pausa mayor que la coma y menor que el punto. Se escribe para separar oraciones cuyos significados tienen relación; para separar, en una oración, distintas partes cuando ya hay alguna coma.

## Los puntos suspensivos

Se utilizan para indicar que una oración o una enumeración no está completa.

## Los paréntesis

Se utilizan para introducir aclaraciones, explicaciones o datos concretos: (*Federico García Lorca (1898-1936) fue un gran poeta andaluz*); para presentar las acotaciones teatrales: (GIGANTE.—*(Con ferocidad)* ¡Te comeré!).

## La raya

Se utiliza para señalar las intervenciones de los personajes de un diálogo. También se usa la raya antes y después de una aclaración.

## El guion

Se emplea para dividir una palabra al final de un renglón *(agua-cate, aguaca-te);* y para separar palabras compuestas *(teórico-práctico).*

## Palabras con h

Se escriben con **h** las palabras que empiezan por **hia-, hie-, hue-, hui-** *(hiato, hielo, hueso, huida);* las que están formadas por los prefijos **hecto-, hepta-, hexa-, hemi-, hiper-;** y las formas de los verbos **haber, hablar, hacer, hallar** y **habitar.**

## Palabras con g y j; la diéresis

- La **g** suena fuerte delante de **e, i:** *geranio, girasol.* Suena suave delante de **a, o, u:** *gallo, gota, gusano.*

  Para que suene suave, hay que escribir **gu:** *hoguera.*

  La **diéresis** son los dos puntos que se escriben sobre la **u** para que suene en las sílabas **güe, güi:** *vergüenza.*

  Se escriben con **g** las palabras que empiezan por **geo-, gen-** y **gest-** *(geología, gentil, gesto);* los verbos terminados en **-ger, -gir** y **-gerar,** excepto *tejer* y *crujir (proteger, sumergir, refrigerar);* y las palabras que terminan en **-gen** *(origen).*

  Se escriben con **j** las palabras que comienzan por **aje-,** aunque hay algunas excepciones *(agenda, agente...)* y por **eje-** *(ajedrez, ejecutar);* o que terminan en **-aje, -eje, -jero, -jera** y **-jería** *(potaje, despeje, cajero, conserjería);* y algunas formas del verbo **traer.**

## Palabras terminadas en -d y -z

- Las palabras terminadas en **-d** forman su plural en **-des:** *bondad, bondades.*
- Las palabras que terminan en **-z** forman su plural en **-ces:** *perdiz, perdices.*

## Palabras con x

Se escriben con **x** las palabras que empiezan por la sílaba **ex** seguida del grupo **-pr-** o **-pl** *(explicar);* las palabras que empiezan por el prefijo **ex-** o **extra-** *(excéntrico, extraordinario).*

## Palabras con r y rr

El sonido **r** suave se representa con una sola **r:** *perdida.* El sonido **r** fuerte se representa: como **r** si va a principio de palabra *(rota);* como **r** si va detrás de **l, n, s** *(alrededor, Enriqueta, Israel);* si va entre vocales se representa como **rr** *(arroyo).*

## Palabras con ll e y

- Se escriben con **ll** las palabras que terminan en **-illa, -illo, -ullo** (excepto *tuyo* y *suyo*) *(bombilla, novillo, barullo);* y los verbos cuyo infinitivo termina en **-ellar, -illar, -ullar, -ullir.**
- Se escriben con **y** algunas formas de los verbos cuyo infinitivo no tiene ni **ll** ni **y** *(leyó);* algunas formas de los verbos cuyo infinitivo acaba en **-uir** *(disminuyó);* las palabras que tienen la sílaba **-yec-** *(proyectil);* los plurales de las palabras que acaban en **-y** *(leyes).*

## Palabras con b y v

- Se escriben con **b:** las palabras que comienzan por **bu-, bur-, bus-** *(buñuelo, burbuja, buscar);* los verbos terminados en **-bir** y **-buir,** excepto *hervir, servir* y *vivir (recibir, distribuir);* las terminaciones -**aba, -abas, -ábamos, -abais, -aban** de los verbos de la primera conjugación *(cantaba, buscábamos);* las palabras con **mb, bl** y **br** *(mueble);* todas las formas de los verbos **haber, beber** y **deber.**
- Se escriben con **v:** los adjetivos que terminan en **-ava, -ave, -avo, -eva, -eve, -evo, -iva, -ivo** *(brava, suave...);* los números y las estaciones del año *(nueve, verano);* las palabras que comienzan por **adv-** *(adviento);* las formas del verbo **ir** en las que aparezca este sonido, excepto las del pasado.

## Palabras con c y cc

Se escriben con **cc** las palabras que tienen en su misma familia léxica alguna palabra que contenga el grupo **-ct-:** *acción.*

## Nombres

- Designan a personas, objetos, animales o lugares, sentimientos, ideas.

**Clases de nombres**

| Según el género | | Según el número | | Según el significado | | |
|---|---|---|---|---|---|---|
| **Masculino** | **Femenino** | **Singular** | **Plural** | **Propio** | **Común** | |
| *gato* | *gata* | *casa* | *casas* | *Eduardo* | **Individual** | **Colectivo** |
| | | | | | *abeja* | *enjambre* |
| | | | | | **Concreto** | **Abstracto** |
| | | | | | *niña* | *alegría* |

## Adjetivos

- Son las palabras que dicen cómo son o están las personas, los objetos, los lugares... Acompañan al nombre y concuerdan con este en género y número.

**Grados del adjetivo**

| Positivo | Comparativo | Superlativo |
|---|---|---|
| *La maestra es joven.* | *La maestra es más joven que la directora.* | *La maestra es jovencísima.* |

## Determinantes

- **Artículos.** Acompañan al nombre.

| | |
|---|---|
| **Determinados** | *el, la, los, las* |
| **Indeterminados** | *un, una, unos, unas* |

- **Demostrativos.** Indican la proximidad o lejanía del nombre al que acompañan en relación con la persona que habla o escucha.

| | |
|---|---|
| **Cercanía** | *este, esta, estos, estas* |
| **Distancia media** | *ese, esa, esos, esas* |
| **Lejanía** | *aquel, aquella, aquellos, aquellas* |

- **Posesivos.** Indican posesión o pertenencia.

| | | |
|---|---|---|
| **Un poseedor** | **Singular** | *mi, tu, su, mío, mía, tuyo, tuya, suyo, suya* |
| | **Plural** | *mis, tus, sus, míos, mías, tuyos, tuyas, suyos, suyas* |
| **Varios poseedores** | **Singular** | *su, nuestro, nuestras, vuestro, vuestra, suyo, suya* |
| | **Plural** | *sus, nuestros, nuestras, vuestros, vuestras, suyos, suyas* |

- **Numerales.** Acompañan al nombre. Se escriben con una sola palabra hasta el treinta y, a partir de aquí, con dos o más palabras.

*uno, siete, veinte, treinta y cuatro, noventa y cinco...*

- **Indefinidos.** Acompañan al nombre e indican una cantidad imprecisa.

*algún, varias, demasiados, bastantes, poca, ciertos, otros, otra, mucha, todas...*

## Pronombres personales

- Sirven para nombrar a las personas del discurso.

| | | 1.ª persona | 2.ª persona | 3.ª persona |
|---|---|---|---|---|
| **Tónicos** | **Singular** | *yo, mí, conmigo* | *tú, usted, ti, contigo* | *él, ella, ello, sí, consigo* |
| | **Plural** | *nosotros, nosotras* | *vosotros, vosotras, ustedes* | *ellos, ellas, sí, consigo* |
| **Átonos** | **Singular** | *me* | *te* | *lo, la, le, se* |
| | **Plural** | *nos* | *os* | *los, las, les, se* |

## Palabras invariables

- **Adverbios.** Expresan distintas circunstancias.

| | |
|---|---|
| **Lugar** | *aquí, ahí, allí, dentro, fuera, encima, cerca...* |
| **Tiempo** | *hoy, mañana, pronto, ahora, después...* |
| **Modo** | *bien, mal, deprisa, rápidamente, lentamente...* |
| **Cantidad** | *más, menos, mucho, poco, bastante...* |
| **Afirmación** | *sí, también, efectivamente...* |
| **Negación** | *no, jamás, tampoco...* |
| **Duda** | *quizá, probablemente, acaso...* |

- **Preposiciones.** Asocian palabras con otras dentro de una misma oración.

*a, ante, bajo, con, contra, de, desde, durante, en, entre, hacia, hasta, mediante, para, por, según, sin, sobre, tras.*

- **Conjunciones.** Relacionan palabras y grupos de palabras dentro de una oración, así como unen dos o más oraciones.

*y, e, ni, o, u, pero, sino, que, aunque, porque...*

## Verbos

- El verbo es una palabra que indica acción (*cuidar*), estado (*sentir*) o situación (*dormir*).

**Las desinencias verbales indican:**

| | |
|---|---|
| **Tiempo** | **Pasado:** *cuidé* |
| | **Presente:** *cuido* |
| | **Futuro:** *cuidaré* |
| **Número** | **Singular:** *yo cuido, tú cuidas, ella cuida* |
| | **Plural:** *nosotros cuidamos, vosotras cuidáis, ellos cuidan* |
| **Persona** | **Primera:** *yo cuido, nosotros cuidamos...* |
| | **Segunda:** *tú cuidas, vosotras cuidáis...* |
| | **Tercera:** *él cuida, ellas cuidan...* |

**Conjugaciones verbales:**

| | |
|---|---|
| | **1.ª conjugación:** *cantar, bailar, amar* |
| | **2.ª conjugación:** *correr, beber* |
| | **3.ª conjugación:** *escribir, vivir, subir* |

**Formas no personales:**

| Infinitivo | Gerundio | Infinitivo |
|---|---|---|
| *amar* | *amando* | *amado* |

**Formas simples y formas compuestas**

| | |
|---|---|
| **Simples:** *amar* | **Compuestas:** *he amado* |

## Análisis morfológico

**Oración:** Mis hermanos Iker y Nadia estudian en una excelente universidad cerca de Sevilla.

- **Mis:** determinante posesivo, un poseedor, masculino, plural.
- **hermanos:** nombre común, concreto, individual, masculino, plural.
- **Iker/Nadia:** nombres propios.
- **y:** conjunción.
- **estudian:** verbo de la 1.ª conjugación, presente de indicativo, 3.ª persona, plural.
- **en:** preposición.
- **una:** artículo indeterminado, femenino, singular.
- **excelente:** adjetivo positivo, femenino, singular.
- **universidad:** nombre común, concreto, individual, femenino, singular.
- **cerca:** adverbio de lugar.
- **de:** preposición.
- **Sevilla:** nombre propio.

# Hablar

**VERBO REGULAR • 1.ª CONJUGACIÓN**

## Indicativo

| | FORMAS SIMPLES | FORMAS COMPUESTAS |
|---|---|---|
| | **Presente** | **Pretérito perfecto compuesto** |
| yo | hablo | he hablado |
| tú | hablas | has hablado |
| él/ella/Ud. | habla | ha hablado |
| nosotros/as | hablamos | hemos hablado |
| vosotros/as | habláis | habéis hablado |
| ellos/as/Uds. | hablan | han hablado |
| | **Pretérito imperfecto** | **Pretérito pluscuamperfecto** |
| yo | hablaba | había hablado |
| tú | hablabas | habías hablado |
| él/ella/Ud. | hablaba | había hablado |
| nosotros/as | hablábamos | habíamos hablado |
| vosotros/as | hablabais | habíais hablado |
| ellos/as/Uds. | hablaban | habían hablado |
| | **Pretérito perfecto simple** | **Pretérito anterior** |
| yo | hablé | hube hablado |
| tú | hablaste | hubiste hablado |
| él/ella/Ud. | habló | hubo hablado |
| nosotros/as | hablamos | hubimos hablado |
| vosotros/as | hablasteis | hubisteis hablado |
| ellos/as/Uds. | hablaron | hubieron hablado |
| | **Futuro simple** | **Futuro compuesto** |
| yo | hablaré | habré hablado |
| tú | hablarás | habrás hablado |
| él/ella/Ud. | hablará | habrá hablado |
| nosotros/as | hablaremos | habremos hablado |
| vosotros/as | hablaréis | habréis hablado |
| ellos/as/Uds. | hablarán | habrán hablado |
| | **Condicional simple** | **Condicional compuesto** |
| yo | hablaría | habría hablado |
| tú | hablarías | habrías hablado |
| él/ella/Ud. | hablaría | habría hablado |
| nosotros/as | hablaríamos | habríamos hablado |
| vosotros/as | hablaríais | habríais hablado |
| ellos/as/Uds. | hablarían | habrían hablado |

## Subjuntivo

| | FORMAS SIMPLES | FORMAS COMPUESTAS |
|---|---|---|
| | **Presente** | **Pretérito perfecto compuesto** |
| yo | hable | haya hablado |
| tú | hables | hayas hablado |
| él/ella/Ud. | hable | haya hablado |
| nosotros/as | hablemos | hayamos hablado |
| vosotros/as | habléis | hayáis hablado |
| ellos/as/Uds. | hablen | hayan hablado |
| | **Pretérito imperfecto** | **Pretérito pluscuamperfecto** |
| yo | hablara o hablase | hubiera o hubiese hablado |
| tú | hablaras o hablases | hubieras o hubieses hablado |
| él/ella/Ud. | hablara o hablase | hubiera o hubiese hablado |
| nosotros/as | habláramos o hablásemos | hubiéramos o hubiésemos hablado |
| vosotros/as | hablarais o hablaseis | hubierais o hubieseis hablado |
| ellos/as/Uds. | hablaran o hablasen | hubieran o hubiesen hablado |
| | **Futuro simple** | **Futuro compuesto** |
| yo | hablare | hubiere hablado |
| tú | hablares | hubieres hablado |
| él/ella/Ud. | hablare | hubiere hablado |
| nosotros/as | habláremos | hubiéremos hablado |
| vosotros/as | hablareis | hubiereis hablado |
| ellos/as/Uds. | hablaren | hubieren hablado |

## Imperativo

habla (tú)
hablad (vosotros, vosotras)

## Formas no personales

**Infinitivo**

hablar

**Gerundio**

hablando

**Participio**

hablado

# Beber

**VERBO REGULAR • 2.ª CONJUGACIÓN**

## Indicativo

| | FORMAS SIMPLES | FORMAS COMPUESTAS |
|---|---|---|
| | **Presente** | **Pretérito perfecto compuesto** |
| yo | bebo | he bebido |
| tú | bebes | has bebido |
| él/ella/Ud. | bebe | ha bebido |
| nosotros/as | bebemos | hemos bebido |
| vosotros/as | bebéis | habéis bebido |
| ellos/as/Uds. | beben | han bebido |
| | **Pretérito imperfecto** | **Pretérito pluscuamperfecto** |
| yo | bebía | había bebido |
| tú | bebías | habías bebido |
| él/ella/Ud. | bebía | había bebido |
| nosotros/as | bebíamos | habíamos bebido |
| vosotros/as | bebíais | habíais bebido |
| ellos/as/Uds. | bebían | habían bebido |
| | **Pretérito perfecto simple** | **Pretérito anterior** |
| yo | bebí | hube bebido |
| tú | bebiste | hubiste bebido |
| él/ella/Ud. | bebió | hubo bebido |
| nosotros/as | bebimos | hubimos bebido |
| vosotros/as | bebisteis | hubisteis bebido |
| ellos/as/Uds. | bebieron | hubieron bebido |
| | **Futuro simple** | **Futuro compuesto** |
| yo | beberé | habré bebido |
| tú | beberás | habrás bebido |
| él/ella/Ud. | beberá | habrá bebido |
| nosotros/as | beberemos | habremos bebido |
| vosotros/as | beberéis | habréis bebido |
| ellos/as/Uds. | beberán | habrán bebido |
| | **Condicional simple** | **Condicional compuesto** |
| yo | bebería | habría bebido |
| tú | beberías | habrías bebido |
| él/ella/Ud. | bebería | habría bebido |
| nosotros/as | beberíamos | habríamos bebido |
| vosotros/as | beberíais | habríais bebido |
| ellos/as/Uds. | beberían | habrían bebido |

## Subjuntivo

| | FORMAS SIMPLES | FORMAS COMPUESTAS |
|---|---|---|
| | **Presente** | **Pretérito perfecto compuesto** |
| yo | beba | haya bebido |
| tú | bebas | hayas bebido |
| él/ella/Ud. | beba | haya bebido |
| nosotros/as | bebamos | hayamos bebido |
| vosotros/as | bebáis | hayáis bebido |
| ellos/as/Uds. | beban | hayan bebido |
| | **Pretérito imperfecto** | **Pretérito pluscuamperfecto** |
| yo | bebiera o bebiese | hubiera o hubiese bebido |
| tú | bebieras o bebieses | hubieras o hubieses bebido |
| él/ella/Ud. | bebiera o bebiese | hubiera o hubiese bebido |
| nosotros/as | bebiéramos o bebiésemos | hubiéramos o hubiésemos bebido |
| vosotros/as | bebierais o bebieseis | hubierais o hubieseis bebido |
| ellos/as/Uds. | bebieran o bebiesen | hubieran o hubiesen bebido |
| | **Futuro simple** | **Futuro compuesto** |
| yo | bebiere | hubiere bebido |
| tú | bebieres | hubieres bebido |
| él/ella/Ud. | bebiere | hubiere bebido |
| nosotros/as | bebiéremos | hubiéremos bebido |
| vosotros/as | bebiereis | hubiereis bebido |
| ellos/as/Uds. | bebieren | hubieren bebido |

## Imperativo

bebe (tú)
bebed (vosotros, vosotras)

## Formas no personales

**Infinitivo**

beber

**Gerundio**

bebiendo

**Participio**

bebido

# Vivir

**VERBO REGULAR • 3.ª CONJUGACIÓN**

## Indicativo

| | FORMAS SIMPLES | FORMAS COMPUESTAS |
|---|---|---|
| | **Presente** | **Pretérito perfecto compuesto** |
| yo | vivo | he vivido |
| tú | vives | has vivido |
| él/ella/Ud. | vive | ha vivido |
| nosotros/as | vivimos | hemos vivido |
| vosotros/as | vivís | habéis vivido |
| ellos/as/Uds. | viven | han vivido |
| | **Pretérito imperfecto** | **Pretérito pluscuamperfecto** |
| yo | vivía | había vivido |
| tú | vivías | habías vivido |
| él/ella/Ud. | vivía | había vivido |
| nosotros/as | vivíamos | habíamos vivido |
| vosotros/as | vivíais | habíais vivido |
| ellos/as/Uds. | vivían | habían vivido |
| | **Pretérito perfecto simple** | **Pretérito anterior** |
| yo | viví | hube vivido |
| tú | viviste | hubiste vivido |
| él/ella/Ud. | vivió | hubo vivido |
| nosotros/as | vivimos | hubimos vivido |
| vosotros/as | vivisteis | hubisteis vivido |
| ellos/as/Uds. | vivieron | hubieron vivido |
| | **Futuro simple** | **Futuro compuesto** |
| yo | viviré | habré vivido |
| tú | vivirás | habrás vivido |
| él/ella/Ud. | vivirá | habrá vivido |
| nosotros/as | viviremos | habremos vivido |
| vosotros/as | viviréis | habréis vivido |
| ellos/as/Uds. | vivirán | habrán vivido |
| | **Condicional simple** | **Condicional compuesto** |
| yo | viviría | habría vivido |
| tú | vivirías | habrías vivido |
| él/ella/Ud. | viviría | habría vivido |
| nosotros/as | viviríamos | habríamos vivido |
| vosotros/as | viviríais | habríais vivido |
| ellos/as/Uds. | vivirían | habrían vivido |

## Subjuntivo

| FORMAS SIMPLES | FORMAS COMPUESTAS |
|---|---|
| **Presente** | **Pretérito perfecto compuesto** |
| viva | haya vivido |
| vivas | hayas vivido |
| viva | haya vivido |
| vivamos | hayamos vivido |
| viváis | hayáis vivido |
| vivan | hayan vivido |
| **Pretérito imperfecto** | **Pretérito pluscuamperfecto** |
| viviera o viviese | hubiera o hubiese vivido |
| vivieras o vivieses | hubieras o hubieses vivido |
| viviera o viviese | hubiera o hubiese vivido |
| viviéramos o viviésemos | hubiéramos o hubiésemos vivido |
| vivierais o vivieseis | hubierais o hubieseis vivido |
| vivieran o viviesen | hubieran o hubiesen vivido |
| **Futuro simple** | **Futuro compuesto** |
| viviere | hubiere vivido |
| vivieres | hubieres vivido |
| viviere | hubiere vivido |
| viviéremos | hubiéremos vivido |
| viviereis | hubiereis vivido |
| vivieren | hubieren vivido |

## Imperativo

vive (tú)
vivid (vosotros, vosotras)

## Formas no personales

**Infinitivo**

vivir

**Gerundio**

viviendo

**Participio**

vivido

# Haber

VERBO IRREGULAR • 2.ª CONJUGACIÓN

## Indicativo

### FORMAS SIMPLES

#### Presente

| | |
|---|---|
| yo | he |
| tú | has |
| él/ella/Ud. | ha |
| nosotros/as | hemos |
| vosotros/as | habéis |
| ellos/as/Uds. | han |

#### Pretérito imperfecto

| | |
|---|---|
| yo | había |
| tú | habías |
| él/ella/Ud. | había |
| nosotros/as | habíamos |
| vosotros/as | habíais |
| ellos/as/Uds. | habían |

#### Pretérito perfecto simple

| | |
|---|---|
| yo | hube |
| tú | hubiste |
| él/ella/Ud. | hubo |
| nosotros/as | hubimos |
| vosotros/as | hubisteis |
| ellos/as/Uds. | hubieron |

#### Futuro simple

| | |
|---|---|
| yo | habré |
| tú | habrás |
| él/ella/Ud. | habrá |
| nosotros/as | habremos |
| vosotros/as | habréis |
| ellos/as/Uds. | habrán |

#### Condicional simple

| | |
|---|---|
| yo | habría |
| tú | habrías |
| él/ella/Ud. | habría |
| nosotros/as | habríamos |
| vosotros/as | habríais |
| ellos/as/Uds. | habrían |

## Subjuntivo

### FORMAS SIMPLES

#### Presente

haya
hayas
haya
hayamos
hayáis
hayan

#### Pretérito imperfecto

hubiera o hubiese
hubieras o hubieses
hubiera o hubiese
hubiéramos o hubiésemos
hubierais o hubieseis
hubieran o hubiesen

#### Futuro simple

hubiere
hubieres
hubiere
hubiéremos
hubiereis
hubieren

## Imperativo

* hé (tú)
* habed (vosotros, vosotras)
* Estas formas ya no se utilizan.

**Nota:** En el presente de indicativo, el verbo **haber** tiene una forma especial: **hay,** que no tiene nunca sujeto. Por ejemplo, «*¿Hay manzanas?*».

## Formas no personales

#### Infinitivo

haber

#### Gerundio

habiendo

#### Participio

habido

# Ser

**VERBO IRREGULAR • 2.ª CONJUGACIÓN**

## Indicativo

| | FORMAS SIMPLES | FORMAS COMPUESTAS |
|---|---|---|
| | **Presente** | **Pretérito perfecto compuesto** |
| yo | soy | he sido |
| tú | eres | has sido |
| él/ella/Ud. | es | ha sido |
| nosotros/as | somos | hemos sido |
| vosotros/as | sois | habéis sido |
| ellos/as/Uds. | son | han sido |
| | **Pretérito imperfecto** | **Pretérito pluscuamperfecto** |
| yo | era | había sido |
| tú | eras | habías sido |
| él/ella/Ud. | era | había sido |
| nosotros/as | éramos | habíamos sido |
| vosotros/as | erais | habíais sido |
| ellos/as/Uds. | eran | habían sido |
| | **Pretérito perfecto simple** | **Pretérito anterior** |
| yo | fui | hube sido |
| tú | fuiste | hubiste sido |
| él/ella/Ud. | fue | hubo sido |
| nosotros/as | fuimos | hubimos sido |
| vosotros/as | fuisteis | hubisteis sido |
| ellos/as/Uds. | fueron | hubieron sido |
| | **Futuro simple** | **Futuro compuesto** |
| yo | seré | habré sido |
| tú | serás | habrás sido |
| él/ella/Ud. | será | habrá sido |
| nosotros/as | seremos | habremos sido |
| vosotros/as | seréis | habréis sido |
| ellos/as/Uds. | serán | habrán sido |
| | **Condicional simple** | **Condicional compuesto** |
| yo | sería | habría sido |
| tú | serías | habrías sido |
| él/ella/Ud. | sería | habría sido |
| nosotros/as | seríamos | habríamos sido |
| vosotros/as | seríais | habríais sido |
| ellos/as/Uds. | serían | habrían sido |

## Subjuntivo

• 1.ª CONJUGACIÓN

| FORMAS SIMPLES | FORMAS COMPUESTAS |
|---|---|
| **Presente** | **Pretérito perfecto compuesto** |
| sea | haya sido |
| seas | hayas sido |
| sea | haya sido |
| seamos | hayamos sido |
| seáis | hayáis sido |
| sean | hayan sido |
| **Pretérito imperfecto** | **Pretérito pluscuamperfecto** |
| fuera o fuese | hubiera o hubiese sido |
| fueras o fueses | hubieras o hubieses sido |
| fuera o fuese | hubiera o hubiese sido |
| fuéramos o fuésemos | hubiéramos o hubiésemos sido |
| fuerais o fueseis | hubierais o hubieseis sido |
| fueran o fuesen | hubieran o hubiesen sido |
| **Futuro simple** | **Futuro compuesto** |
| fuere | hubiere sido |
| fueres | hubieres sido |
| fuere | hubiere sido |
| fuéremos | hubiéremos sido |
| fuereis | hubiereis sido |
| fueren | hubieren sido |

## Imperativo

sé (tú)

sed (vosotros, vosotras)

## Formas no personales

**Infinitivo**

ser

**Gerundio**

siendo

**Participio**

sido

# Estar

**VERBO IRREGULAR • 1.ª CONJUGACIÓN**

## Indicativo

| | FORMAS SIMPLES: Presente | FORMAS COMPUESTAS: Pretérito perfecto compuesto |
|---|---|---|
| yo | estoy | he estado |
| tú | estás | has estado |
| él/ella/Ud. | está | ha estado |
| nosotros/as | estábamos | hemos estado |
| vosotros/as | estáis | habéis estado |
| ellos/as/Uds. | están | han estado |

| | Pretérito imperfecto | Pretérito pluscuamperfecto |
|---|---|---|
| yo | estaba | había estado |
| tú | estabas | habías estado |
| él/ella/Ud. | estaba | había estado |
| nosotros/as | estábamos | habíamos estado |
| vosotros/as | estabais | habíais estado |
| ellos/as/Uds. | estaban | habían estado |

| | Pretérito perfecto simple | Pretérito anterior |
|---|---|---|
| yo | estuve | hube estado |
| tú | estuviste | hubiste estado |
| él/ella/Ud. | estuvo | hubo estado |
| nosotros/as | estuvimos | hubimos estado |
| vosotros/as | estuvisteis | hubisteis estado |
| ellos/as/Uds. | estuvieron | hubieron estado |

| | Futuro simple | Futuro compuesto |
|---|---|---|
| yo | estaré | habré estado |
| tú | estarás | habrás estado |
| él/ella/Ud. | estará | habrá estado |
| nosotros/as | estaremos | habremos estado |
| vosotros/as | estaréis | habréis estado |
| ellos/as/Uds. | estarán | habrán estado |

| | Condicional simple | Condicional compuesto |
|---|---|---|
| yo | estaría | habría estado |
| tú | estarías | habrías estado |
| él/ella/Ud. | estaría | habría estado |
| nosotros/as | estaríamos | habríamos estado |
| vosotros/as | estaríais | habríais estado |
| ellos/as/Uds. | estarían | habrían estado |

## Subjuntivo

| | FORMAS SIMPLES: Presente | FORMAS COMPUESTAS: Pretérito perfecto compuesto |
|---|---|---|
| yo | esté | haya estado |
| tú | estés | hayas estado |
| él/ella/Ud. | esté | haya estado |
| nosotros/as | estemos | hayamos estado |
| vosotros/as | estéis | hayáis estado |
| ellos/as/Uds. | estén | hayan estado |

| | Pretérito imperfecto | Pretérito pluscuamperfecto |
|---|---|---|
| yo | estuviera o estuviese | hubiera o hubiese estado |
| tú | estuvieras o estuvieses | hubieras o hubieses estado |
| él/ella/Ud. | estuviera o estuviese | hubiera o hubiese estado |
| nosotros/as | estuviéramos o estuviésemos | hubiéramos o hubiésemos estado |
| vosotros/as | estuvierais o estuvieseis | hubierais o hubieseis estado |
| ellos/as/Uds. | estuvieran o estuviesen | hubieran o hubiesen estado |

| | Futuro simple | Futuro compuesto |
|---|---|---|
| yo | estuviere | hubiere estado |
| tú | estuvieres | hubieres estado |
| él/ella/Ud. | estuviere | hubiere estado |
| nosotros/as | estuviéremos | hubiéremos estado |
| vosotros/as | estuviereis | hubiereis estado |
| ellos/as/Uds. | estuvieren | hubieren estado |

## Imperativo

está (tú)
estad (vosotros, vosotras)

## Formas no personales

**Infinitivo**

estar

**Gerundio**

estando

**Participio**

estado

**Operación Mundo** es un proyecto educativo de Anaya para Educación Primaria.

En la realización de este proyecto han intervenido:

Edición: Maite Vargas, Isabel García, Tulia Guisado, Olivia Melara, Nayeli Rodríguez.

Diseño y gráficos: Patricia G. Serrano, Paz Franch.

Ilustración: Edu Rubio.

Maquetación: Antonio Mateo.

Corrección: Miguel Ángel Alonso.

Edición gráfica: Mar Merino.

Fotografías: Album (Lionsgate/Mandeville Films / Participant Media / Walden Media); Cordon Press (National Geographic /Courtesy Everett Collection); Archivo Anaya (Balaguer, T.; Candel, C.; Cosano, P; Martin, J.; Martín, J.A.; Padura, S.; Rico, J.J.; Sánchez, J.); Getty Images (London Stereoscopic Company; Illustrated London News; Mike Harrington; Heritage Images; Klaus Vedjelt; Damocean; Stock Planets; Hulton Archive; Giovanni Ferrari; Apic; Kerrick; Vesnaandjic); iStock/ Getty Images, 123RF y colaboradores.

Proyectos interdisciplinares: Victoria Castellano.

IMPORTANTE. Las actividades propuestas en este libro deben ser realizadas en cuadernos u hojas sueltas; nunca en el propio libro.


ISBN: 978-84-143-0192-0 - Depósito Legal: M-2545-2022 - Printed in Spain.



ET043267/1E1I - 8400000

# 5
# PRIMARIA
# Lengua

## Primer trimestre

Maite Burruezo Ordóñez
Silvia Martínez Heredia
Ana Paula Moreno Agud
Sandra Tolsada Lozano

ANAYA

# ¿Qué vamos a aprender?

| COMPRENDO | ME EXPRESO | CONOZCO MI LENGUA |
| --- | --- | --- |
| • **Escucho:** La leyenda<br>• **Leo:** *Árboles.* Salvador Comelles | • **Palabras nuevas:** El bosque (el diccionario)<br>• **Hablo:** Expresarse en voz alta<br>• **Escribo:** Los géneros literarios | • **Gramática:** La comunicación<br>• **Ortografía:** Las sílabas tónica y átona; palabras agudas, llanas y esdrújulas |
| • **Escucho:** El texto expositivo<br>• **Leo:** *De viaje con don Quijote,* Pedro Aranda | • **Palabras nuevas:** La cultura (arcaísmos y neologismos)<br>• **Hablo:** La exposición oral<br>• **Escribo:** Las propiedades del texto | • **Gramática:** Lenguaje, lengua y dialecto; las lenguas de España<br>• **Ortografía:** Reglas generales de acentuación |
| • **Escucho:** El texto narrativo (partes de la narración)<br>• **Leo:** *Un desayuno feliz,* Louisa May Alcott | • **Palabras nuevas:** La solidaridad (palabras polisémicas)<br>• **Hablo:** Elementos de la narración<br>• **Escribo:** Tipos de narración | • **Gramática:** El nombre<br>• **Ortografía:** El diptongo y el hiato |
| • **Escucho:** Describir un lugar<br>• **Leo:** *Auggie nunca ha ido al colegio,* R. J. Palacio | • **Palabras nuevas:** El aprendizaje (palabras sinónimas y antónimas)<br>• **Hablo:** Describir un objeto<br>• **Escribo:** Describir a una persona | • **Gramática:** El adjetivo<br>• **Ortografía:** El punto, la coma y la mayúscula |

**PROYECTO INTERDISCIPLINAR · Nuestra cumbre por el clima:** Nos movilizamos — ANEXO

| COMPRENDO | ME EXPRESO | CONOZCO MI LENGUA |
| --- | --- | --- |
| • **Escucho:** El diálogo<br>• **Leo:** *Algo está pasando...* | • **Palabras nuevas:** El agua (palabras homófonas)<br>• **Hablo:** Expresar una opinión<br>• **Escribo:** El cómic | • **Gramática:** Los determinantes<br>• **Ortografía:** Los dos puntos, el punto y coma, y los puntos suspensivos |
| • **Escucho:** El diario<br>• **Leo:** *Florence Nightingale,* Katherine Halligan | • **Palabras nuevas:** La igualdad (los gentilicios)<br>• **Hablo:** El blog<br>• **Escribo:** Textos de la vida cotidiana | • **Gramática:** Los pronombres personales<br>• **Ortografía:** El paréntesis, la raya y el guion |
| • **Escucho:** La biografía<br>• **Leo:** *El patio de luces de mi abuelo,* Érica Esmorís | • **Palabras nuevas:** La ciudad (abreviaturas y siglas)<br>• **Hablo:** La fábula<br>• **Escribo:** El cuento y la novela | • **Gramática:** El adverbio, la preposición y la conjunción<br>• **Ortografía:** Palabras con *h* |
| • **Escucho:** Textos periodísticos (la entrevista)<br>• **Leo:** *Molly Steer (Queensland, Australia),* Lucy Bell | • **Palabras nuevas:** El consumo (palabras tabú y eufemismos)<br>• **Hablo:** Textos periodísticos (la noticia)<br>• **Escribo:** Textos periodísticos (la noticia) | • **Gramática:** El verbo<br>• **Ortografía:** Palabras con *g* y *j;* la diéresis |

**PROYECTO INTERDISCIPLINAR · Hacemos camino:** Experiencia en la naturaleza — ANEXO

| COMPRENDO | ME EXPRESO | CONOZCO MI LENGUA |
| --- | --- | --- |
| • **Escucho:** Textos publicitarios<br>• **Leo:** *Cuidemos nuestra salud mental* | • **Palabras nuevas:** La alimentación (campo semántico)<br>• **Hablo:** Recursos literarios<br>• **Escribo:** Recursos literarios | • **Gramática:** La oración<br>• **Ortografía:** Palabras con *b* y *v* |
| • **Escucho:** El resumen; ideas principales y secundarias<br>• **Leo:** *Unos científicos muy curiosos,* Diego Arboleda | • **Palabras nuevas:** La ciencia (los refranes)<br>• **Hablo:** La poesía (recitar un poema)<br>• **Escribo:** La poesía (verso, estrofa y rima) | • **Gramática:** Los complementos del verbo<br>• **Ortografía:** Palabras terminadas en *-d* y *-z* |
| • **Escucho:** La poesía<br>• **Leo:** *Sara Soler Segura se negaba a sacar la basura,* Shel Silverstein | • **Palabras nuevas:** Las tres erres (las frases hechas)<br>• **Hablo:** La poesía (el ritmo)<br>• **Escribo:** La poesía (medida de los versos) | • **Gramática:** Lexema y morfemas; palabras primitivas y derivadas<br>• **Ortografía:** Palabras con *c* y *cc;* palabras con *r* y *rr* |
| • **Escucho:** El teatro<br>• **Leo:** *Un juego sin reglas,* Daniel Pérez Fernández | • **Palabras nuevas:** La justicia (usos de la lengua)<br>• **Hablo:** El teatro<br>• **Escribo:** El texto teatral | • **Gramática:** Formación de palabras<br>• **Ortografía:** Palabras con *ll, y;* palabras con *x* |

**PROYECTO INTERDISCIPLINAR · Un lugar para mi recreo:** ¿Reinventamos? — ANEXO

# Así es tu libro

## ¿Para qué sirve lo que aprendo?

Cada unidad propone una **situación de aprendizaje** y un objetivo para el final de esta.

ODS

¡Sigue el hilo!

Destrezas comunicativas que trabajamos.

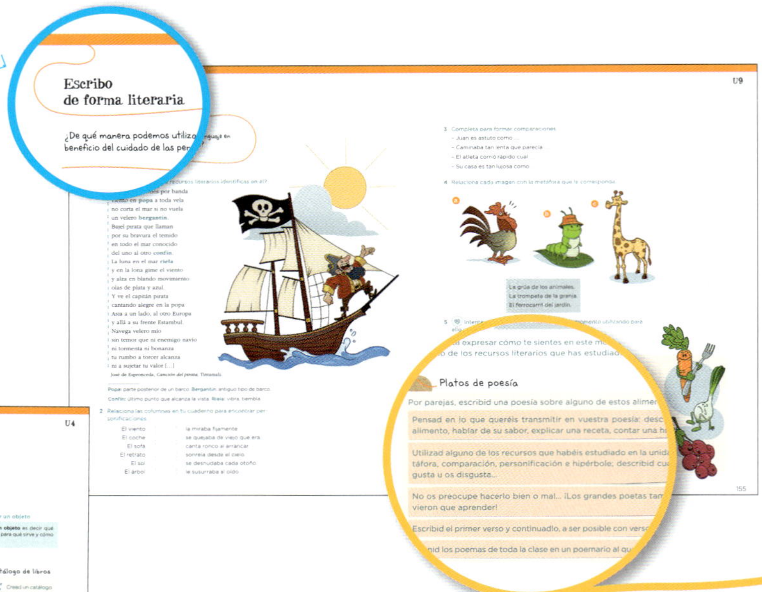


Descubrimos **saberes básicos** a través de la situación de aprendizaje.

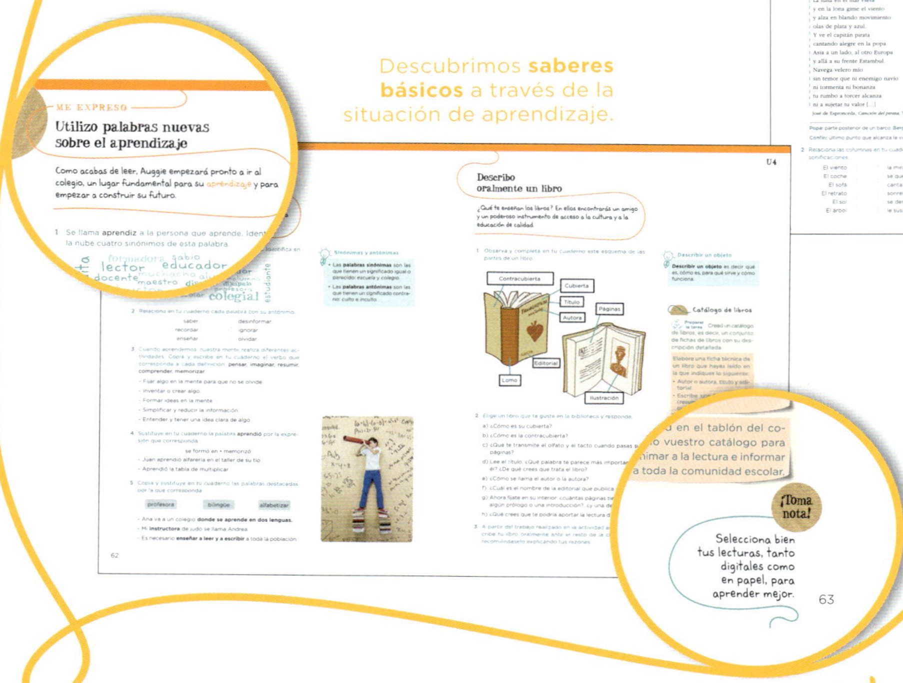


**Actividades competenciales** que acercan los contenidos a nuestro entorno.

¡Toma nota!

# Y para cada trimestre...

**Repaso trimestral** con actividades lúdicas.

## Iconos

Aprendizaje cooperativo
Educación emocional
TIC
Gamificación
ODS
Desarrollo del pensamiento
Audio
Evaluación

**Proyecto interdisciplinar** para integrar con un objetivo común las diferentes áreas de aprendizaje.

## Objetivo en acción

**Porfolio**

**Conozco mi lengua**

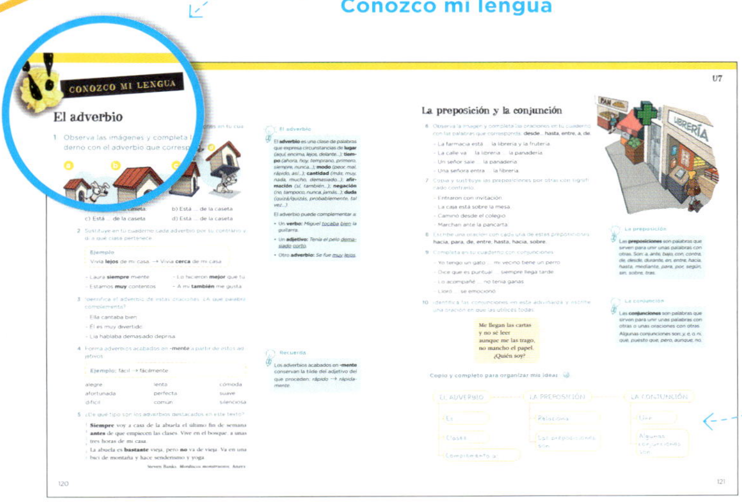


**Esquemas visuales** que facilitan el aprendizaje.

# Así es tu proyecto digital

edu DYNAMIC

Un proyecto que te ofrece todos los contenidos del curso a través del libro digital, junto con una gran diversidad de recursos.

Descubre otra forma de aprender sencilla, intuitiva y compatible con cualquier plataforma y dispositivo.

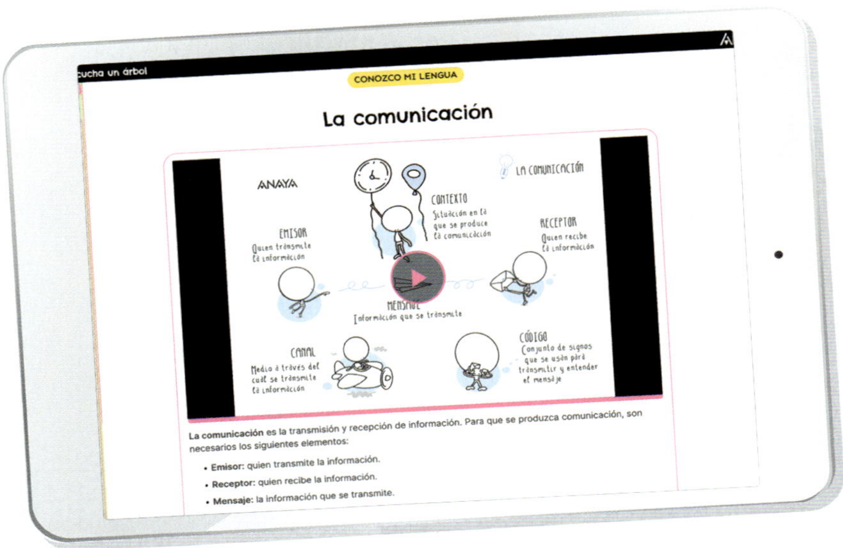

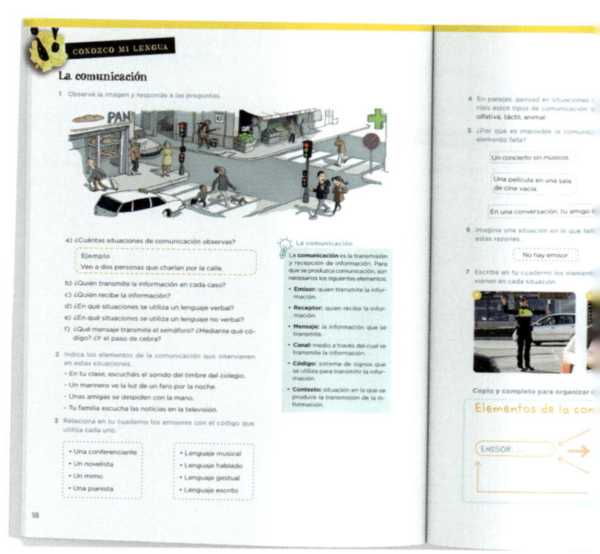


## ¿Cómo accedes?

Tienes todas las indicaciones necesarias para acceder a él junto a la primera página de tu libro.

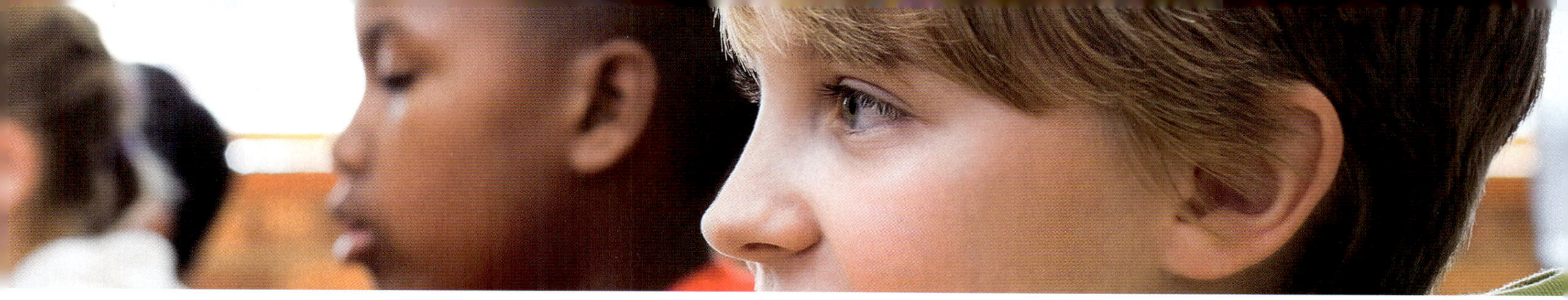

## ¿Cómo es?

Una respuesta global para un entorno educativo diverso.

**Intuitivo**
Fácil de usar para ti.

**Multidispositivo**
Se adapta y visualiza en cualquier tipo de dispositivo (ordenador, tableta, *smartphone*...) a cualquier tamaño y resolución de pantalla.

**Descargable**
Te permite trabajar sin conexión a internet y descargarlo en más de un dispositivo.

**Sincronizable**
Los cambios que realices se sincronizan automáticamente al conectar cualquiera de los dispositivos en los que estés usándolo.

**Universal**
Compatible con todos los sistemas operativos, los entornos virtuales de aprendizaje (EVA) y las plataformas educativas (LMS) más utilizadas en los centros escolares.

Compatible con:

blink Learning · Alexia · [click edu » · moodle

## ¿Qué te ofrece?

Contiene diversidad de recursos; es mucho más que una reproducción del libro en papel.

Con ellos podrás:

**Ejercitar**
actividades interactivas

**Estudiar**
resúmenes interactivos, esquemas...

**Aprender**
audios, vídeos, gameroom...

**Evaluar**
autoevaluación, porfolio...

# 1 Escucho al árbol

El silencio de los árboles es solo aparente. Prueba a acercar la oreja a su tronco: oirás un rumor y el alboroto de la vida en su interior.

Los bosques, inmensas extensiones de árboles, permiten que se renueve el oxígeno del planeta. Son los pulmones de la Tierra sin los cuales la vida no sería posible. ¡Cuida con fuerza los árboles!

## ¿Cómo lo ves?

¿Por qué debemos proteger los bosques?

¿Son importantes para ti? ¿Por qué?

¿Cómo te sientes cuando estás a la sombra de un árbol? ¿Y cuando lo abrazas?

## El dato

Cada año se pierden grandes extensiones de bosque en nuestro planeta.

Para esta unidad...

## Objetivo en acción

**¿Qué puedes hacer tú para fomentar el respeto hacia los árboles de tu entorno?**

**Elabora un mural para difundir lo que sabes.**

## ¡Sigue el hilo!

**La leyenda**

1 ¿Qué te cuentan las leyendas sobre el bosque y sus habitantes?

**Lectura**

2 ¿Crees que leer sobre los árboles te ayuda a amarlos y comprenderlos?

**Vocabulario**

3

Utiliza palabras nuevas sobre el bosque.

**Expresarse en voz alta**

4

¿Qué gestos o qué posturas de tu cuerpo utilizas cuando hablas?

**Los géneros literarios**

5

¿Con qué género literario expresarías mejor el amor y el respeto que sientes por los árboles y por la naturaleza en general?

**CONOZCO MI LENGUA**

La comunicación.

Las sílabas tónica y átona; palabras agudas, llanas y esdrújulas.

COMPRENDO

# Escucho una leyenda

¿Qué te cuentan las leyendas sobre los bosques y sus habitantes? El texto que vas a escuchar te hablará de la importancia de los árboles para las aves.

1 Escucha atentamente esta leyenda y responde a las preguntas.

a) ¿Quiénes protagonizan la historia?

b) ¿Cuándo ocurrió?

c) ¿Dónde se reunieron? ¿Con qué objetivo?

d) ¿Quién cuenta la leyenda? ¿A quién se la cuenta?

2 Relaciona en tu cuaderno cada adjetivo con el pájaro que le corresponde.

| elegante | vanidoso | atrevido | humilde |
| --- | --- | --- | --- |
| gorrión | loro | pavo real | urraca |

3 La historia que has escuchado, ¿es real o fantástica? ¿Por qué?

4 Ordena los pájaros según aparecen en la historia.

1 
Gorrión

2 
Urraca

3 
Pavo real

4 
Loro

5 Al principio de la historia, ¿de qué sentimiento se habla que es el origen de todo? ¿Has sentido tú lo mismo alguna vez? ¿Cuándo? ¿Pudiste solucionarlo? ¿Cómo?

### Las leyendas

Las **leyendas** son narraciones de hechos extraordinarios que la tradición popular ha inventado a partir de un hecho real o fabuloso. Antiguamente, las leyendas se transmitían oralmente y de generación en generación.

## Cuenta la leyenda...

Asamblea de ideas Organizad un concurso de leyendas en clase.

En grupos, buscad en internet una leyenda relacionada con un árbol.

Escribid el guion de vuestra leyenda.

Leed vuestra leyenda al resto de la clase. Votad la que más haya gustado a la mayoría. ¿Por qué la habéis elegido: por ser la más misteriosa, la más fantástica, la más divertida, la mejor contada...?

¡Toma nota!

En una leyenda suelen mezclarse elementos reales y fantásticos.

# Leo un texto sobre árboles

¿Crees que leer sobre árboles te ayuda a amarlos y comprenderlos? Se ama lo que se conoce y, cuanto más se conoce algo, más se aprende a protegerlo.

Antes de leer

- Lee el título del texto y observa la ilustración: ¿de qué crees que tratará la lectura?

## Árboles

Los árboles nos dan sombra y **cobijo,** nos ofrecen sus frutos y nos hacen más amables las calles de una ciudad. Hemos subido a ellos y nos han ayudado a escondernos. Apoyados en su tronco, hemos leído un libro o hemos cerrado los ojos para sentir el olor del bosque, para escuchar el susurro del viento, para contemplar el paisaje.

Los árboles han sido siempre un símbolo para la especie humana. Echan raíces que se internan en la tierra y, al mismo tiempo, crecen hacia el cielo. Nos indican el paso del tiempo, de las estaciones. Los vemos como una realidad sólida. Y algunos tienen vidas muy largas y nos sobreviven durante generaciones. [...]

### El árbol de alquiler

En el patio de mi casa tenemos un árbol de alquiler.

Los árboles de alquiler son árboles que ofrecen sus ramas para que los pájaros puedan instalar sus nidos en ellas. El árbol de nuestra casa tiene tres nidos disponibles y un cuarto nido que deja siempre libre para casos de emergencia. Hay alquileres de temporada y alquileres anuales. Los alquileres de temporada interesan a los pájaros que se están un tiempo por aquí y después **migran.** Normalmente, antes de migrar, ya dejan reservado el nido para la primavera siguiente.

El árbol de alquiler es muy acogedor y dispone sus ramas de manera que sea fácil instalar nidos. Después, los **inquilinos** los acaban de montar a su gusto.

En mi barrio no hay demasiados árboles y, en consecuencia, los árboles de alquiler están muy solicitados. En estos momentos, en nuestro árbol viven un petirrojo, unos mirlos y otra pareja que llegó ayer y que aún no tengo identificada. Y es que en casa te puede pasar que abres la ventana de buena mañana y oyes un **gorjeo** desconocido y piensas: «¡Mira, han llegado nuevos inquilinos!». Normalmente, la convivencia entre ellos es fácil, y nadie mete el pico más de la cuenta en el nido de los demás. Pero siempre puede haber alguna excepción: el año pasado, por ejemplo, el árbol de casa expulsó a dos cotorras después de las quejas repetidas de todos sus vecinos.

Yo supongo que, cuando se formó el planeta Tierra, primero aparecieron los pájaros; y, después, cuando la naturaleza ya tuvo a los pájaros volando por los cielos, se dio cuenta de que entre vuelo y vuelo necesitaban algún sitio donde posarse. Y entonces surgieron los árboles.

**LA LUPA ORTOGRÁFICA**

Los tres puntos entre corchetes [...] indican que se ha suprimido una parte del texto original.

**Cobijo:** protección frente al calor, el frío, la lluvia...

**Migran:** se desplazan desde un lugar hacia otro.

**Inquilinos:** personas que alquilan una vivienda.

**Gorjeo:** canto o voz de algunos pájaros.

# Leo un texto sobre árboles

## El árbol genealógico

El **árbol genealógico** de mi familia está plantado en el patio de la casa de mis abuelos. Cada familia tiene su árbol, pero, claro está, solo puede estar en una casa. Me contaron que antes era el hijo o la hija mayor quien se quedaba en la casa familiar y cuidaba el árbol, pero que ahora se lo queda cualquiera de los hijos. Y los demás miembros de la familia que no viven en la casa del árbol siempre lo pueden dibujar en un papel y colgarlo de una pared en su casa.

Cuando nace un nuevo miembro de la familia, al árbol le sale una hojita nueva, y la persona que se encarga del mantenimiento del árbol escribe en esa hoja el nombre del recién nacido. Las hojas del árbol genealógico son hojas **perennes,** de un tipo que lo que se escribe en ellas queda ya inscrito para siempre. Mi abuelo, cuando me explica alguna historia familiar, lo hace al lado de un árbol. Y siempre insiste en que las ramas de arriba están ahí gracias a las ramas y al tronco de abajo, y a las raíces, que han hecho fuerte el árbol a través de los años.

Yo, concretamente, estoy en una rama de arriba, a la derecha, con mis padres y mi hermano (el otro día le hice una foto a mi hoja, un selfi).

De todas las hojas del árbol, yo solo he conocido a una parte muy pequeña. A veces, me gusta imaginar cómo sería un encuentro familiar en que estuviéramos todos. Seguro que habría un aire de familia: por ejemplo, ¿en cuántas ramas habría unos ojos verdes como los de mamá?, ¿o cuántos señores mayores y calvos como el abuelo? Quizá en esta reunión familiar habría algunos campesinos, o una cocinera, o un maestro... Y, cuando los viéramos a todos allí reunidos, ¿seguro que todos serían muy buenas personas y la mar de simpáticos?, ¿o habría alguien de quien más nos valiera apartarnos? Quien sabe.

Me gusta también pensar qué ramitas saldrán de la mía y cuántas hojas tendrán. Pero, para saberlo, no tengo más remedio que esperarme.

Salvador Comelles, *Árboles,* Anaya.

**Árbol genealógico:** representación visual en forma de árbol de los miembros de una familia.

**Perennes:** que se mantienen con vida.

Accede a tu Club de Lectura en **anayaeducacion.es**.

## Comprendo la lectura

1 Recuerda el texto y, sin mirarlo, completa las oraciones en tu cuaderno con la palabra que falta.

- Los árboles echan .... que se internan en la tierra.
- Los árboles de alquiler ofrecen sus .... para que los pájaros instalen en ellas sus nidos.
- El árbol genealógico de mi .... está plantado en el patio.

2 ¿Qué es un «alquiler de temporada»? ¿A qué tipo de pájaros les interesa esta modalidad de alquiler? Busca dos ejemplos.

3 ¿Cuál de estas opciones describe mejor el significado de la expresión «nadie mete el pico más de la cuenta en el nido de los demás» utilizada en el texto?

Hay que respetar la propiedad de los demás.

No debemos meternos donde no nos llaman.

4 ¿Con cuál de estos refranes relacionarías cada uno de los árboles descritos? ¿Por qué?

De tal palo, tal astilla.

Quien a buen árbol se arrima, buena sombra le cobija.

5 El espejo El último párrafo de «Árbol de alquiler», ¿podría formar parte de una leyenda? ¿Por qué?

6 ¿En qué párrafo se hace referencia al significado de **familia**? Copia las oraciones donde queda reflejado.

7 Copia y completa en tu cuaderno el esquema de la estructura del texto.

Estructura

- Introducción: desde «los árboles nos dan sombra» hasta «durante generaciones».
- Parte 1: ...
- Parte 2: ...

### Mi árbol genealógico

Elabora el árbol genealógico de tu familia.

Investiga sobre tus antepasados: sus nombres y las relaciones de parentesco que os unen.

Decide la forma que quieres dar a tu árbol genealógico y dibújalo en un papel de gran tamaño.

Escribe tu nombre en el papel y pégalo junto a tu fotografía en la parte inferior del árbol.

Haz lo mismo con los nombres de tus parientes colocándolos de abajo arriba y de izquierda a derecha según su relación de parentesco y su orden de nacimiento.

ME EXPRESO

# Utilizo palabras nuevas sobre el bosque

Es importante conocer el bosque para disfrutar de su compañía y acercarse a él para sentir su olor y escuchar la vida en su interior.

**1** Relaciona en tu cuaderno cada árbol con su bosque.

Alameda • Olivar • Hayedo

Haya

Olivo

Álamo

**2** Ordena en tu cuaderno las sílabas para formar palabras y averigua su significado en un diccionario.

ma-je-ra    rral-ma-to    bus-ar-to

**3** Copia las oraciones en tu cuaderno y sustituye el texto destacado por la palabra que corresponda.

arbolado    forestal

- La actividad humana ha contribuido a la destrucción **de los bosques.**
- Era un camino **poblado de árboles.**

**4** Asocia en tu cuaderno las palabras con su significado tal como aparecería en un diccionario.

- Hoja de árbol que cae en otoño.
- Protección que ofrece el árbol frente al sol.
- Construir un nido y vivir en él.

anidar    caduca    sombra

**5** Completa las oraciones con la palabra que corresponda. Utiliza el diccionario si lo necesitas.

virgen    agreste    exótico

- Un bosque .... está lleno de piedras, malezas, zarzas...
- En un bosque .... hay plantas raras de lugares lejanos.
- Un bosque .... no ha sido tocado por la mano del ser humano.

### El diccionario

En un **diccionario** encontramos el significado de las palabras de una lengua por **orden alfabético.**

**Palabras guía:** la primera y la última palabra que se definen en cada página. Figuran en la parte superior de cada doble página.

**Entrada:** cada palabra que se define en el diccionario.

**Acepción:** cada uno de los significados de una palabra.

Webquest: Accede a este recurso en **anayaeducacion.es**. e investiga sobre el diccionario.

# Me expreso en voz alta

¿Qué gestos o qué posturas de tu cuerpo utilizas cuando hablas? ¿Cuántos mensajes puedes transmitir sin pronunciar una sola palabra?

1 Observa las imágenes e indica si se utiliza un lenguaje verbal o no verbal en cada caso. Razona tu respuesta.

a 

b 

2 Las variaciones ¿Lenguaje verbal o lenguaje no verbal? Clasifica estos actos de comunicación.

- Guiñar un ojo
- Decir «chist»
- Un mensaje de audio
- Un anuncio por megafonía
- Una noticia en un periódico
- Bostezar

3 ¿Jugamos a expresarnos sin palabras? Sentada ante el resto de la clase, una persona representa una emoción utilizando solo los gestos de cara y manos. El resto adivina.

### Lenguaje verbal y no verbal

- Con el **lenguaje verbal** utilizamos las palabras al hablar **(lenguaje oral)** o escribir **(lenguaje escrito).**
- Con el **lenguaje no verbal** utilizamos los gestos de la cara y de las manos, la posición corporal, ruidos, el volumen y la entonación de la voz, etc.

### La lengua y sus hablantes

El lenguaje no verbal varía de una cultura a otra. Por ejemplo, mirar a los ojos es signo de sinceridad en la cultura occidental, mientras que en la cultura oriental suele indicar falta de respeto. Infórmate y busca otros ejemplos.

## Lectura dramatizada

- En parejas, leed este texto teatral en voz alta.

JULIA.—¡No puede ser! ¡Llaman limpieza a cortar nuestro bosque!

ANDREA.—Hace tiempo que lo sabíamos. La semana pasada enviaron los permisos que autorizan a talar los árboles del bosque.

JULIA.—Pero no todos estamos de acuerdo. También tienen que escuchar a los que no quieren que se mate a nuestro árbol. *(Indignada, señala el tronco)* ¿Alguien le ha escuchado a él?

ANDREA.—Nadie puede escuchar a un árbol.

JULIA.—Yo puedo hacerlo. Se queja cuando hace mucho viento y susurra feliz al llegar la primavera. Se encoge cuando la nieve cae sobre él y estira sus ramas siempre que le acaricia el sol. Tiene vida, Andrea, tiene vida como tú y como yo. Ya casi no nos queda tiempo.

ANDREA.—*(Asustada)* ¿No estarás pensando…?

Luis Matilla, *El árbol de Julia*, Anaya.

- Elegid la pareja que mejor haya dramatizado la escena teatral y grabad un vídeo.
- Colgad el vídeo en la web del colegio para crear conciencia entre la comunidad escolar de la necesidad de valorar y proteger los árboles.

# Escribo un texto literario

¿Con qué género literario expresarías mejor el amor y el respeto que sientes por los árboles y por la naturaleza en general? ¿Narración, poesía o teatro?

## Los géneros literarios

Según su intención y su forma, los textos literarios se clasifican en **narrativa, teatro** y **poesía.**

El día que Amelia Tresárboles llegó a Paraíso hacía viento. Los árboles doblaban sus copas, las hojas hacían remolinos por el camino y los hombres agarraban sus sombreros. También el viento se entretuvo en la melena de Amelia, infló su falda, la agitó y yo pensé que iba a salir volando.

Mónica Rodríguez, *La casa del tejado rojo,* Anaya.

### Narrativa

La **narración** es un texto en el que se cuenta una **historia,** normalmente imaginaria, que les sucede a unos **personajes.** Suele escribirse en **prosa,** es decir, en renglones seguidos. Pertenecen al género narrativo la novela, el cuento, la fábula, la leyenda...

*Se ilumina la escena y aparece Borja de adolescente con un árbol más grande en las manos.*

BORJA.—¡Buenos días, padre!

PADRE.—*(Arrodillado y completamente desconcertado)* Pero... ¿qué ocurre?

BORJA.—¿Qué ocurre? *(Pausa)* Nada... *(Arranca el arbolito y lo lanza al foro y en su lugar coloca el que lleva en las manos)* Solamente que ya han pasado diez años, padre...

Ignasi Moreno, *La comedia Borja,* Anaya.

### Teatro

Obras destinadas a representarse en un **escenario.** Cuentan la historia a través de los **diálogos** entre los personajes.

Es porque un pajarito de la montaña ha hecho,
en el hueco de un árbol, su nido matinal,
que el árbol amanece con música en el pecho,
como que si tuviera corazón musical.

Si el dulce pajarito por entre el hueco asoma,
para beber rocío, para beber aroma,
el árbol de la sierra me da la sensación
de que se le ha salido, cantando, el corazón.

Alfredo Espino, en ciudadseva.com.

### Poesía

La **poesía** es un texto en el que se suelen expresar **emociones** y **sentimientos;** también puede contar una historia. Se escribe en **versos,** con un ritmo y una musicalidad especiales.

1 Lee los siguientes textos y responde a las preguntas.

**a** Los gatitos han ido desapareciendo hasta que no ha quedado ninguno. Los he buscado por todas partes, he preguntado a todo el mundo, y nadie sabe nada. La hierba del jardín está tan alta y hay tantas flores, que pueden estar escondidos en cualquier parte.

Elena Fortún, *Celia*, Alianza Editorial.

**b** En estas noches de agosto
luce la luna más bella.
Te mira desde lo alto
con su boquita risueña.
Y cuando estás ya en la cama
a veces baja y te besa.

Carmen Gómez Ojea, *La canción de los meses*, Hiperión.

**c** LOBO.—*(Escucha con atención y mira el reloj, nervioso)* ¡Ya está aquí! ¡Qué puntual!

*(Lo recoge todo y se esconde entre los árboles. Entra Caperucita cantando y bailando con paso saltarín. De repente aparece el lobo, simulando un encuentro casual y sosteniendo entre los dientes, distraídamente, una ramita de tomillo).*

LOBO.—¡Ah! ¡Hola, Caperucita! ¿Cómo tú por aquí?

CAPERUCITA.—¡Yo por aquí, tú por este «lao» y en el mar ruge el «bakalao»! *(Sigue caminando alrededor del lobo).*

LOBO.—¡Qué poética estás hoy…! ¿Se puede saber a dónde vas?

Carles Cano, *¡Te pillé, Caperucita!*, Bruño.

a) ¿A qué género pertenece cada texto? ¿Por qué?

b) ¿De qué trata cada uno?

c) ¿Qué diferencias observas en su forma?

d) ¿Cuántos párrafos tiene el texto narrativo? ¿Cuántos versos el poético?

e) ¿Cómo se indican las intervenciones de personajes en el texto teatral?

## Antología literaria

Interpretación compartida

Elaborad una antología, es decir, una colección de textos literarios; en este caso, de textos literarios sobre el bosque.

Observa la imagen y, a partir de lo que esta te inspire, decide qué finalidad tendrá tu texto literario: contar una historia, expresar tus sentimientos y emociones, o representarlo en un escenario.

Según esto, decide el género literario y escribe un breve texto.

Reunid los textos de toda la clase en una antología y entregádsela a la persona a cargo de la biblioteca de vuestro colegio.

CONOZCO MI LENGUA

# La comunicación

**1** Observa la imagen y responde a las preguntas.

a) ¿Cuántas situaciones de comunicación observas?

> **Ejemplo**
> Veo a dos personas que charlan por la calle.

b) ¿Quién transmite la información en cada caso?

c) ¿Quién recibe la información?

d) ¿En qué situaciones se utiliza un lenguaje verbal?

e) ¿En qué situaciones se utiliza un lenguaje no verbal?

f) ¿Qué mensaje transmite el semáforo? ¿Mediante qué código? ¿Y el paso de cebra?

**2** Indica los elementos de la comunicación que intervienen en estas situaciones.

- En tu clase, escucháis el sonido del timbre del colegio.
- Un marinero ve la luz de un faro por la noche.
- Unas amigas se despiden con la mano.
- Tu familia escucha las noticias en la televisión.

**3** Relaciona en tu cuaderno los emisores con el código que utiliza cada uno.

| | |
|---|---|
| • Una conferenciante | • Lenguaje musical |
| • Un novelista | • Lenguaje hablado |
| • Un mimo | • Lenguaje gestual |
| • Una pianista | • Lenguaje escrito |

### La comunicación

La **comunicación** es la transmisión y recepción de información. Para que se produzca comunicación, son necesarios los siguientes elementos:

- **Emisor:** quien transmite la información.
- **Receptor:** quien recibe la información.
- **Mensaje:** la información que se transmite.
- **Canal:** medio a través del cual se transmite la información.
- **Código:** sistema de signos que se utiliza para transmitir la información.
- **Contexto:** situación en la que se produce la transmisión de la información.

4 En parejas, pensad en situaciones comunicativas en las que emplearíais estos tipos de comunicación: verbal oral, verbal escrita, musical, olfativa, táctil, animal.

5 ¿Por qué es imposible la comunicación en estas situaciones? ¿Qué elemento falla?

- Un concierto sin músicos.
- Tu amiga no responde a tu llamada telefónica.
- Una película en una sala de cine vacía.
- Envías un correo electrónico sin texto.
- En una conversación, tu amigo te trata de usted.

6 Imagina una situación en la que falle la comunicación por alguna de estas razones.

- No hay emisor
- No hay receptor

7 Escribe en tu cuaderno los elementos de la comunicación que intervienen en cada situación.

a

b

c

**Copio y completo para organizar mis ideas**

## Elementos de la comunicación

EMISOR: ...

CÓDIGO: ...

MENSAJE: ...

CANAL: ...

CONTEXTO: ...

RECEPTOR: ...

CONOZCO MI LENGUA

# Las sílabas tónica y átona

1 Pronuncia los nombres de estos árboles. ¿En qué sílaba pones mayor fuerza? ¿Qué lugar ocupa en la palabra?

**Ejemplo**

En la palabra **limonero** la sílaba que se pronuncia con mayor fuerza es **ne,** en la penúltima posición.

**Las sílabas tónica y átona**

Las palabras se dividen en **sílabas,** que son los golpes de voz con que las pronunciamos.

En cada palabra hay una sílaba que se pronuncia con mayor fuerza, es la **sílaba tónica.** Las demás sílabas de la palabra se llaman **sílabas átonas.**

2 Copia estas palabras en tu cuaderno separando las sílabas. Luego, rodea la sílaba tónica.

| | | | |
|---|---|---|---|
| camino | cálido | rama | jabalí |
| limón | ecológico | naturaleza | forestal |
| plátano | cordobés | brújula | arbusto |

3 Copia y completa este poema en tu cuaderno con las palabras de la lista. Observa los círculos, el naranja es la sílaba tónica.

hojas • contar • círculos • sílabas

Quiero ○ ● estrellas
con los dedos,
pero siempre me pierdo.

Quiero contar los ● ○ ○
en el agua,
pero no me da tiempo.

Quiero contar las ● ○
de los árboles,
y se las lleva el viento.

Quiero contar las ● ○ ○
de los versos,
pero es mejor leerlos.

Juan Carlos Martín Ramos, *Versos para contar estrellas,* Anaya.

# Palabras agudas, llanas y esdrújulas

4 1-2-4 Ordena en tu cuaderno las sílabas para formar palabras. Luego, clasifícalas en la tabla. Si lo necesitas, busca su significado en el diccionario.

la-co-bo-rí-ar | e-bo-lar-nar | bo-ar-ri-da-ci

| Aguda | Llana | Esdrújula |
|---|---|---|
| .... | .... | .... |

5 Encuentra la palabra intrusa en cada columna.

| Agudas | Llanas | Esdrújulas |
|---|---|---|
| balón | azúcar | lógico |
| calcetín | ventilador | búsqueda |
| aceptar | resto | catástrofe |
| calor | álbum | barracón |
| mantel | maleta | límites |
| venta | revista | pirámide |

6 Transforma estas palabras esdrújulas en llanas en tu cuaderno. ¿Significan lo mismo? Razona tu respuesta.

número | depósito | fábula

7 Observa estas tres palabras: ¿en qué se diferencian? Escribe una oración con cada una.

animó | ánimo | animo

**Palabras agudas, llanas y esdrújulas**

- Las **palabras agudas** tienen la sílaba tónica en la última posición. Ejemplo: *patín*.
- Las **palabras llanas** tienen la sílaba tónica en la penúltima posición. Ejemplo: *mesa*.
- Las **palabras esdrújulas** tienen la sílaba tónica en la antepenúltima posición. Ejemplo: *plátano*.

Repasa la ortografía de la unidad en **anayaeducacion.es**.

## DICTADO: Practicamos con un listado de palabras

Escucha el audio y copia la lista de doce palabras. Tendrás tres oportunidades para hacerlo.

En parejas, realizad una puesta en común de la lista de palabras copiadas y rodead la sílaba tónica en cada una.

Volved a escuchar el audio para verificar que vuestra lista está completa y las sílabas rodeadas son las correctas.

**Después del dictado:**

Ortografía ☺ 😐 ☹ | Presentación ☺ 😐 ☹ | Caligrafía ☺ 😐 ☹

# ¿Qué he aprendido?

1 Busca en el diccionario la palabra **árbol**. ¿Cuántas acepciones tiene? ¿Cuál es o cuáles son las palabras guía en esa página del diccionario?

2 Invéntate un mensaje para cada una de estas situaciones comunicativas.

- Cuentas a una amiga una anécdota.
- Pides una dirección de internet.
- Invitas a tu primo a tu cumpleaños.
- Saludas a tu profesora.

3 Identifica los elementos de la comunicación en esta imagen.

4 Completa esta definición en tu cuaderno.

- La sílaba tónica es ... y las sílabas átonas son ...

5 Clasifica las siguientes palabras en tu cuaderno según sean agudas, llanas o esdrújulas: televisión, fábula, fácil, satélite, cajón, casualidad, rápida, América, pared, rana, paréntesis, Afganistán, abogada, Cádiz, moneda, micrófono, serrín, aeróbic, papel, portátil, humorístico, madre, regresar, rápida.

6 Copia y subraya las palabras llanas.

Como disfruto de una posición acomodada, gracias a una sustanciosa fortuna heredada de una lejana tía segunda que murió en circunstancias poco esclarecidas y que, de toda la familia, solo se acordaba de mí, y siendo que el trabajo siempre me ha parecido un vicio, persona virtuosa como soy, me dedico a lo que algunos, insidiosamente, calificarán de banalidades o futilezas.

Carles Cano, *Columbeta, la isla libro*. Anaya.

7 Resuelve estas adivinanzas para encontrar una palabra de cada tipo: aguda, llana y esdrújula.

Ave y no vuela,
llana y es curva,
quien no adivine esta
no adivinará ninguna.

Col, col, colera,
flor, flor, florera.
¿Si estamos juntas,
qué planta apunta?

Murcia me da medio nombre,
una letra has de cambiar,
mas cuando llegue al lago,
mi nombre podrás terminar.

Á. Navarro y M. Cabassa, *Adivina, adivinanza...*, Anaya.

Realiza la autoevaluación interactiva en **anayaeducacion.es**.

## DICTADO

Lee el texto para preparar el dictado.

Hace mucho, mucho tiempo, nació a la orilla de un lago el primer baobab de la historia. Desde que echó su primer tallo quedó claro que iba a ser un árbol fuerte y hermoso. Él notaba por dentro la energía de la savia que subía desde las raíces para alimentar sus ramas todavía jóvenes.

Ana Alonso, *Cuentos y leyendas de los árboles*, Anaya.

**El semáforo.** Junto a cada actividad, colorea así en tu cuaderno:

si has sabido responder,

si has necesitado ayuda

o si no la has sabido responder.

OBJETIVO EN ACCIÓN

## Mural de los árboles del colegio

En esta unidad te has acercado a los bosques de muchas maneras: has escuchado y leído sobre los árboles y has expresado oralmente y por escrito tu interés y aprecio por ellos. ¡Has aprendido a respetarlos!

Ahora que has hecho todo eso, vas a dar un paso más…

A partir de un trabajo con esta tabla, plasmad vuestros resultados en el «Mural de los árboles del colegio» y colgadlo en un lugar bien visible del centro escolar. Vais a conseguir que todas las personas que entren en el colegio se sumen al respeto y cuidado de los árboles.

| VEO | PIENSO | ME PREGUNTO |
|---|---|---|
| Observo los árboles de mi colegio: ¿cuántos hay?, ¿cómo son?, ¿cómo están?, ¿dónde se encuentran?, ¿son muchos? | ¿Qué ideas me han surgido a partir de lo que he visto? ¿Qué problemas he identificado? ¿A qué conclusiones he llegado? | ¿De qué manera y a través de qué iniciativas puedo fomentar el respeto y cuidado que debo a los árboles de mi colegio? |

## ¿Cómo he aprendido?

1 ¿Cómo te has sentido cuando trabajabas en grupo?

2 ¿Qué cosas te ha gustado aprender en esta unidad?

3 Completa estas oraciones en tu cuaderno.

Me enfado cuando….

Disfruto cuando….

Cuando hago bien algo me siento….

# 2 Vivo la cultura

Proteger nuestro patrimonio cultural es muy importante porque constituye una gran riqueza: monumentos, obras literarias y artísticas, tradiciones, gastronomía, música... Todo ello nos ayuda a conocer nuestro pasado y a comprender nuestro presente. ¡Conozcamos y mimemos este legado! ¡Transmitamos esta memoria a las generaciones futuras!

## ¿Cómo lo ves?

¿Conoces algún ejemplo del patrimonio cultural en tu entorno?

¿Cuáles crees que son las mayores amenazas del patrimonio cultural?

¿Cómo podemos evitar su destrucción?

## El dato

A día de hoy, numerosos bienes del patrimonio cultural de la humanidad se ven amenazados y en peligro de desaparición.

Para esta unidad...

## Objetivo en acción

**¿De qué manera puedes contribuir a salvaguardar el patrimonio cultural?**

**Redacta un programa de fiestas.**

## ¡Sigue el hilo!

**El texto expositivo**

1 ¿Sabías que una audioguía es un texto expositivo que te orienta e informa durante tu visita a un museo o monumento?

**Lectura**

2 ¿Crees que es importante conocer los bienes culturales del lugar donde vives?

**Vocabulario**

3

Utiliza palabras nuevas sobre la cultura.

**La exposición oral**

4

¿Por qué es importante elegir bien las fuentes donde obtener la información que necesito para conocer un monumento y mostrárselo a los demás?

**Las propiedades del texto**

5

¿Qué propiedades debe tener tu texto sobre un monumento patrimonio de la humanidad para comunicar bien?

**CONOZCO MI LENGUA**

Lenguaje, lengua y dialecto. Las lenguas de España.

Reglas generales de acentuación.

COMPRENDO

# Escucho una audioguía

¿Sabías que una audioguía es un texto expositivo que te orienta e informa durante tu visita a cualquier museo o monumento?

1 Escucha con atención y responde a las preguntas.

a) ¿De qué monumento informa esta audioguía?

b) ¿Dónde se encuentra este monumento?

c) ¿Quiénes vivían allí?

2 Completa en tu cuaderno el nombre de cada elemento arquitectónico de la Alhambra con la palabra adecuada.

Palacio • Patio • Puerta

a

.... de los Leones

b

.... de la Justicia

c

.... Nazarí

3 Encuentra dos intrusos entre los siguientes adjetivos que describen la Alhambra.

| | | |
|---|---|---|
| bella | estratégica | imponente |
| amurallada | indefensa | famosa |
| elegante | fortificada | insignificante |

4 Escribe un resumen del texto que has escuchado que incluya las siguientes palabras clave.

| | | | |
|---|---|---|---|
| Alhambra | belleza | fortaleza | Granada |
| patrimonio | residencia | sultanes | palacios |

5 ¿De dónde crees que es la persona que has escuchado en el audio? ¿Con qué comunidad autónoma la relacionas?

6 ¿Con qué idea termina el texto? Invéntate otra introducción y otra conclusión para este mismo texto, y compártela con tus compañeros y compañeras de clase.

### Textos expositivos

Los **textos expositivos** tienen como principal objetivo informar sobre un tema de manera clara y ordenada.

En un texto expositivo se pueden distinguir tres partes: **presentación, desarrollo** y **conclusión.**

### Una visita virtual

En parejas, organizad una visita guiada virtual.

Seleccionad un monumento de vuestro entorno.

Documentaos y cread vuestra visita guiada mediante un programa de presentación de diapositivas: ¿dónde está ese monumento?, ¿qué es?, ¿cómo es?...

Compartid vuestra visita virtual con el resto de la clase.

# Leo un texto expositivo

¿Crees que es importante conocer los bienes culturales del lugar donde vives? La lectura de esta unidad te invita a un viaje cultural de la mano de don Quijote.

Antes de leer

- Lee el título del texto: ¿de qué crees que tratará?

## De viaje con don Quijote

Cervantes escribía con la mano derecha. Porque era **diestro** y también porque no podía mover la mano izquierda. Había luchado en la batalla de Lepanto y es lo que pasa en las batallas, que te pueden herir.

Viajó a Italia, pero se cansó de aventuras y decidió volver en barco. Quería una vida más tranquila. Lo malo es que los piratas atacaron el barco y se llevaron a Cervantes a Argel, donde estuvo cinco años preso. ¡Toma vida tranquila! Cuando por fin volvió, podía haber escrito su vida. Pero decidió inventarse la vida de otro.

Escribió la historia de un hombre que vivía en La Mancha. Se llamaba Alonso Quijano y había leído mucho, sobre todo libros de caballería. Libros donde un caballero lucha con su espada y su lanza contra dragones y después rescata princesas. Alonso Quijano decidió cambiarse el nombre y hablar con un vecino un poco torpe llamado Sancho. Le dijo que él era don Quijote de la Mancha y que era un caballero. Le pidió que lo acompañase subido en su burro. Don Quijote iría en un caballo viejo y flaco: Rocinante. Quería arreglar el mundo con su espada, acabar con la injusticia. Sancho aceptó acompañarlo.

El libro de Cervantes es divertido pero además es la historia de un [...] hombre que veía el lado positivo de las cosas.

Si encontraba unas mujeres [...], él creía que eran princesas. Al dueño de una taberna lo trataba como a un rey. Una vez creyó que unos molinos de viento eran gigantes y los atacó, ¡menudo golpe se dio contra el molino! Cervantes murió hace más de cuatrocientos años... pero don Quijote vivirá para siempre.

**Diestro:** persona con mayor habilidad en la mano derecha.

**Latín:** lengua que hablaban los antiguos romanos.

## Leo un texto expositivo

# ¿SABÍAS QUE...?

- La mayoría de las palabras españolas vienen del latín (como «España», que viene de «Hispania»).
- También hay muchas palabras que proceden del árabe (como «almohada»), porque los árabes estuvieron hasta 800 años en algunas zonas de la península ibérica.
- En otras comunidades autónomas también se hablan idiomas como: catalán, gallego y euskera. «Buenos días» se dice *bon dia* en catalán, *bo día* en gallego y *egun on* en euskara.

El pico más alto de España es el Teide, un volcán situado en la isla de Tenerife. Mide 3 718 metros. El segundo es el Mulhacén, en Sierra Nevada. Se llama así porque el rey árabe de Granada, Muley Hacén, padre de Boabdil, fue enterrado en esa montaña en 1485.

España es el país del mundo donde hay más donantes de órganos y donde más trasplantes se realizan.

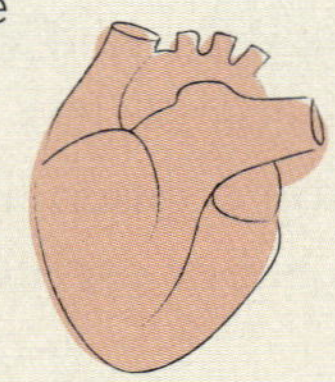

Es el tercer país del mundo (después de Francia y de Estados Unidos) que recibe más turistas. El monumento más visitado es la Alhambra, en Granada.

El cabo de Gata, en Almería, es el lugar donde menos llueve de Europa continental. En Almería hay un desierto donde se rodaron muchos wéstern (películas ambientadas en el oeste de Estados Unidos).

La cocina española es muy rica. Los platos más populares son la paella y la tortilla de patatas. También el gazpacho y la ¡ensaladilla rusa!

La ciudad más antigua de España que siempre ha estado habitada, y una de las más antiguas del mundo, es Cádiz.

Está separada de África solamente por los 14 kilómetros del estrecho de Gibraltar. Y tiene fronteras con Portugal, al oeste, y con Francia al norte.

Las casas españolas están muy limpias, a lo mejor es porque en España se inventó la fregona.

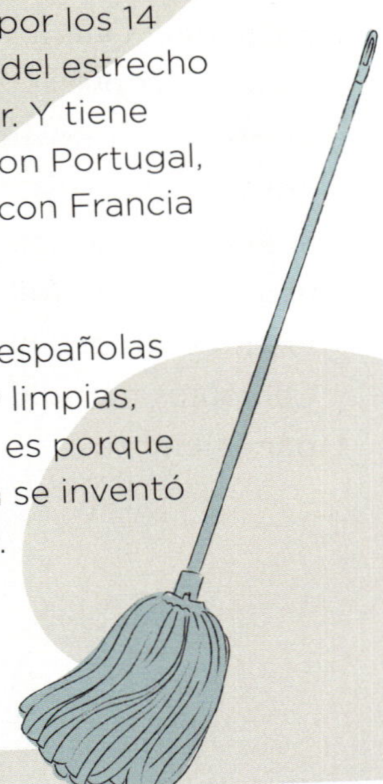

Pablo Aranda, *De viaje por el mundo*, Anaya.

## Comprendo la lectura

1 El texto puede dividirse en dos partes. ¿De qué trata cada una?

2 ¿De qué lengua proceden la mayoría de las palabras españolas, según el texto?

| | | | |
|---|---|---|---|
| Francés | Árabe | Catalán | Latín |

3 Indica si las siguientes afirmaciones son verdaderas o falsas. Corrige las falsas en tu cuaderno.

- Cádiz es la ciudad más antigua del mundo.
- *Egun on* es un saludo en euskara.
- Cabo de Gata es el lugar más seco de España.
- El pico del Mulhacén debe su nombre a un rey árabe.

4 ¿Qué pretende don Quijote al convertirse en caballero andante?

5 ¿Por qué se dice en el texto que Cervantes podría haber escrito su propia vida? Elige la opción correcta.

| | |
|---|---|
| Porque si hubiese contado su propia vida habría vendido más libros. | Porque su vida, llena de aventuras, habría merecido ser contada. |

6 El espejo Compara estos dos personajes. ¿En qué se parecen? ¿En qué se diferencian?

7 VET ¿Qué quiere decir que «don Quijote vivirá para siempre»?

8 Busca en el diccionario la palabra quijote. ¿Crees que ser un quijote es algo positivo o negativo? ¿Por qué?

9 Como don Quijote, seguro que tú también tienes algún sueño. Descríbelo.

### Don Quijote, patrimonio cultural

Proponed iniciativas para valorar y conocer el *Quijote* como un bien que merece ser protegido.

En grupo, documentaos sobre Miguel de Cervantes y buscad argumentos para defender que su gran obra, el *Quijote,* es patrimonio cultural de la humanidad.

A partir de los argumentos anteriores, en grupo, escribid un correo electrónico a la Dirección de vuestro colegio y proponed una iniciativa para la difusión del *Quijote.* Por ejemplo, la celebración del «Día de don *Quijote».*

**¡Toma nota!**

No olvides que, para defender bien tu mensaje, es importante ser capaz de exponerlo correctamente.

ME EXPRESO

# Utilizo palabras nuevas sobre la cultura

El *Quijote* es uno de los libros más leídos y traducidos del mundo; una obra cumbre de la cultura universal.

1 Encuentra las cuatro palabras que significan lo mismo.

elegante ignorante ilustrada responsable educado sabio erudito culto antiguo divertido complicado

2 Copia y sustituye la palabra subrayada por la que corresponda.

fomentar • sembraba • desarrolla • instruida

- Mi abuela dice que es importante cultivar la tolerancia.
- Isabel era una mujer muy cultivada y moderna.
- Mi madre cultiva su afición por la música.
- La anciana cultivaba ajos cada año en su huerto.

3 Relaciona en tu cuaderno las siguientes palabras con el ámbito cultural al que pertenecen. ¡Utiliza el diccionario!

escáner • *catering* • *performance* • *brunch* • *thriller*
microrrelato • *sushi* • guasapear • zapear • audioguía

Tecnología | Artes | Gastronomía

4 ¿Cómo se pronuncian estas dos parejas de neologismos? ¿Qué diferencia observas en su escritura?

vídeo • video    aeróbic • aerobic

5 Sancho y don Quijote utilizan palabras antiguas. ¿Con qué palabras sustituirías las destacadas en este diálogo?

### Arcaísmos y neologismos

- Los **neologismos** son palabras nuevas que han surgido para designar nuevas realidades *(pantallazo)* o palabras que ya existían que han adquirido nuevos significados *(ratón)*.
- Los **arcaísmos** son palabras o expresiones antiguas que han dejado de utilizarse y han sido sustituidas por otras: *a tientas (a oscuras)*.

### La lengua y sus hablantes

En España se utiliza la palabra esdrújula *vídeo*, mientras que en Latinoamérica se utiliza la palabra llana *video*. Ambas formas son correctas. ¿Cuál de ellas utilizas tú?

# Realizo una exposición oral

¿Por qué es importante elegir bien las fuentes donde obtener la información que necesito para conocer un monumento y mostrárselo a los demás?

1 Elige uno de estos monumentos del mundo y prepárate para realizar una exposición oral sobre él.

a

Gran Pirámide de Guiza

b

Gran Muralla China

c

Taj Mahal

a) Selecciona tus fuentes de información y documéntate bien sobre el monumento elegido.

b) Prepara el guion, es decir, un escrito provisional de tu exposición. Para ayudarte, completa un esquema como este.

Presentación → Desarrollo → Conclusión

c) Utiliza materiales de apoyo como fotografías, dibujos, mapas, esquemas...

d) Ensaya tu exposición delante de algún familiar.

## ¡Atención, se graba!

Parada de cinco minutos Realiza tu exposición ante la clase.

Durante la exposición, utiliza un volumen y una entonación adecuados. Habla despacio y con tranquilidad.

No olvides mirar a tu público y apóyate en gestos.

Concluye expresando tu agradecimiento y disposición para resolver dudas y aceptar sugerencias.

Grabad las exposiciones de toda la clase y colgadlas en la página web de vuestro centro escolar.

### La búsqueda de información

Antes de preparar un texto expositivo, documéntate bien sobre el tema. Para ello:

- **Elige fuentes fiables,** como enciclopedias, libros de la biblioteca o páginas web especializadas. Si utilizas Internet, hazlo con buen criterio: ten en cuenta que no toda la información que te ofrece la red es fiable. En tu búsqueda de información, escribe en el buscador palabras clave, es decir, palabras importantes que describan bien el tema.
- **Respeta la propiedad intelectual:** no copies el texto original; reescríbelo con tus propias palabras o reprodúcelo entre comillas, e indica el nombre de su autora o autor.

# Escribo un buen texto

¿Qué propiedades debe tener tu texto sobre un monumento patrimonio de la humanidad para comunicar bien?

1 Interpretación compartida ¿Qué propiedades del texto fallan en cada una de estas situaciones? Corrige los diálogos en tu cuaderno.

2 Ordena los siguientes enunciados en tu cuaderno para formar un texto coherente.

a) De noche, el espejo proyectaba la luminosidad de una gran hoguera hasta una distancia de 50 kilómetros.

b) El Faro de Alejandría fue construido en el extremo oriental de la isla de Faro, para guiar a los navegantes.

c) En la parte superior, un gran espejo reflejaba la luz solar durante el día.

Vicente Muñoz Puelles, *Ciudades perdidas*, Anaya.

### Las propiedades del texto

El **texto** es una unidad de comunicación que transmite una información completa. Puede estar formado por una oración *(¡Cuidemos la cultura!)* o por varias oraciones organizadas en párrafos.

Todo texto debe:

- Ser **adecuado,** es decir, adaptarse a quienes va dirigido y a la situación comunicativa en que lo empleamos.
- Ser **coherente,** es decir, todas sus partes deben ser lógicas, tener relación entre sí y con el tema principal.
- Estar **cohesionado,** es decir, todas sus partes deben relacionarse entre sí mediante nexos, pronombres o sinónimos.

3 Lee este texto y realiza las actividades.

La **ciudad** de Alejandría está situada en Egipto, en la zona más occidental del delta del río Nilo.

Fue fundada por Alejandro Magno en el año 331 a.C. Desde siempre ha tenido fama de ser una **metrópoli** cosmopolita y abierta a otras culturas, pues en **ella** convivieron desde el principio griegos, egipcios, sirios, hebreos…

Durante su época de máximo esplendor, fue considerada la capital del conocimiento, en buena parte gracias al *Museion* (que en griego antiguo significa `templo de las musas´): un centro cultural consagrado a las nueve musas, diosas de las artes y del conocimiento. **Este imponente lugar** disponía de todo lo necesario para que trabajaran artistas y científicos: laboratorios, aulas, observatorios, un jardín botánico, un zoológico y la gran Biblioteca de Alejandría.

a) ¿Sobre qué trata el texto?

b) ¿Cuántos párrafos tiene?

c) ¿Qué idea expresa cada párrafo?

d) Observa las palabras destacadas que dan cohesión al texto y completa en tu cuaderno.

- *Ciudad* y … son palabras sinónimas.
- El pronombre *ella* se refiere a …
- La expresión «Este imponente lugar» se refiere a …

## Grandes bibliotecas

En el mundo existen grandes bibliotecas, valiosos lugares de estudio donde se almacenan y protegen algunos de los mayores tesoros del patrimonio de la humanidad: manuscritos y obras de gran valor.

En parejas, informaos sobre una de estas bibliotecas y redactad un breve texto expositivo sobre ella.

Organizad el texto en párrafos y dedicad cada párrafo a una o dos ideas.

Para dar cohesión a vuestro texto, utilizad palabras como por tanto, sin embargo, a continuación, en primer lugar, para finalizar, etcétera. Evitad repetir palabras mediante el uso de sinónimos y de pronombres.

Buscad una foto o elaborad un dibujo para ilustrar vuestro texto y hacerlo más atractivo.

# Lenguaje, lengua y dialecto

**1** Averigua qué lengua europea utiliza cada una de estas personas. ¿Sabrías traducir lo que dicen al castellano?

**2** Averigua qué lenguas se hablan en estos países y anótalo en tu cuaderno.

Alemania | Japón | Estados Unidos | China

**3** Piensa y escribe una palabra en castellano que te guste mucho. Búscala en tres lenguas diferentes y escríbelas en tu cuaderno.

**Ejemplo**

**Fantasía:** *fantasy* (inglés), *fantasie* (alemán), *fantazia* (polaco).

**4** ¿En cuántas lenguas sabes decir «buenos días»? Escríbelo en tu cuaderno.

**5** Averigua en Internet cuántas lenguas se hablan en cada uno de estos países. ¿Qué lenguas son?

Suiza | Canadá | Sudáfrica | Francia

### Lenguaje, lengua, dialecto

- El **lenguaje** es la capacidad humana para comunicarse, transmitir y recibir información.
- La **lengua** es el conjunto de palabras, reglas y sonidos que utilizan los hablantes de una comunidad concreta. En el mundo existen casi 4 000 lenguas. Por ejemplo, el castellano, el francés o el inglés.
- El **dialecto** es la variedad de una lengua que se habla en una zona geográfica determinada. Algunos dialectos del castellano son el andaluz, el canario, el extremeño o el murciano.

# Las lenguas de España

6 En España, hay comunidades bilingües, es decir, en ellas se hablan dos lenguas oficiales. Averigua cuáles son esas comunidades y escríbelas en tu cuaderno.

| Comunidad bilingüe | Lenguas |
|---|---|
| ... | ... |

7 ¿Qué lenguas se hablan en los siguientes lugares? ¿Y qué dialectos?

Valencia
La Coruña Castellón Vitoria
Santa Cruz de Tenerife
Málaga Córdoba Pontevedra
Madrid Lugo Barcelona Santander

8 Lee estos refranes. ¿Sabrías decir cuál está escrito en catalán y cuál en gallego? Explica el significado de cada uno.

A boca tancada, no hi entren mosques.

Nunca choveu que non escampara.

9 ¿En cuál de estos países de Sudamérica no es lengua oficial el castellano?: Colombia, Argentina, Brasil, Chile, Uruguay, Perú, Cuba, Venezuela.

10 Elaborad el mapa de las lenguas de la clase.

- ¿Cuáles de estas lenguas son oficiales en España?
- ¿Cuáles son lenguas oficiales en otros países?

### Las lenguas de España

La **lengua oficial** es la que está reconocida por un Estado y que emplean sus ciudadanos y ciudadanas.

Según recoge la Constitución española, la lengua oficial de España es el **castellano.** Las demás **lenguas españolas** son **también oficiales** en sus respectivas comunidades autónomas según sus estatutos. Además del castellano, son lenguas de España **el gallego, el euskara** (o euskera), **el catalán** y **el valenciano.**

Webquest: Accede a este recurso en **anayaeducacion.es** e investiga sobre la diversidad lingüística del mundo a través de las canciones.

**Copio y completo para organizar mis ideas**

Lenguaje, lengua y dialecto

LENGUAJE: ....

LENGUA: ....

LENGUAS DE ESPAÑA: ...

DIALECTO: ....

Algunos dialectos del castellano son: ...

CONOZCO MI LENGUA

# Reglas generales de acentuación

**1** Observa las palabras que se escriben con tilde en este diálogo y clasifícalas según sean agudas, llanas o esdrújulas. ¿Sabes por qué llevan tilde?

**2** Clasifica estas palabras. ¿Por qué llevan o no llevan tilde?

| | | |
|---|---|---|
| volcán | natural | cámara |
| lámpara | bebé | Canadá |
| árbol | espectáculo | escultura |

| Agudas | Llanas | Esdrújulas |
|---|---|---|
| *Volcán* lleva tilde por ser aguda acabada en ***-n.*** | .... | .... |

**3** Separa y copia en tu cuaderno las palabras de esta lista. Pon la tilde donde corresponda.

tecnicojardinultimocespedjamasplacidoleontrebol

**4** Copia y completa las oraciones en tu cuaderno con la palabra que falta. Todas son agudas con tilde.

- Jugamos al fútbol con el .... de Paula.
- .... podamos vernos pronto.
- Cuando se despidieron le dijo .... con la mano.
- ¡Ya sé cuál es la .... a tu problema!

**5** Encuentra la palabra correspondiente a cada definición. ¿Qué tienen en común todas las palabras que has encontrado?

- Cuaderno donde pegar fotografías.
- Planta alta con raíces, tronco y ramas.
- Teléfono portátil e inalámbrico.
- Moneda de Estados Unidos.

**Reglas generales de acentuación**

- Las **palabras agudas** llevan tilde cuando terminan en vocal, *-n* o *-s: tradición, dominó, París.*
- Las **palabras llanas** llevan tilde cuando terminan en consonante que no sea *-n* o *-s: cómic, álbum, Túnez.*
- Las **palabras esdrújulas** siempre llevan tilde: *época, mágico, América.*

6 Copia, escribe la tilde donde corresponda y clasifica las palabras.

| | | |
|---|---|---|
| manzana | dificil | libro |
| Sevilla | resumen | Fernandez |
| cesped | tortilla | abanico |
| comic | carcel | mono |
| pantera | penacho | Cataluña |
| habil | condor | movil |

LLANAS CON TILDE | LLANAS SIN TILDE

Repasa la ortografía de la unidad en **anayaeducacion.es**.

7 Escribe el plural de estas palabras. ¿Qué cambia en ellas? ¿Por qué?

maratón • imagen • joven • abdomen
origen • examen • canción

8 Escribe una oración con el nombre de cada uno de estos animales.

a 

b 

c 

## DICTADO: Practicamos con palabras con tilde

Copia estos textos en tu cuaderno. Luego, escucha. Cuando suenen las campanillas, deberás completar con el nombre de un animal que se escribe con tilde.

- En el mar gran nadador, juguetón y saltarín, el ….
- Aunque en la palma de tu mano cabe, a esta araña venenosa, la …. ¡nunca la cojas!
- En la noche de la selva el rugido del …. suena como un cañón.
- Al simpático …. lo has de buscar en Madagascar.

Vuelve a escuchar los textos, pero esta vez completos. ¿Cuántas palabras has acertado?

**Después del dictado:**

Ortografía ☺ 😐 ☹ Presentación ☺ 😐 ☹ Caligrafía ☺ 😐 ☹

# ¿Qué he aprendido?

1 Busca el significado de estos arcaísmos en el diccionario y encuentra la palabra actual que le corresponda a cada uno.

| | |
|---|---|
| agora | anteojos |
| conseja | frazada |
| asaz | empero |

2 Busca en el diccionario estos neologismos y escribe una oración con cada uno.

| | |
|---|---|
| viral | elevalunas |
| ciberespacio | antivirus |

3 Relaciona en tu cuaderno cada oración con la lengua europea a la que pertenece.

| | |
|---|---|
| *J'habite à Paris.* | alemán |
| *I live in London.* | francés |
| *Io vivo a Roma.* | inglés |
| *Ich lebe in Berlin.* | italiano |

4 Encuentra las lenguas que se hablan en España y cópialas en tu cuaderno junto a la comunidad autónoma donde son oficiales.

japonés francés chino quechua catalán euskara gallego castellano

5 Relaciona cada expresión con su lengua.

| | |
|---|---|
| *Benvido a miña aldea.* | castellano |
| *Benvinguts al meu poble.* | gallego |
| *Ongi etorri nire herrira.* | catalán |
| *Bienvenido a mi pueblo.* | euskara |

6 Copia y completa el texto con estas palabras. lengua, andaluz, Comunidad Valenciana, oficial, canario.

El castellano es lengua ..... en todas las comunidades autónomas de España. Además, en algunas comunidades también es oficial otra ...., como en Euskadi, ...., Cataluña, Islas Baleares y Galicia.

El castellano tiene diferentes variedades, como el .... y el .... .

7 Escribe una oración con el nombre correspondiente a cada imagen.

a

b

c

Realiza la autoevaluación interactiva en **anayaeducacion.es**.

## DICTADO

Lee el texto para preparar el dictado.

Todos se precipitaron hacia el jardín del hada y colocaron sus problemas bajo el tercer manzano, que tenía dos mil kilómetros de altura y unas manzanas rojas y verdes tan grandes como globos; cuando el último de ellos depositó el suyo, una pirámide de problemas se elevaba alrededor del árbol [...].

E.E. Cummings, *Cuentos*, Casariego.

**El semáforo.** Junto a cada actividad, colorea así en tu cuaderno:

- si has sabido la respuesta,
- si has necesitado ayuda
- o si no la has sabido responder.

OBJETIVO EN ACCIÓN

## Programa de fiestas

En esta unidad has conocido los textos expositivos, así como su estructura, sus propiedades y la importancia de documentarse correctamente para crear textos que comuniquen bien. Además, has descubierto lo que es el patrimonio cultural.

Ahora que has hecho todo eso, vas a dar un paso más...

1 Pensad en una fiesta tradicional de vuestra localidad y completad este organizador gráfico para ordenar vuestras ideas.

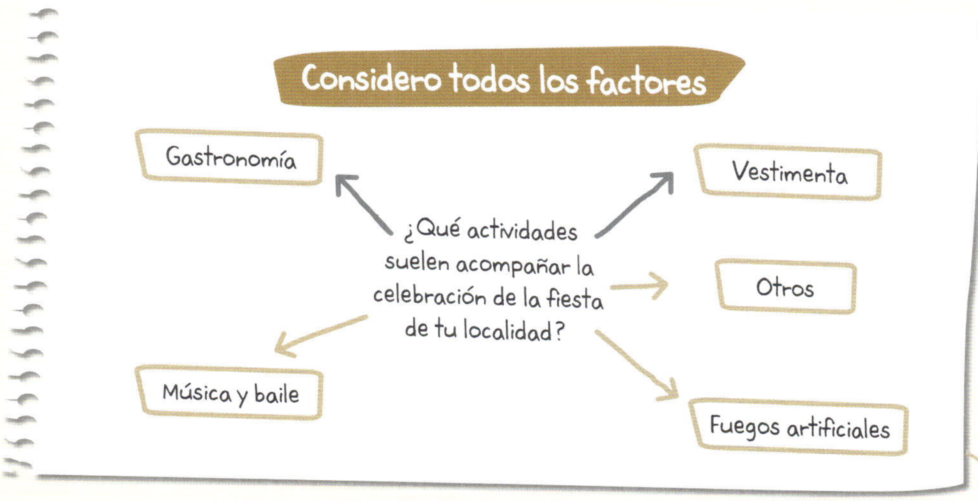


2 A partir de las reflexiones de toda la clase, programad los festejos de una jornada en la fiesta elegida. Para ello:

- Elegid cinco actividades que hayan gustado a la mayoría.
- Distribuid las cinco actividades a lo largo de la jornada, con la hora y el lugar donde se celebran.
- Con la ayuda de un ordenador, en un programa de tratamiento de textos, escribid la información de manera organizada en la página. Utilizad imágenes.

## ¿Cómo he aprendido?

1 Completa en tu cuaderno.

| | |
|---|---|
| Actividades que más me han gustado en la unidad: .... | Actividades que menos me han gustado en la unidad: .... |

2 ¿Cómo te has sentido cuando has trabajado con tus compañeras y compañeros? Explícalo.

| | | |
|---|---|---|
| Me he sentido muy bien porque... | Me he sentido bien porque... | Me he sentido mal porque... |

# 3 ¡Quiero ayudar!

El mundo está lleno de historias que necesitan ser contadas. Puede ser la historia de alguien cercano a ti que apenas pudo asistir a la escuela, la de alguna persona sin hogar con quien te has cruzado por la calle o las de esos millones de seres humanos que ves en la televisión viviendo en la pobreza. Todas esas historias nos muestran la realidad injusta de no tener casi nada. ¡Todas tienen mucho que enseñarnos!

## ¿Cómo lo ves?

¿Has conocido a alguna persona que no tuviese casi nada para vivir? ¿Pudiste hacer algo por ella?

¿De cuántas maneras puedes ayudar a quienes lo necesitan?

## El dato

Más de mil millones de niñas y niños del mundo viven en la pobreza.

Para esta unidad...

## Objetivo en acción

**¿Cómo puedes actuar contra la pobreza y sus causas?**

**Cuenta una historia.**

## ¡Sigue el hilo!

**1** El texto narrativo: partes de la narración

La narración es un recurso creativo excepcional para contar historias e invitarnos a reflexionar.

**2** Lectura

La lectura nos permite ponernos en el lugar de otras personas y comprender sus problemas.

**Vocabulario**

3

Utiliza palabras nuevas sobre la solidaridad.

**El texto narrativo: elementos de la narración**

4

¿Qué necesitas para contar bien una historia y conectar con las personas que te escuchan?

**El texto narrativo: tipos de narración**

5

¿Sabes de cuántas formas puedes contar una historia?

**¡! CONOZCO MI LENGUA**

El nombre.

El diptongo y el hiato.

COMPRENDO

# Escucho un texto narrativo

La narración es un recurso creativo excepcional para contar historias e invitarnos a reflexionar.

1 1-2-4 Escucha esta narración y responde a las preguntas.

a) El texto que has escuchado pertenece al cuento de *Aladino y la lámpara maravillosa* ¿Conocías este cuento? ¿Dónde lo conociste?

b) ¿Te parece un relato real o fantástico? Justifica tu respuesta.

c) Comienzo, nudo o desenlace: ¿a qué parte de la narración pertenece el fragmento escuchado?

d) Y estos otros fragmentos, ¿a qué parte de esta narración podrían pertenecer? Razona tu respuesta.

**a** A la ciudad de Aladino llegó un mago que había escuchado hablar de un fabuloso tesoro.

**b** Y así fue como Aladino fue coronado rey, reinó con justicia y se ganó el respeto de la gente.

**c** Hace muchos, muchos años, en una lejana ciudad vivía un niño de quince años llamado Aladino.

### La narración y sus partes

La **narración** tiene como finalidad contar unos hechos reales o imaginarios que les suceden a unos personajes en un lugar y en un tiempo determinados. Son narraciones el cuento, la leyenda, la fábula, la novela, el diario y la noticia.

**Partes de la narración**

- **Comienzo:** presentación de los personajes, el tiempo y el lugar.
- **Nudo:** relato de los hechos o el problema que sucede.
- **Desenlace:** solución del problema.

## ¡Cuenta su historia!

Conocer la realidad de personas que han vivido situaciones de injusticia nos ayuda a comprender su experiencia y actuar por un mundo más justo.

Infórmate en Internet sobre la vida y la obra de algún personaje famoso que, a pesar de haber tenido una infancia difícil, haya destacado por sus valores, sus cualidades o por su contribución a la ciencia, al arte, al deporte...

Comparte oralmente la historia de tu personaje con el resto de la clase.

# Leo un texto narrativo

**La lectura nos permite ponernos en el lugar de otras personas y comprender sus problemas. Algunas lecturas, como esta, nos muestran, además, la alegría de hacer del mundo un lugar mejor.**

Antes de leer

- Lee el título de la novela a la que pertenece este texto. ¿Sabías que es un clásico de la literatura y del cine? ¿Has visto alguna de sus muchas versiones cinematográficas?

## Un desayuno feliz

Jo fue la primera que se despertó en el gris amanecer de la mañana de Navidad. No había calcetines colgados en la chimenea, y, por un momento, se sintió tan decepcionada como aquella vez en que uno de sus pequeños calcetines se cayó al suelo por estar demasiado lleno de regalos. Después se acordó de la promesa de su madre y, deslizando la mano bajo la almohada, sacó un librito de cubierta **púrpura.** [...]

Despertó a Meg con un «Feliz Navidad» y le recordó que mirase bajo su almohada. Apareció un libro de cubierta verde [...]. Enseguida se despertaron también Beth y Amy y encontraron sus libros, uno de color gris y otro azul. Las cuatro se sentaron a mirarlos y a hablar de ellos mientras, por el este, el cielo se iba tiñendo de rosa.

Media hora más tarde, Meg y Jo bajaron a buscar a su madre para darle las gracias por el regalo, pero no la encontraron.

—Solo Dios sabe adónde habrá ido —les explicó Hannah—. Alguna pobre criatura vino pidiendo, y allá que se fue vuestra madre a ver dónde la necesitaban. No he visto nunca una mujer tan generosa. [...]

—Volverá pronto, creo yo, así que vamos a prepararlo todo —dijo Meg, mirando hacia la cesta de los regalos, que estaba escondida bajo el sofá—. [...]

—Ahí está madre. ¡Esconded la cesta, deprisa! —exclamó Jo al oír la puerta. [...]

—¡Feliz Navidad, mamá! ¡Feliz Navidad! Gracias por los libros. Hemos leído algo, y vamos a seguir un poco cada día —**resonaron** a la vez las voces de las cuatro hermanas.

—¡Feliz Navidad, hijas! Me alegro de que ya hayáis empezado a ponerlo en práctica, y espero que sigáis. Pero, antes de que nos sentemos, quería deciros una cosa. Cerca de aquí hay una pobre mujer con un bebé recién nacido. Sus otros seis hijos están todos metidos en una cama para no congelarse, porque no tienen fuego. Tampoco tienen nada que comer, y el niño mayor vino esta mañana para contármelo. Chicas, ¿me dais vuestro desayuno como regalo de Navidad?

Estaban todas muy hambrientas, porque llevaban esperando casi una hora, así que, en el primer momento, ninguna contestó. Sin embargo, Jo no tardó en romper el silencio.

—¡Me alegro de que hayas llegado antes de que empezáramos!

—¿Podemos ir nosotras a llevar la comida a esos niños? —preguntó Beth.

**Púrpura:** color morado fuerte.

**Resonaron:** sonaron con fuerza.

# Leo un texto narrativo

—Yo llevaré la nata y las magdalenas —añadió Amy, cediendo heroicamente lo que más le gustaba.

Meg ya estaba cortando rebanadas de pan y apilándolas en una bandeja.

—Sabía que lo haríais —dijo la señora March sonriendo orgullosa—. Vendréis todas y me ayudaréis, y, cuando volvamos, tomaremos pan y leche para desayunar. Ya lo compensaremos con la comida.

En cuanto estuvieron listas, la procesión partió. Afortunadamente era temprano, y fueron por callejuelas estrechas, así que poca gente las vio, y nadie pudo reírse de aquella extraña **comitiva.**

La madre enferma y sus hijos vivían en una miserable habitación con las ventanas rotas, sin fuego en la chimenea, y con **harapos** en lugar de sábanas y mantas. Un racimo de rostros hambrientos asomaba bajo la raída colcha con la que los niños intentaban protegerse del frío. Sus ojos se agrandaron de asombro y sus labios amoratados sonrieron al ver entrar a las chicas.

—**Ach, mein Gott* ¡Han venido unos ángeles! —dijo la mujer, con lágrimas de alegría.

—Pues vaya unos ángeles más absurdos, con guantes y capucha —contestó Jo, y todos se echaron a reír.

Unos minutos más tarde, parecía de verdad que la casa hubiese sido visitada por criaturas **celestiales.** Hannah, que había traído leña, encendió el fuego, y tapó los huecos de las ventanas usando sombreros viejos y su propio abrigo. La señora March le dio a la madre **gachas** y té, y la **reconfortó** prometiendo ayudarla mientras vestía al bebé con tanta ternura como si fuera suyo. Las chicas, entretanto, pusieron la mesa, acercaron a los niños al fuego y les dieron de comer como si fueran pajarillos hambrientos, todo ello sin parar de hablar y reír.

Fue un desayuno muy feliz, aunque no lo probaron. Y, cuando se fueron, no había en toda la ciudad cuatro personas más alegres que aquellas hambrientas muchachas que acababan de cambiar su desayuno de Navidad por un poco de leche con pan.

Louisa May Alcott, *Mujercitas,* Anaya, colección Clásicos a Medida.

* *Ach, mein Gott:* expresión en alemán que significa «¡Ay, Dios mío!». Estos personajes son inmigrantes procedentes de Alemania.

**Comitiva:** grupo de personas que van juntas al mismo sitio.

**Harapos:** ropas viejas y rotas.

**Celestiales:** maravillosas, buenas.

**Gachas:** comida humilde que se hace con harina, agua y sal.

**Reconfortó:** animó.

**LA LUPA ORTOGRÁFICA**

El asterisco (*) se utiliza para remitir a una nota explicativa al pie del texto.

## Comprendo la lectura

1 ¿Qué época del año era?

2 ¿Qué le hizo sentirse decepcionada a Jo al despertarse? ¿Cómo te habrías sentido tú?

3 Relaciona en tu cuaderno a cada hermana con el color de su libro.

Amy • Beth • Jo • Meg

4 ¿Cómo reacciona cada hermana ante la propuesta de la madre de regalar su desayuno?

5 ¿Cómo era la casa de la familia a la que llevaron el regalo?

6 ¿De qué manera se transforma esa casa con la llegada de las hermanas March?

7 ¿Crees que el título de la lectura es adecuado? Justifica tu respuesta. Invéntate tú otro título.

8 ¿Cuál de las hermanas es tu personaje favorito? ¿Por qué?

9 Comparte con tus compañeros y compañeras alguna celebración familiar de la que guardes un buen recuerdo.

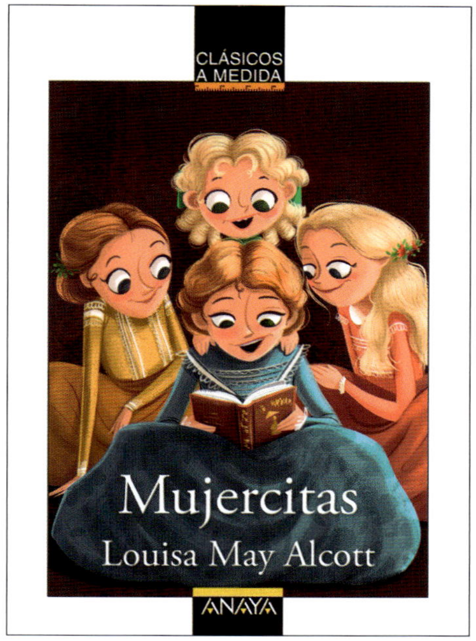


### Una mujer comprometida

Pienso-me interesa investigo

Investiga la vida de la autora de *Mujercitas* y completa una ficha como esta en tu cuaderno.

**LOUISA MAY ALCOTT**

Año de nacimiento: ....

Lugar de nacimiento: ....

¿Cómo fue su infancia?: ....

¿En qué movimientos sociales participó?....

**¡Toma nota!**

La vida de algunos personajes famosos puede enseñarnos muchas cosas: nos inspira y nos sirve de ejemplo.

ME EXPRESO

# Utilizo palabras nuevas sobre la solidaridad

En la lectura de la unidad, la señora March y sus hijas nos muestran con sus acciones la importancia de la solidaridad, de ayudar a los demás, especialemente en situaciones difíciles.

1 ¿Qué imagen describe mejor el significado de la palabra **solidaridad**? Explica por qué.

a 

b 

c 

2 Completa cada oración con el nombre que corresponda.

ayuda • compasión • compañerismo • unión

- Los alumnos y las alumnas de esta clase muestran un gran .... .
- Sentía .... , me partía el corazón la miseria en la que vivía.
- Los países europeos han estrechado sus lazos de ....
- La .... internacional se volcó con las personas refugiadas.

3 Utiliza el diccionario y relaciona cada una de estas palabras con su significado.

filantropía | empatía | altruismo

- Comportamiento de las personas que procuran el bien de los demás.
- Sentimiento de amor desinteresado hacia los seres humanos.
- Capacidad para identificarse y compartir los sentimientos de alguien.

4 Busca el nombre del que procede cada uno de estos adjetivos: **generosa, solidario, sensible, fraternal, amistosa.**

**Ejemplo:** compasiva → compasión.

5 La palabra **apoyo** tiene varios significados. Explica su uso en cada una de estas oraciones.

- Utilizaba muletas como apoyo.
- Recibí el apoyo de mi familia.

6 La palabra **generoso** también es polisémica, pues puede significar 'desprendido' o 'abundante'. Escribe una oración con cada significado.

### Organizaciones solidarias

Muchas organizaciones no gubernamentales (ONG) trabajan para acabar con la pobreza en el mundo y sus causas.

En grupo, buscad información en Internet sobre una de estas ONG.

Elaborad un pequeño folleto informativo sobre ella.

Utilizad fotografías y dibujos para ilustrarlo.

Colgadlo en el tablón de anuncios del colegio.

### Palabras polisémicas

Las palabras **polisémicas** son aquellas que tienen más de un significado. Por ejemplo:

- *Tengo los **ojos** muy negros.*
- *Mi vecina mira por el **ojo** de la cerradura.*

# Leo en voz alta una narración

¿Qué necesitas para contar bien una historia y conectar con las personas que te escuchan? ¿Y qué estrategias puedes utilizar para que esa historia movilice e inspire el cambio?

1 Observa las indicaciones para leer en voz alta.

a

Primero tengo que leer el texto en silencio hasta comprenderlo bien.

b

He de pronunciar con claridad las palabras.

c

Debo marcar las pausas indicadas por los signos de puntuación.

d

Tengo que utilizar la entonación y los gestos que se correspondan con el significado del texto.

2 Con todo lo que ya sabes, lee este texto en voz alta.

Eran las siete de una calurosa tarde en las colinas de Seoni cuando Padre Lobo despertó de su larga siesta, se rascó, bostezó y estiró las patas para sacudirse el sueño que lo aletargaba. Madre Loba estaba echada, acurrucando a sus cuatro traviesos cachorros. La luna asomó por la boca de la cueva donde vivían.

—¡Auh! —dijo Padre Lobo—. Es la hora de ir de caza.

Rudyard Kipling, *El libro de la selva,* Anaya.

## Intercambio de papeles

Piensa y comparte en pareja

En parejas, pensad en alguna ocasión en que habéis ayudado a alguien, o alguien os ha ayudado, y contad la historia. Utilizad un narrador en primera persona, indicad el momento y el lugar en el que sucedió y seguid un orden (comienzo, nudo y desenlace). Describid también cómo os sentisteis.

Luego, intercambiad vuestras historias y volvedlas a contar, pero esta vez utilizad un narrador en tercera persona.

### Elementos de la narración

- **Narrador:** es quien cuenta la historia. Puede contarla usando un verbo en **primera persona,** como si fuera un personaje más; o en **tercera persona,** como alguien ajeno a los hechos.
- **Personajes:** son los seres que intervienen en los hechos narrados. El personaje principal se llama **protagonista.**
- **Espacio y tiempo:** el lugar y el momento en que se desarrolla la historia.
- **Acción:** son los hechos que se narran.

# Escribo un relato

¿Sabes de cuántas maneras puedes contar una historia? ¿Qué elementos has de tener en cuenta al hacerlo?

1 Lee los siguientes textos y responde a las preguntas.

a

**ÚLTIMA SEMANA PARA PARTICIPAR EN EL MAYOR CONCURSO DE FOTOGRAFÍA HUMANITARIA DE ESPAÑA**

**Madrid, 29 de septiembre de 2021**

Última semana para poder participar en el Premio Internacional de Fotografía Humanitaria Luis Valtueña, que alcanza su 25.ª edición con un jurado de prestigio y una alta participación. El premio permite denunciar las realidades de comunidades vulnerables que son víctimas de injusticias y/o violaciones de los derechos fundamentales en distintas partes del mundo; realidades que nos dolieron, que hicieron injusta la vida de millones de personas y que cientos de fotógrafas y fotógrafos documentaron con sus cámaras.

Ya son más de 300 trabajos los recibidos desde que se abrió la convocatoria. El premio refuerza una vez más su carácter internacional, ya que hasta la fecha se han recibido trabajos de 69 países. [...]

medicosdelmundo.org

b

El abuelo de Pedro trabaja en una imprenta de las de antes. Una tarde, mientras barría el almacén donde guarda las cosas que se usan poco, encontró un cesto lleno de palabras, lo llevó a casa y se lo dio a Pedro.

—¿Y esto para qué sirve? —preguntó Pedro.

—Bueno, son palabras —dijo el abuelo—, un montón de palabras.

Pedro metió las manos en el cesto y sintió el calor de unas palabras y el frío de otras.

La palabra *mamá* era cálida, la palabra *perro* movía la cola, la palabra *hielo* estaba fría y era azul.

Había más palabras, muchas, más de mil palabras en desorden.

Había palabras muy usadas, y en cambio otras estaban tristes porque nadie las dijo nunca.

Juan Farias, *Un cesto lleno de palabras,* Anaya.

a) ¿Qué tipo de narración es el texto a? ¿Y el b? Justifica tu respuesta.

b) ¿Dónde podrías leer cada uno de estos textos?

c) ¿Cuál es la intención del autor o de la autora de cada narración?

d) ¿Quién narra la historia en cada caso?

e) Resume los hechos que se narran en el texto a en dos o tres líneas.

f) ¿Quiénes son los protagonistas del texto b?

**Tipos de narración**

- **Narración no literaria:** suele contar hechos reales. Por ejemplo: **la noticia** y **la anécdota.**
- **Narración literaria:** suele contar hechos ficticios con un lenguaje especial y muy cuidado. Por ejemplo: **el cuento, la novela, la leyenda, la fábula** o **el romance.**

2 Escribe una anécdota a partir de la siguiente imagen.

3 Lee este poema y escribe un texto narrativo en prosa a partir de la historia que cuenta.

Que por mayo era, por mayo,
cuando hace la calor,
cuando los trigos **encañan**[1]
y están los campos en flor,
cuando canta la calandria
y responde el ruiseñor,
cuando los enamorados
van a servir al amor;
**sino**[2] yo, triste, **cuitado**[3],
que vivo en esta prisión;
que ni sé cuándo es de día
ni cuándo las noches son,
sino por una avecilla
que me cantaba al **albor**[4].
Matómela un ballestero;
dele Dios mal galardón.

[1]**Encañan:** maduran los tallos formando cañas. [2]**Sino:** excepto.
[3]**Cuitado:** desdichado. [4]**Albor:** amanecer.

CONOZCO MI LENGUA

# El nombre

1 Nombra cinco elementos que veas en la foto.

**Ejemplo:** montañas.

## El nombre

El **nombre** o **sustantivo** designa a personas, animales, plantas, objetos, lugares, ideas...

Según el **género,** el nombre puede ser **masculino** o **femenino.**

Los **nombres masculinos** pueden ir acompañados de *el, los, un, unos.* Los **nombres femeninos** pueden ir acompañados de *la, las, una, unas.*

La mayoría de los nombres tienen un solo género *(la casa, el cielo).* Pero existen nombres que tienen dos formas, una para el masculino y otra para el femenino *(gata/gato, héroe/heroína, emperador/emperatriz, alcalde/alcaldesa, hombre/mujer).*

Según el **número**, el nombre puede ser **singular** o **plural.**

Los nombres en **singular** designan en general un solo ser u objeto *(el libro, mi prima).* Los nombres en **plural** designan en general varios seres u objetos *(los libros, mis primas).*

En general, el plural se forma añadiendo **-s** o **-es** al singular *(casa/casas, tractor/tractores).*

Según su **significado,** el nombre puede ser **común** o **propio; individual** o **colectivo; concreto** o **abstracto.**

- Los nombres **comunes** se refieren a personas, animales, objetos, sentimientos... en general *(caballo, niña, ciudad)* y los nombres **propios** a personas, animales, lugares... únicos *(Rocinante, María, Sevilla).*
- Los nombres **individuales** se refieren, en singular, a un solo ser u objeto *(abeja)* y los nombres **colectivos,** en singular, a un conjunto de seres u objetos *(enjambre).*
- Los nombres **concretos** se refieren a realidades que percibimos por los sentidos *(cama)* y los nombres **abstractos** a realidades que no percibimos por los sentidos *(alegría).*

2 Clasifica en tu cuaderno los nombres destacados en este texto.

> Se puso en pie de un **salto** y decidió continuar. Tenía un penique en el **bolsillo, regalo** de Sowerberry tras algún funeral, pero eso era muy poco para llegar allí. Oliver anduvo aquel **día** veinte **millas** y no tomó nada más que unos **mendrugos** duros y unos **tragos** de **agua** que pidió por el **camino.** Cuando llegó la **noche,** se metió en un **prado** y se acostó bajo un **montón** de **paja;** sentía **miedo,** pero estaba tan cansado que se quedó dormido.
>
> Charles Dickens, *Oliver Twist,* Anaya.

| | Masculino | Femenino |
|---|---|---|
| Singular | ... | ... |
| Plural | ... | ... |

3 Entre las palabras del texto anterior, encuentra y copia en tu cuaderno:

- Un nombre abstracto y un nombre concreto.
- Un nombre propio y un nombre común.

4 Copia estos nombres colectivos en tu cuaderno y escribe a su lado el nombre individual que le corresponda.

| | | |
|---|---|---|
| alumnado | orquesta | flota |
| pinar | bandada | tropa |
| vocabulario | gente | constelación |

5 Escribe el nombre propio correspondiente a:

- Un compañero o una compañera de clase.
- Tu profesora o profesor.

**Copio y completo para organizar mis ideas**

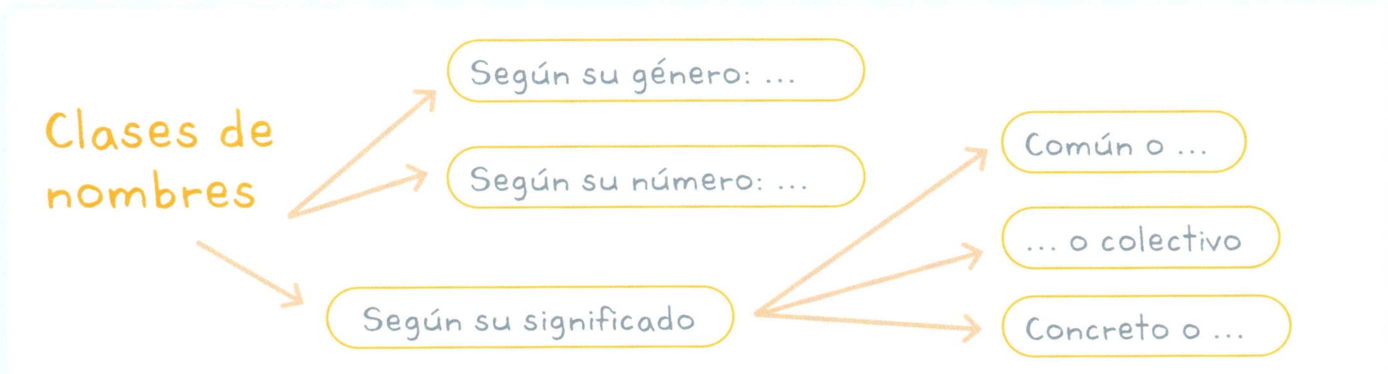


### La lengua y sus hablantes

Las palabras de la lengua cambian a lo largo del tiempo. Por ejemplo, el latín, una lengua muy antigua que hablaban los romanos, evolucionó y fue cambiando hasta formar otras lenguas como el español, el francés o el italiano.

Por ejemplo, el nombre latino *lupus* dio origen a estos otros en las lenguas actuales.

loup | lupo | lobo

¿Sabrías decir a qué lengua pertenece cada una de ellos?

CONOZCO MI LENGUA

# El diptongo y el hiato

**1** Lee despacio estas palabras dando un golpe suave en la mesa cada vez que pronuncies una sílaba. ¿En qué palabras las vocales juntas se pronuncian en la misma sílaba?

mareo    canción    cuento    peonza

**2** Clasifica en tu cuaderno las palabras con diptongo que encuentres en el texto.

abierta + cerrada    cerrada + cerrada

cerrada + abierta

—Tienes que llevar guantes [...] —declaró Meg con decisión—. Los guantes son lo más importante de todo. No puedes bailar sin ellos, y, si no bailas, te sentirás fatal.

—Pues me quedaré quieta. No me interesa demasiado bailar en público. Siempre en círculos... no es divertido. A mí me gusta ir a mi aire y hacer la cabra.

—No puedes pedirle a Madre unos nuevos, [...] y tú eres tan poco cuidadosa...

Louisa May Alcott, *Mujercitas*, Anaya.

**3** Escribe en tu cuaderno una palabra para cada una de estas combinaciones de vocales de manera que formen diptongo.

ua • au    ie • ei    ai • ia

**Ejemplo**

guapo • aplauso    pierna • treinta    baile • piano

**4** Une las sílabas en tu cuaderno para formar palabras. Explica por qué llevan tilde.

| | |
|---|---|
| des- | -ped |
| ca- | -mión |
| guar- | -dián |
| hués- | -truí |

**5** Encuentra y escribe en tu cuaderno la palabra correspondiente a estas definiciones. Todas tienen diptongo.

- Localidad con calles, plazas, edificios...
- La madre de tu padre o de tu madre.
- Moneda europea.

### El diptongo

Se produce un **diptongo** cuando se unen dos vocales en la misma sílaba. Puede estar formado por:

- Una **vocal abierta** (a, e, o) y la otra **cerrada** (i, u): *espacio*. Si la palabra lleva **tilde,** esta se pone en la **vocal abierta:** *colección*.
- **Dos vocales cerradas:** *juicio*. Si la palabra lleva **tilde,** esta se coloca en la **segunda vocal:** *cuídate*.

6 Escribe una oración con el nombre de cada uno de estos animales. ¿Cuáles de ellos llevan tilde? ¿Por qué?

a

b

c

7 Separa en sílabas los siguientes nombres propios y clasifícalos según contengan diptongo o hiato.

**Ejemplo**
Fabiola: Fa-bio-la. Contiene diptongo.

| | | | |
|---|---|---|---|
| Diana | Mateo | Manuel | Paola |
| Javier | Lucía | Daniel | Juan |

### El hiato

Se produce un **hiato** cuando dos vocales juntas pertenecen a sílabas distintas: *baúl.* Puede estar formado por:

- Dos **vocales abiertas:** *poema.* Se acentúan según las **reglas generales de acentuación:** *créame.*
- Una **vocal abierta y otra cerrada acentuada:** *grúa.* La **tilde** se coloca siempre sobre la **cerrada:** *pastelería.*

Repasa la ortografía de la unidad en **anayaeducacion.es**.

## DICTADO: Practicamos con diptongos e hiatos

Escucha el audio y copia todo lo que puedas del texto locutado. Tendrás tres oportunidades para hacerlo.

Octavio sabía que el claqué era un baile que se bailaba con unos zapatos que llevan unas piezas metálicas en las suelas que cuando repican contra el suelo hacen «cla-qué». Lo sabía porque a su abuela le gustaban unas películas antiguas en las que salía una pareja que bailaba claqué por todas partes, ¡incluso en el techo!

Anna Manso, *El último violín,* Anaya.

**Comprobamos** En equipos de cuatro personas, reconstruid el texto a partir de la suma de vuestras anotaciones. Poned atención a la ortografía de los diptongos e hiatos.

**Después del dictado:**

Ortografía ☺ 😐 ☹ Presentación ☺ 😐 ☹ Caligrafía ☺ 😐 ☹

# ¿Qué he aprendido?

1 Relaciona en tu cuaderno las palabras polisémicas destacadas con su significado.

| | |
|---|---|
| Ave grande de color rosado | Estilo de baile y cante |
| Instrumento para coser | Manecilla del reloj |

- Esta tarde voy a clase de **flamenco.**
- La cría de **flamenco** vive en la laguna.
- La **aguja** del reloj marcaba la medianoche.
- Cosió el botón con **aguja** e hilo.

2 Escribe oraciones en tu cuaderno con dos significados de cada palabra polisémica.

carta · cometa · boca

3 Transforma los siguientes nombres al plural en tu cuaderno.

| | | |
|---|---|---|
| lápiz | papel | plato |
| vajilla | lunes | reloj |
| cruz | dificultad | paz |
| nariz | pasión | gato |

4 ¿Cuál es el masculino de estos nombres femeninos? Cópialos en tu cuaderno.

| | | |
|---|---|---|
| ingeniera | princesa | sacerdotisa |
| madre | vaca | yegua |
| doctora | alcaldesa | taxista |
| estudiante | profesora | dentista |

5 Escribe en tu cuaderno un nombre propio para cada uno de estos nombres comunes.

| | | |
|---|---|---|
| ciudad | país | río |
| mujer | hombre | museo |
| palacio | animal | libro |

6 Escribe un nombre colectivo para cada uno de estos individuales: profesora, chopo, flor, isla.

7 Indica qué tipos de nombres según su género, su número y su significado son los siguientes: Ana, limonar, bondad, sombreros.

8 Completa estas palabras en tu cuaderno con las vocales que faltan formando diptongo o hiato. Pon la tilde cuando corresponda.

| | | |
|---|---|---|
| escorp....n | bons.... | n....frago |
| b....sbol | farmac....tico | tamb....n |
| constr.... | c....date | Dam....n |

9 Copia y clasifica estas palabras en la columna que corresponda: sensación, azotea, murciélago, antiguo, bailarina, laurel, aire, marea, toalla, manual, tecnología, maúlla, país, baúl, increíble, viernes, teatro.

| Con diptongo | Con hiato |
|---|---|
| .... | .... |

Realiza la autoevaluación interactiva en **anayaeducacion.es**.

Lee el texto para preparar el dictado.

Además de esas historias de su viaje a Italia, Priorini había traído una máquina de hacer espaguetis con la que alimentaba a diario a los niños. El prior había modificado la máquina para que fabricara un único y delgado espagueti. Las mesas del comedor, colocadas en forma de U, acogían en sus platos ese larguísimo espagueti, de tal manera que un trozo quedara frente a cada huérfano. Ese era el desayuno, la comida y la cena. Así que os podéis imaginar que, con semejante alimentación, todos los niños del orfanato parecían también salidos de la máquina romana de Priorini.

Diego Arboleda,
*Elio. Una historia cinematográfica,* Anaya.

**El semáforo.** Junto a cada actividad, colorea así en tu cuaderno:

- 🟢 si has sabido responder,
- 🟡 si has necesitado ayuda
- 🔴 o si no la has sabido responder.

OBJETIVO EN ACCIÓN

## ¡Historias únicas!

En esta unidad has conocido el poder de la narración. Desde la Antigüedad hasta nuestros días, de forma oral o escrita, las historias nos cautivan y nos transforman.

Ahora que sabes todo eso, vas a dar un paso más...

Vais a contar historias que movilicen contra la injusticia.

1 Elige a tu protagonista. Puedes inspirarte en las personas de la imagen, puede ser una persona real que conozcas o un personaje ficticio.

2 Piensa en el lugar y el tiempo en que sucede tu relato e imagina cómo es un día en la vida de esa persona.

3 Con la ayuda de este organizador gráfico, planifica lo que va a ocurrir y escribe un guion detallado.

TABLERO DE HISTORIAS

Comienzo → Nudo → Desenlace

4 Redacta la versión definitiva de tu historia.

5 Organizad una sesión «cuentahistorias» en el colegio para difundir vuestros relatos

## ¿Cómo he aprendido?

1 ¿Cómo te has sentido al trabajar con tus compañeros y compañeras?

| Me he sentido muy bien | Me he sentido bien | Me he sentido mal |
|---|---|---|

2 Reflexiona sobre las cualidades que tienes para contar historias: ¿qué se te da bien y qué se te da mal? Anótalo en tu cuaderno.

3 Reúnete con tus compañeros y compañeras y pídeles que evalúen del 1 al 3 la historia que has escrito.

# 4 Me gusta aprender

La educación es un derecho básico de las personas, fundamental para construir sociedades pacíficas, justas y tolerantes.

Son muchas las maneras de acceder a la educación. Sin duda, una de las más importantes es el colegio. En el colegio exploramos el mundo fascinante de las palabras y de los números, conocemos mejor a los seres vivos, investigamos los fenómenos de la naturaleza, aprendemos valores... En él adquirimos las herramientas para comprender el mundo que nos rodea y responder a los retos del futuro.

### ¿Cómo lo ves?

¿Tienes ganas de aprender?

¿Qué puedes hacer tú para aprender más y mejor?

¿Qué personas se ocupan de tu educación?

### El dato

En el mundo hay millones de niñas y niños sin escolarizar.

Para esta unidad...

## Objetivo en acción

**¿Qué otra asignatura, además de las que ya tienes, te gustaría aprender?**

**Realiza una encuesta.**

**¡Sigue el hilo!**

1. **Describir un lugar**
   ¿Cómo es para ti el colegio ideal?
2. **Lectura**
   ¿Por qué es importante ir al colegio?

Vocabulario

3

Utiliza palabras nuevas sobre el aprendizaje.

Describir un objeto

4

¿Qué te enseñan los libros?

Describir a una persona

5

¿Quiénes son las personas que contribuyen a tu educación?

¡! CONOZCO MI LENGUA

El adjetivo.

El punto, la coma y la mayúscula.

COMPRENDO

# Escucho la descripción de un lugar

¿Cómo es para ti el colegio ideal? ¿Sabrías describirlo? En tu opinión, ¿qué es lo más importante en un colegio?

1 Escucha y responde a las preguntas.

a) ¿Qué lugar describe Sara?

b) ¿Cuál es el origen del nombre de su colegio?

2 ¿Qué imagen corresponde al lugar descrito? ¿Por qué?

a

b

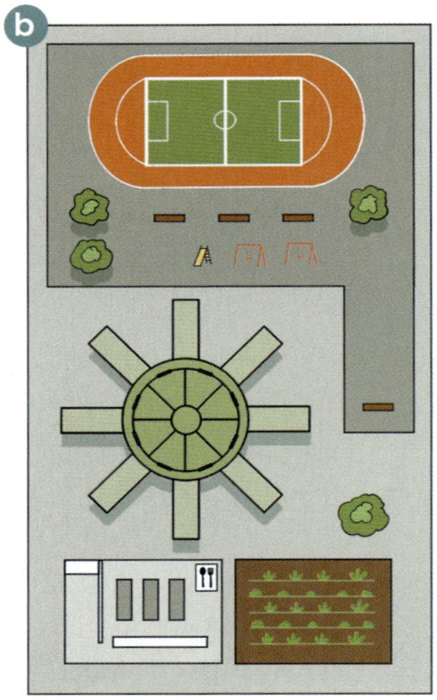

3 Copia y relaciona cada adjetivo con su lugar, según la descripción de Sara.

| tranquila | espeso | inmenso | estrecho |
|---|---|---|---|
| camino | mar | calle | bosque |

4 Al describir, podemos apoyarnos en lo que percibimos por los sentidos. Indica el elemento de la naturaleza que Sara percibe desde su colegio por el olfato, el oído y la vista.

5 ¡Adivina el lugar! Una persona de la clase sale a la pizarra y describe en treinta segundos un lugar del colegio sin decir su nombre. Quien lo adivina será el siguiente en salir a la pizarra.

### Describir un lugar

**Describir un lugar** es decir cómo es explicando sus características más importantes.

En la descripción se refleja lo que perciben nuestros **sentidos,** sobre todo a través de la **vista.**

## Mi colegio ideal

En parejas, pensad en cómo sería vuestro colegio ideal: ¿dónde estaría situado?, ¿qué forma tendría?, ¿con qué instalaciones contaría?...

Dibujad el plano del colegio ideal que habéis imaginado y compartidlo con el resto de la clase.

# Leo un texto sobre educación

¿Por qué es importante ir al colegio? La lectura de la unidad te dará algunas pistas para averiguarlo.

Antes de leer

- Observa la imagen: ¿cómo crees que será el protagonista?

## Auggie nunca ha ido al colegio

La semana que viene empiezo quinto en el cole. Como nunca he ido a un colegio de verdad, estoy requetemuerto de miedo. La gente piensa que si no he ido al colegio es por culpa de mi cara, pero no es verdad. Es por todas las operaciones que han tenido que hacerme. Veintisiete desde que nací. Las más importantes me las hicieron antes de cumplir los cuatro años, así que de estas no me acuerdo, pero desde entonces me han operado dos o tres veces al año (unas más largas que otras). Como soy bajito para mi edad y tengo otros misterios que los médicos nunca han sabido resolver, antes siempre estaba enfermo. Por eso mis padres decidieron que era mejor que no fuese al colegio. Pero ahora me encuentro mucho mejor. [...]

Mi madre me da clase en casa. Antes era ilustradora de libros para niños. Dibuja unas hadas y unas sirenas chulísimas, pero cuando se pone a dibujar cosas de chico ya no mola tanto. Una vez intentó dibujarme un Darth Vader, pero le salió una cosa que parecía un robot con forma de champiñón. [...].

No puedo decir que siempre haya querido ir al colegio, porque no sería verdad del todo. Quería ir al colegio, pero solo para poder hacer lo mismo que otros niños: tener un montón de amigos, quedar después de clase y esas cosas.

Tengo algunos buenos amigos. El mejor es Christopher, y luego están Zachary y **Alex**. Nos conocemos desde que éramos unos bebés y, como siempre me han conocido tal como soy, no les importa. Cuando éramos pequeños siempre jugábamos juntos, pero entonces Christopher se fue a vivir a Bridgeport, en Connecticut. Eso está a más de una hora de donde yo vivo en North River Heights, en el norte de Manhattan. Luego, Zachary y Alex empezaron a ir al colegio. Es curioso: aunque Christopher se fue a vivir lejos, lo veo más que a Zachary y a Alex. Ahora todos tienen amigos nuevos, pero, si nos vemos por la calle, aún se portan bien conmigo. Siempre me saludan.

Tengo otros amigos, pero no tan buenos como Christopher, Zack y Alex. Cuando éramos pequeños, Zack y Alex siempre me invitaban a sus fiestas de cumpleaños. Joel, Eamonn y Gabe, no. Emma me invitó una vez, pero hace mucho tiempo que no la veo. Al cumpleaños de Christopher sigo yendo todos los años, claro. A lo mejor lo que pasa es que doy demasiada importancia a las fiestas de cumpleaños. [...]

Lo pasé muy mal cuando Christopher se mudó de casa hace tres años. Los dos teníamos unos siete años. Nos pasábamos las horas jugando con nuestros muñequitos de *La guerra de las galaxias* y peleando con nuestros sables de luz. Eso lo echo de menos.

Cartel de la película *Wonder*, basada en la novela de la que forma parte esta lectura.

**LA LUPA ORTOGRÁFICA**

Los nombres propios extranjeros se escriben como en su lengua original y, por lo tanto, no se les aplican las reglas de acentuación del castellano. Por eso, aquí el nombre Alex no lleva tilde.

# Leo un texto sobre educación

La primavera pasada fuimos a casa de Christopher en Bridgeport. Christopher y yo estábamos buscando algo de comer en la cocina, y entonces oí a mamá contándole a Lisa, la madre de Christopher, que en otoño iría al colegio. Era la primera vez en toda mi vida que la oía hablar del colegio.

—¿De qué habláis? —pregunté.

Mamá parecía sorprendida, como si no hubiese querido que oyese lo que acababa de decir.

—Deberías decirle lo que has estado pensando, Isabel —dijo papá, que estaba en la otra punta del salón hablando con el padre de Christopher.

—Ya lo hablaremos luego —dijo mamá.

—No, quiero saber de qué estabais hablando —**repuse.**

—¿No crees que podrías ir al colegio, Auggie? —preguntó mamá.

—No —contesté. [...]

—Creo que necesitas aprender más de lo que yo puedo enseñarte —**replicó** mamá—. A ver, Auggie, ya sabes lo mal que se me dan las fracciones.

—¿Qué colegio? —pregunté, a punto de echarme a llorar.

—El colegio de secundaria Beecher. Nos pilla cerca de casa. [...]

—No quiero ir —dije. Lo reconozco: hice que mi voz sonase un poco infantil. [...] —En el colegio todos se quedarán mirándome —repuse, y me eché a llorar.

—Cielo —dijo mamá—. Ya sabes que si no quieres, no irás. Pero le hemos hablado de ti al director y tiene muchas ganas de conocerte.

—¿Qué le habéis contado de mí?

—Que eres muy divertido, bueno e inteligente. Cuando le dije que a los seis años ya habías leído *El jinete del dragón,* exclamó: «¡Caray, tengo que conocerlo!».

—¿Qué más le contaste? —pregunté.

Mamá me sonrió. Su sonrisa me envolvió como un abrazo.

—Le hablé de tus operaciones y de lo valiente que eres.

—¿Y sabe la pinta que tengo? [...] No quiero ir al colegio —les contesté, cruzándome de brazos.

—Te vendría bien, Auggie —repuso mamá.

—A lo mejor, el año que viene —dije, mirando por la ventana.

—Este año sería mejor, Auggie —replicó mamá—. ¿Sabes por qué? Porque entrarás en quinto, que es el primer curso que imparten en un colegio de secundaria. Y es así para todo el mundo. No serás el único alumno nuevo.

—Seré el único alumno con esta pinta —repuse.

—No voy a decir que no será un gran reto para ti, porque eso ya lo sabes —dijo—. Pero te sentará bien, Auggie. Harás un montón de amigos. Y aprenderás cosas que nunca aprenderías conmigo.

R. J. Palacio, *La lección de August,* Nube de Tinta.

**Repuse:** volví a decir.

**Replicó:** respondió.

Accede a tu Club de Lectura en **anayaeducacion.es**.

Webquest: Accede a este recurso en **anayaeducacion.es** e investiga sobre el lenguaje de signos.

Fotograma de la película *Wonder.*

## Comprendo la lectura

1 ¿Cómo se llama el protagonista de la lectura de la unidad?

2 ¿Dónde vive?

Bridgeport Connecticut Manhattan Beecher

3 ¿Quién es su mejor amigo?

4 ¿Por qué motivo no ha ido nunca al colegio?

5 ¿Cómo reacciona el protagonista ante la idea de ir al colegio? ¿Por qué?

6 ¿Por qué es importante que vaya a la escuela?

7 Completa esta tabla en tu cuaderno sobre la educación.

| | Educación en casa | Educación en el colegio |
|---|---|---|
| Ventajas | .... | .... |
| Inconvenientes | .... | .... |

8 Auggie se considera un niño normal, aunque puede que algunas personas lo vean diferente. ¿Por qué?

9 **Preguntas provocadoras** ¿Por qué podemos decir que todos los seres humanos somos diferentes y, al mismo tiempo, que somos iguales?

### La lengua y sus hablantes

En la lectura de la unidad, los nombres de los lugares y de los personajes nos indican que la acción se desarrolla en Estados Unidos. En este país, la lengua más hablada es el inglés y, en segundo lugar, el español.

El español es el cuarto idioma más hablado del mundo. Infórmate y averigua cuáles son los tres primeros.

## Una buena bienvenida al colegio **Sumamos**

¿Sabéis cómo dar la bienvenida a una niña o a un niño nuevo en el colegio?

Organizad una tormenta de ideas en clase y elegid las cinco mejores propuestas para recibir a un nuevo alumno o a una nueva alumna. Aquí tenéis algunas ideas.

Proponerle sentarse a tu lado.

Ayudarle a conocer el colegio.

¿Por qué crees que es importante recibir con amabilidad a los niños y las niñas nuevos en el colegio?

¿Cómo te gustaría que te recibiesen a ti?

**¡Toma nota!**

Recibir bien a un nuevo alumno o a una nueva alumna contribuirá a crear una buena atmósfera en la clase y a aprender mejor y más felices.

ME EXPRESO

# Utilizo palabras nuevas sobre el aprendizaje

Como acabas de leer, Auggie empezará pronto a ir al colegio, un lugar fundamental para su aprendizaje y para empezar a construir su futuro.

**1** Se llama **aprendiz** a la persona que aprende. Identifica en la nube cuatro sinónimos de esta palabra.

erudita · formadora · sabio · lector · educador · estudiante · docente · muchacha · alumno · maestro · discípulo · instructor · profesora · escolar · colegial

**2** Relaciona en tu cuaderno cada palabra con su antónimo.

| | |
|---|---|
| saber | desinformar |
| recordar | ignorar |
| enseñar | olvidar |

**3** Cuando aprendemos, nuestra mente realiza diferentes actividades. Copia y escribe en tu cuaderno el verbo que corresponda a cada definición: **pensar, imaginar, resumir, comprender, memorizar.**

- Fijar algo en la mente para que no se olvide.
- Inventar o crear algo.
- Formar ideas en la mente.
- Simplificar y reducir la información.
- Entender y tener una idea clara de algo.

**4** Sustituye en tu cuaderno la palabra **aprendió** por la expresión que corresponda.

se formó en • memorizó

- Juan aprendió alfarería en el taller de su tío.
- Aprendió la tabla de multiplicar.

**5** Copia y sustituye en tu cuaderno las palabras destacadas por la que corresponda.

profesora · bilingüe · alfabetizar

- Ana va a un colegio **donde se aprende en dos lenguas.**
- Mi **instructora** de judo se llama Andrea.
- Es necesario **enseñar a leer y a escribir** a toda la población.

### Sinónimas y antónimas

- Las **palabras sinónimas** son las que tienen un significado igual o parecido: *escuela* y *colegio.*
- Las **palabras antónimas** son las que tienen un significado contrario: *culto* e *inculto.*

# Describo oralmente un libro

¿Qué te enseñan los libros? En ellos encontrarás un amigo y un poderoso instrumento de acceso a la cultura y a la educación de calidad.

1 Observa y copia en tu cuaderno este esquema de las partes de un libro.

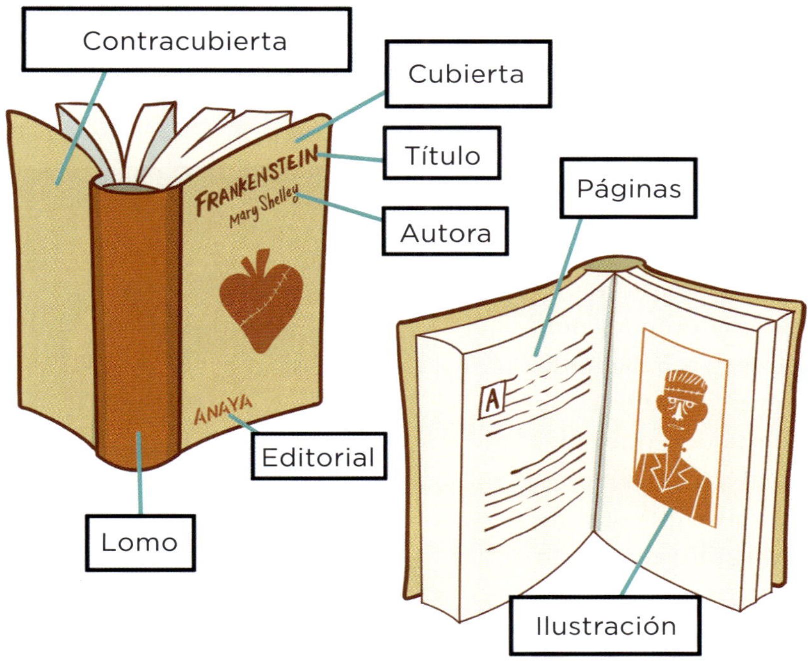


2 Elige un libro que te guste en la biblioteca y responde.

a) ¿Cómo es su cubierta?

b) ¿Cómo es la contracubierta?

c) ¿Qué te transmite el olfato y el tacto cuando pasas sus páginas?

d) Lee el título. ¿Qué palabra te parece más importante en él? ¿De qué crees que trata el libro?

e) ¿Cómo se llama el autor o la autora?

f) ¿Cuál es el nombre de la editorial que publica el libro?

g) Ahora fíjate en su interior: ¿cuántas páginas tiene?, ¿tiene algún prólogo o una introducción?, ¿y una dedicatoria?

h) ¿Qué crees que te podría aportar la lectura de este libro?

3 A partir del trabajo realizado en la actividad anterior, describe tu libro oralmente ante el resto de la clase. Luego, recomiéndaselo explicando tus razones.

### Describir un objeto

**Describir un objeto** es decir qué es, cómo es, para qué sirve y cómo funciona.

### Catálogo de libros

**Preparar la tarea** Cread un catálogo de libros, es decir, un conjunto de fichas de libros con su descripción detallada.

Elabora una ficha técnica de un libro que hayas leído en la que indiques lo siguiente:

- Autor o autora, título y editorial.
- Escribe una breve reseña (resumen de su contenido) que anime a su lectura.
- Piensa en la imagen de la cubierta: dibújala o recórtala de alguna revista.

Reunid en una cartulina las fichas de los libros elegidos por todo el alumnado de la clase.

Colgad en el tablón del colegio vuestro catálogo para animar a la lectura e informar a toda la comunidad escolar.

**¡Toma nota!**

Selecciona bien tus lecturas, tanto digitales como en papel, para aprender mejor.

# Describo por escrito a una persona

¿Quiénes son las personas que contribuyen a tu educación? Todas ellas te transmiten conocimientos y valores importantes para tu desarrollo como persona.

**1** Lee este texto y responde a las preguntas.

> La profesora era la señorita Honey, que no tendría más de veintitrés o veinticuatro años. Tenía un bonito rostro ovalado pálido de ***madona,*** con ojos azules y pelo castaño claro. Su cuerpo era tan delgado y frágil, que daba la impresión de que, si se caía, se rompería en mil pedazos, como una figurita de porcelana.
>
> La señorita Honey era una persona apacible y discreta, que nunca levantaba la voz y a la que raramente se veía sonreír, pero que, sin duda, tenía el don de que la adoraran todos los niños que estaban a su cargo. Parecía comprender perfectamente el desconcierto y el temor que tan a menudo embargaba a los niños que, por primera vez en su vida, se les agrupa en una clase y se les dice que tienen que obedecer lo que se les ordene. Cuando hablaba a un desconcertado y melancólico recién llegado a la clase, el rostro de la señorita Honey desprendía una casi **tangible** sensación de cordialidad.

Roald Dahl, *Matilda,* Alfaguara.

***Madona:*** imagen de la Virgen. **Tangible:** concreta, palpable.

a) ¿A quién se describe en el texto?

b) Escribe en tu cuaderno siete adjetivos que utiliza el autor para describir físicamente a su personaje.

c) Elabora un listado en tu cuaderno de sus características psicológicas.

**2** Relaciona cada emoticono con el adjetivo que le corresponde. ¿Con cuáles de ellos identificas a la señorita Honey?

entusiasta chiflada desconfiada ingeniosa
educada malhumorada

### Describir a una persona

**Describir a una persona** es decir cómo son sus características físicas y psicológicas más importantes.

**3** Cuando describimos a una persona solemos hacerlo utilizando comparaciones. Escribe comparaciones en tu cuaderno con elementos de cada columna.

| | | |
|---|---|---|
| duro<br>lista<br>rápido<br>azul<br>suave | como | el cielo<br>la seda<br>el acero<br>una ardilla<br>un cohete |

**4** Observa a estas personas y escribe su descripción según este orden.

Características físicas y vestimenta → Carácter → Gustos y aficiones

a

b

## ¿Quién soy?

Aprendemos de los libros, de nuestras familias, de nuestro profesorado, de nuestro propio esfuerzo... Pero también de compañeros y compañeras de clase. ¿Te atreves a conocerlos mejor?

- Escribid en papelitos los nombres de toda la clase e introducidlos en una caja.
- Cada persona saca un papel y escribe una descripción secreta de la persona que le haya tocado.
- Leed las descripciones de toda la clase sin decir nombres y adivinad de quién se trata.

**¡Toma nota!**

Compartir dudas y conocimientos con nuestros compañeros y nuestras compañeras nos ayuda a aprender mejor.

CONOZCO MI LENGUA

# El adjetivo

1 Lee y contesta.

¡Me encanta mi familia! Lo que más me gusta de ella es que formamos un equipo estupendo. Mi madre es una fantástica veterinaria. Mi padre es cocinero y siempre prepara recetas deliciosas. Mi tía es una mujer muy especial; le gusta organizarnos viajes divertidos. A mi abuela le encanta la fotografía y ocupa su tiempo dando largos paseos y retratando todo a su paso con su vieja cámara de fotos.

a) Escribe en tu cuaderno los adjetivos del texto.

b) ¿En qué género y número concuerdan estos adjetivos con el nombre al que acompañan?

**Ejemplo**

*Equipo estupendo:* masculino y singular.

**El adjetivo**

El **adjetivo** es una clase de palabras que expresan una cualidad del nombre al que acompañan.

2 Copia y completa con la forma del adjetivo correspondiente. Luego, transfórmalas al plural.

| Adjetivo | Masculino | Femenino |
|---|---|---|
| Interesante | Un libro .... | Una película .... |
| Moreno | El pelo .... | Una piel .... |
| Agradable | El viento .... | La música .... |
| Francés | Un cantante .... | La comida .... |
| Feliz | Un final .... | Una familia .... |

3 Indica cuáles de los adjetivos de la actividad anterior tienen la misma terminación en masculino que en femenino, y escribe dos ejemplos más.

**La concordancia**

**El adjetivo concuerda con el nombre** al que acompaña, es decir, tiene su mismo **género** y **número:** *el niño simpático, la niña simpática, los niños simpáticos, las niñas simpáticas.*

4 Piensa y comparte en pareja En parejas, cada persona elige una columna y escribe una oración con cada adjetivo. Luego, intercambiad vuestras oraciones y reescribidlas sustituyendo el adjetivo por su antónimo de la otra columna.

| | |
|---|---|
| antigua | sencillo |
| estrecho | escasa |
| pesado | ligero |
| frágil | resistente |
| complicado | moderna |
| abundante | ancho |

**5** Indica el grado de los adjetivos de estas oraciones.

> **Ejemplo**
> *Las clases de baile son tan divertidas como las de pintura.*
> *Divertidas:* adjetivo en grado comparativo de igualdad.

- Fue un espectáculo muy interesante.
- Este libro es divertidísimo.
- Mis amigos están contentos.
- El robot es menos inteligente que yo.
- El tiempo es tan caluroso aquí como allí.
- Su libro parece más divertido que el mío.

**6** ¿Qué adjetivo podría describir cada una de estas imágenes? Escríbelo en los tres grados posibles.

a

b

c

### Grados del adjetivo

Los **adjetivos** pueden expresar cualidades con mayor o menor **grado** o intensidad.

- El **grado positivo** expresa una cualidad tal cual es *(Juan es **alto**).*
- El **grado comparativo** expresa una cualidad comparándola. Puede ser:
  - De **superioridad** *(Juan es **más alto que** su hermano).*
  - De **inferioridad** *(Juan es **menos alto que** su hermano).*
  - De **igualdad** *(Juan es **tan alto como** su hermano).*
- El **grado superlativo** expresa una cualidad en un grado elevado *(Juan es **muy alto,** Juan es **altísimo**).*

**Copio y completo para organizar mis ideas**

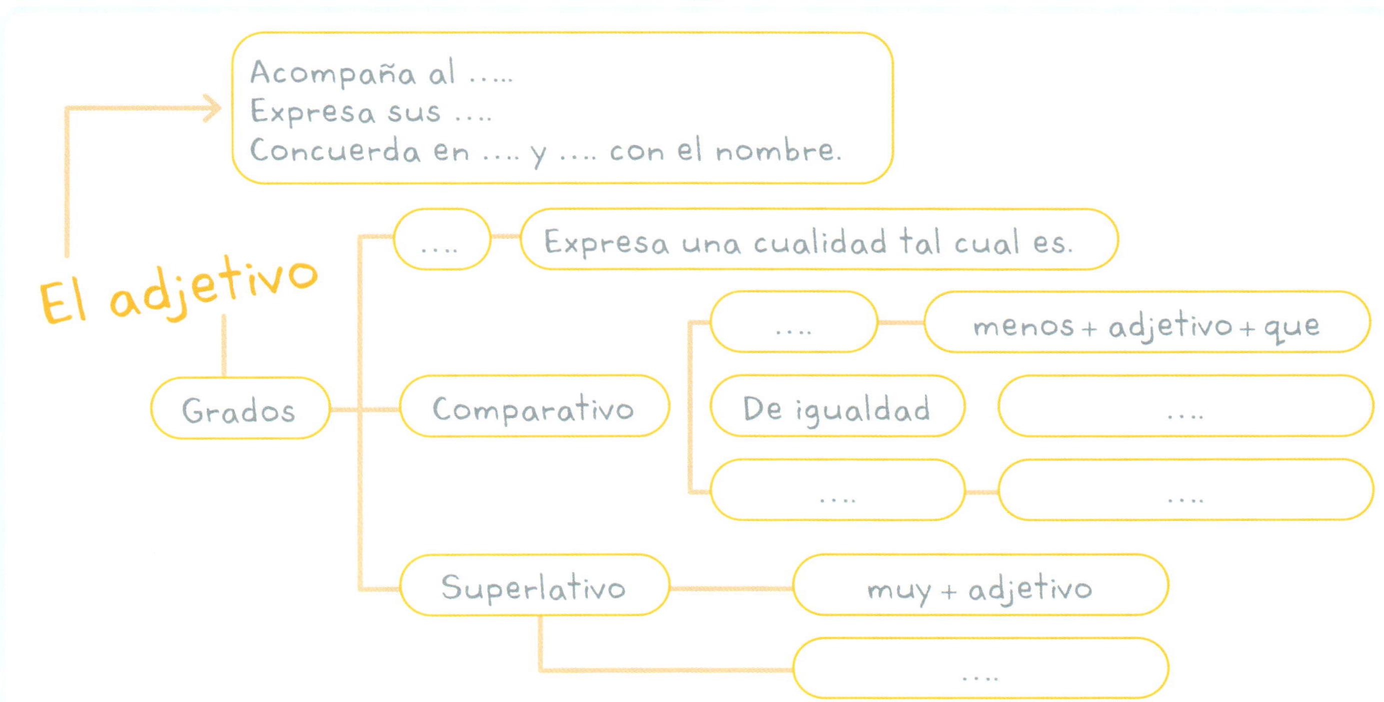

CONOZCO MI LENGUA

# El punto, la coma y la mayúscula

**1** Rompecabezas Lee este texto y contesta a las preguntas.

Mi careto apareció en todas las televisiones de Fantasiburgo. Me había metido en un lío enorme. La vida de miles de dragones, hipogrifos, zombis y demás bichos raros dependía de mí.

Si respondía mal al acertijo, sería nuestro final.

Pero si acertaba, todos viviríamos.

No había sentido tanta responsabilidad desde que tuve gusanitos de seda. Todo el mundo (fantástico) estaba pendiente de lo que iba a decir.

¿Que cómo llegué hasta ahí? Es una larga historia. Mejor empiezo por el principio.

Daniel Drac. *Bichos raros 2: El enigma de la esfinge sabelotodo,* Anaya.

a) Localiza los puntos y seguido, y copia la palabra anterior y posterior en tu cuaderno.

b) ¿Cuántos puntos y aparte identificas? Justifica su presencia.

c) ¿Observas alguna oración que no termine con punto? ¿Qué signo se utiliza en su lugar?

d) Identifica las palabras que empiezan por mayúscula y explica por qué deben llevarla.

**2** Copia y relaciona en tu cuaderno las siguientes abreviaturas con su significado. Escribe tres abreviaturas más.

| | |
|---|---|
| pág. | etcétera |
| adj. | firmado |
| tel. | señor |
| sr. | adjetivo |
| fdo. | página |
| etc. | teléfono |

**3** Copia el texto en tu cuaderno, escribe los cuatro puntos que faltan y utiliza mayúscula donde corresponda.

fui directo al aula 301 en la tercera planta me alegré de haber visitado antes el colegio, porque sabía exactamente adónde tenía que ir y no tuve que levantar la vista ni una sola vez vi que unos chicos me estaban mirando fijamente, pero hice como que no me daba cuenta

cuando entré en clase, la profesora estaba escribiendo algo en la pizarra mientras los alumnos iban ocupando cada uno una mesa

J. R. Palacio, *La lección de August,* Nube de Tinta.

### El punto

El **punto (.)** indica una pausa larga en la lectura en voz alta. Se utiliza:

- Para señalar el final de una oración, **punto y seguido;** de un párrafo, **punto y aparte;** o el final de un texto, **punto final.** A veces, en lugar de con un punto, las oraciones terminan con un signo de exclamación o de interrogación.
- Detrás de las **abreviaturas:** Sra. (señora), Ud. (usted)...

### La mayúscula

Se utiliza **mayúscula:**

- Al comienzo de un texto y después de punto.
- En la primera letra de los nombres propios de personas, animales, lugares...

4 Copia estas oraciones en tu cuaderno con las comas que faltan.

**Ejemplo**
Evelyn, la maestra de mi hermano, es inglesa.

- Usa estos lápices que son míos para colorear.
- Aina Leti Jero y Pau harán juntos el trabajo de ciencias.
- Hay comidas exquisitas que llevan tomate por ejemplo el salmorejo.
- El búho el gorrión y la paloma son amigos.
- Carmen te pido por favor que cojas el paraguas.
- Me gustan los libros de magia por ejemplo los de *Harry Potter.*

### La coma

La **coma (,)** indica una pausa breve en la lectura en voz alta. Se utiliza:

- Para separar las palabras de una **enumeración:** *En el patio de mi colegio hay columpios, toboganes, bancos y fuentes.*
- Después de expresiones como: *es decir, por ejemplo, en primer lugar...*
- Para introducir aclaraciones: *Pienso, aunque no estoy segura, que ya se han ido.*
- Para nombrar a alguien: *Escucha, Marta, tengo buenas noticias.*

5 Explica la diferencia de significado entre estas parejas de oraciones.

a
- No tengo dinero.
- No, tengo dinero.

b
- Paula, saluda a la señora.
- Paula saluda a la señora.

c
- Manuel ordena la habitación.
- Manuel, ordena la habitación.

Repasa la ortografía de la unidad en **anayaeducacion.es**.

## DICTADO: Practicamos en parejas

Repartíos los dos fragmentos del texto del dictado.

Dictad alto y claro el fragmento elegido a vuestra compañera o vuestro compañero.

Marcad bien las pausas indicadas por los puntos y las comas.

Luego, escuchad el texto completo, intercambiad vuestros textos y corregíos mutuamente los errores.

**Después del dictado:**

Ortografía ☺ 😐 ☹ Presentación ☺ 😐 ☹ Caligrafía ☺ 😐 ☹

a
En el colegio Carmen de Burgos de Almería todas las aulas tienen un «bibliocarro», es decir, un carro móvil donde se guardan libros. Estos bibliocarros pasean alegremente por los pasillos del colegio entre la biblioteca y las aulas.

b
El Sr. Domingo, un bibliotecario muy amable, repone los bibliocarros con libros, revistas y cómics nuevos para que el alumnado pueda disfrutar cada semana de nuevas historias y aventuras.

# ¿Qué he aprendido?

**1** Completa estas oraciones en tu cuaderno con un adjetivo antónimo.

- El guiso no estaba ni salado ni .... .
- Mis notas en esta evaluación no serán ni .... ni malas.
- El libro que he leído no era ni divertido ni .... .
- La decisión no fue ni .... ni injusta.

**2** Clasifica en tu cuaderno las palabras que signifiquen lo mismo: informar, retener, investigar, averiguar, contemplar, ver, recordar, notificar, explorar, memorizar, mirar, comunicar.

**Ejemplo:** retener, recordar, memorizar.

**3** Identifica los adjetivos en la nube de palabras.

**4** Copia y escribe un adjetivo junto a cada nombre. ¿En qué género y número concuerdan?

- En esta biblioteca hay libros.
- Estábamos escuchando historias.
- Me encantan las tortillas de tu abuelo.
- Tomamos una decisión.

**5** ¿En qué grado están escritos los adjetivos en estas oraciones?

- Tu bicicleta es tan vieja como la mía.
- Agustín y sus hermanos son altos.
- Paula es una muy buena amiga.
- Las sábanas son blanquísimas.
- El avión es más rápido que el tren.

**6** Transforma los adjetivos positivos y comparativos de las oraciones anteriores al grado superlativo.

**7** Escribe una oración con cada uno de estos adjetivos en grado comparativo.

empinada valiente rizado pesado

**8** Escribe punto o coma donde corresponda.

- Pepe Ana y yo nos miramos No supimos qué responder
- María no te quejes, que no tienes motivos.
- El sábado día de mercado iremos al pueblo

**9** Explica el uso del punto y de la coma en el texto.

La directora entró acompañada de un señor muy serio con bigote y gafas. En las películas hay señores con bigote, pero en la realidad no se ven tantos. Están en peligro de extinción. Como los linces, los tigres siberianos y los osos panda. Para protegerlos, en los zoológicos deberían preparar un espacio para señores con bigote. El problema es que si una morsa tiene una cría, esta es una morsa, pero si un señor con bigote tiene una cría esta no es un señor con bigote.

Pablo Aranda, *Las gafas azules,* Anaya.

Realiza la autoevaluación interactiva en **anayaeducacion.es**.

## DICTADO

Lee el texto para preparar el dictado.

Gabrus, Berk y Minus se separan para examinar las paredes de la caverna. Pasan por delante de muchas puertas con diferentes cifras romanas sobre ellas. Algunas están medio abiertas, y delante de ellas hay figuras de piedra de duendes, elfos, hadas o brujas. Incluso de algún ser humano.

Todos ellos intentaron descubrir los secretos del palacio subterráneo y quedaron atrapados dentro de él. Y ahora es el turno de Minus, Berk y Gabrus, el viejo dragón.

Ana Alonso, *El palacio subterráneo,* Anaya.

**El semáforo.** Junto a cada actividad, colorea así en tu cuaderno:

si has sabido la respuesta,

si has necesitado ayuda

o si no la has sabido responder.

OBJETIVO EN ACCIÓN

## Encuesta: ¿Qué te gustaría aprender?

En esta unidad has aprendido a describir personas, lugares y cosas utilizando bien los adjetivos y los signos de puntuación. Además, has reflexionado sobre la importancia de la educación de calidad.

Ahora que sabes todo esto, vas a dar un paso más...

1 ¿Qué nuevas materias os gustaría que se añadieran a vuestro plan de estudios? Realizad una encuesta entre el alumnado de vuestro curso.

a) Preparad el cuestionario, es decir, las preguntas que queréis formular. Podéis inspiraros en este ejemplo.

b) Distribuid el cuestionario entre el alumnado de vuestro colegio.

c) Sumad las respuestas y redactad las conclusiones.

d) Difundid los resultados de vuestra encuesta en el periódico, en la página web o en el tablón informativo de vuestro centro escolar.

**ENCUESTA**

**1. ¿Cuál de estas materias te gustaría añadir a tu plan de estudios?**

- ☐ a. Ajedrez.
- ☐ b. Teatro.
- ☐ c. Hablar en público.
- ☐ d. Otra.

**2. ¿Cuántas horas a la semana te gustaría dedicarle?**

- ☐ a. 1 hora.
- ☐ b. 2 horas.

2 Para terminar, completad en el cuaderno este organizador gráfico. Os ayudará a reflexionar sobre las consecuencias y resultados que podría tener esta nueva asignatura.

## ¿Cómo he aprendido?

1 Copia y completa en tu cuaderno.

- En los momentos de trabajo individual me he sentido....
- En los momentos de trabajo en grupo me he sentido....

2 ¿Cuál de estas actividades te ayuda más en tu aprendizaje? ¿Por qué?

- Leer mi libro.
- Hablar con mis compañeros y compañeras.
- Preguntar a mi profesor o profesora.

3 Reflexiona: ¿qué compañero o compañera saca lo mejor de ti? ¿Por qué?

1

Observa la imagen y contesta a las preguntas.

a) Localiza en la imagen un ejemplo de comunicación verbal y otro de comunicación no verbal.

b) Observa a la policía y a la turista de la imagen.

- ¿Por qué se está produciendo un acto de comunicación entre ellas?
- Describe los elementos de la comunicación.

c) Clasifica en tu cuaderno estas palabras en aguda, llana y esdrújula, y explica por qué llevan o no tilde.

árbol | periódico | autobús

d) Busca en Internet dónde está Santiago de Compostela y di qué lenguas se hablan allí.

e) Ordena en tu cuaderno las sílabas para encontrar las palabras. Rodea los diptongos y los hiatos de distinto color.

cu/ve/hí/lo | tia/go/San | tran/ún/te/se | la/es/cue | da/tien

f) Este trimestre has aprendido la importancia de la educación en la vida de las personas. ¿Cómo te imaginas que es la escuela Alameda de la imagen?

g) Describe la ciudad que aparece en la imagen utilizando sinónimos de estas palabras.

gente    amable    andando    ubicadas

h) ¿Qué otro nombre le darías a la tienda de tecnología? Escribe en tu cuaderno cinco palabras del campo semántico de la tecnología.

**2**

QUIÉN ES QUIÉN. Formad grupos de cuatro personas y seguid estas instrucciones:

- Elegid a una de estas personas y describidla utilizando al menos tres adjetivos.
- El resto de grupos, por orden, os preguntarán para tratar de adivinar quién es el personaje elegido. Vuestras respuestas solo pueden ser sí o no.
- Gana el equipo que adivine el personaje con el menor número de preguntas.
- Continuará el juego el grupo ganador.

**DESCUBRE EL PROYECTO INTERDISCIPLINAR**

PROYECTOS QUE DEJAN HUELLA

## Nuestra cumbre por el clima:

# NOS MOVILIZAMOS

¿Qué sabemos sobre el cambio climático?

Hablamos sobre ello en una tertulia con la máxima participación.

¿Qué te parece organizar y anunciar una tertulia sobre el cambio climático?

### 1 PIENSA
Think

Vamos a organizar una tertulia sobre el cambio climático: ¿por qué debe preocuparnos?

Reflexionamos en clase: ¿qué motivos nos llevan a organizar esta tertulia?, ¿qué personas podrían participar en ella: alumnado de diferentes clases y edades, familias, profesorado...?, ¿sería interesante solicitar la participación de alguna persona experta en la materia?, ¿y qué tal si invitamos a un público asistente?

### 2 DISEÑA
Design

- Decidimos la fecha, la hora y el lugar de la tertulia.
- Elaboramos el listado de las personas que participarán en la tertulia. Escribimos el borrador de la carta o el correo electrónico con el que nos dirigiremos a ellas para invitarlas y solicitar su participación.
- Pensamos en el diseño de los carteles para invitar al público asistente.
- Nos organizamos para repartir las distintas tareas.

¡Somos un equipo por el clima!

## 3 CONSTRUYE
Maker

• Escribimos la versión definitiva de la carta o el correo electrónico dirigido a las personas que participarán en la tertulia. Nos dirigimos a ellas con amabilidad y cortesía.

• Elaboramos los carteles definitivos para anunciar la tertulia al público. Buscamos un título atractivo que llame la atención y anime a la asistencia de un público numeroso.

## 4 PRESENTA
Stage

• Grabamos un breve vídeo con la información y lo difundimos en la web de nuestro centro escolar.

• Colocamos nuestros carteles en un lugar bien visible del colegio.

• Enviamos las cartas o los correos electrónicos.

Y, por supuesto, ¡nos aseguramos de tener permiso para todo ello!

## 5 COMPRUEBA
Test

Cuando trabajo en grupo...

# ANEXOS

**REGLAS ORTOGRÁFICAS**

**CLASES DE PALABRAS**

**CONJUGACIONES VERBALES**

## Sílabas tónica y átona

Sílaba **tónica** es la que pronunciamos con **mayor** fuerza de voz.

Las demás sílabas de la palabra se llaman **átonas.**

Según el lugar que ocupa la sílaba tónica, las palabras son: **agudas, llanas** y **esdrújulas.**

## La tilde

En algunas palabras la **sílaba tónica** va marcada con una rayita (´). A esta rayita la llamamos tilde. Llevan **tilde:** las palabras **agudas** que terminan en **vocal,** en **-n** o en **-s:** (*café, salón, ciprés*); las palabras **llanas** que terminan en consonante que no sea ni **-n,** ni **-s:** (*árbol, lápiz*); todas las palabras **esdrújulas:** (*árbitro*).

## El diptongo y el hiato

- El **diptongo** es la unión de dos vocales que se pronuncian en una **misma sílaba.**
  – Cuando el diptongo está formado por una vocal abierta (**a, e, o**) y otra cerrada (**i, u**), la tilde se coloca sobre la vocal abierta: *adiós.*
  – Cuando el diptongo está formado por dos vocales cerradas, la tilde se coloca sobre la segunda vocal: *construí.*
- El **hiato** es el encuentro de dos vocales que se pronuncian en **sílabas distintas.** Los hiatos pueden estar formados:
  – Por dos vocales abiertas. En este caso, se acentúan según las normas generales de acentuación: *trocéalo, caos.*
  – Por una vocal abierta y una cerrada. La tilde se coloca sobre la vocal cerrada: *actúas.*

## El punto

Se utiliza para señalar el final de una oración (**punto y seguido**); de un párrafo (**punto y aparte**) o de un escrito (**punto final**). Al empezar un escrito y después de punto se escribe letra **mayúscula.**

## La coma

Indica una pausa breve al hablar o al escribir. Se escribe para separar palabras de una enumeración; después de expresiones como *es decir, por ejemplo, en primer lugar...;* para introducir aclaraciones *(Pienso, aunque no estoy segura, que ya se han ido);* para separar del resto de la oración el nombre de la persona a la que nos dirigimos *(Jon, ven un momento).*

## Los dos puntos

Se utilizan detrás de fórmulas de saludo (*querido profesor:* ...); delante de una enumeración (*seguid estos pasos:* ...); delante de una cita textual que va entre comillas (*él me dijo:* «*te invito a mi cumple*»).

## El punto y coma

Indica una pausa mayor que la coma y menor que el punto. Se escribe para separar oraciones cuyos significados tienen relación; para separar, en una oración, distintas partes cuando ya hay alguna coma.

## Los puntos suspensivos

Se utilizan para indicar que una oración o una enumeración no está completa.

## Los paréntesis

Se utilizan para introducir aclaraciones, explicaciones o datos concretos: (*Federico García Lorca (1898-1936) fue un gran poeta andaluz*); para presentar las acotaciones teatrales: (GIGANTE.—*(Con ferocidad)* ¡Te comeré!).

## La raya

Se utiliza para señalar las intervenciones de los personajes de un diálogo. También se usa la raya antes y después de una aclaración.

## El guion

Se emplea para dividir una palabra al final de un renglón *(agua-cate, aguaca-te);* y para separar palabras compuestas *(teórico-práctico).*

## Palabras con h

Se escriben con **h** las palabras que empiezan por **hia-, hie-, hue-, hui-** *(hiato, hielo, hueso, huida);* las que están formadas por los prefijos **hecto-, hepta-, hexa-, hemi-, hiper-;** y las formas de los verbos **haber, hablar, hacer, hallar** y **habitar.**

## Palabras con g y j; la diéresis

- La **g** suena fuerte delante de **e, i:** *geranio, girasol.* Suena suave delante de **a, o, u:** *gallo, gota, gusano.*

  Para que suene suave, hay que escribir **gu:** *hoguera.*

  La **diéresis** son los dos puntos que se escriben sobre la **u** para que suene en las sílabas **güe, güi:** *vergüenza.*

  Se escriben con **g** las palabras que empiezan por **geo-, gen-** y **gest-** *(geología, gentil, gesto);* los verbos terminados en **-ger, -gir** y **-gerar,** excepto *tejer* y *crujir (proteger, sumergir, refrigerar);* y las palabras que terminan en **-gen** *(origen).*

  Se escriben con **j** las palabras que comienzan por **aje-,** aunque hay algunas excepciones *(agenda, agente...)* y por **eje-** *(ajedrez, ejecutar);* o que terminan en **-aje, -eje, -jero, -jera** y **-jería** *(potaje, despeje, cajero, conserjería);* y algunas formas del verbo **traer.**

## Palabras terminadas en -d y -z

- Las palabras terminadas en **-d** forman su plural en **-des:** *bondad, bondades.*
- Las palabras que terminan en **-z** forman su plural en **-ces:** *perdiz, perdices.*

## Palabras con x

Se escriben con **x** las palabras que empiezan por la sílaba **ex** seguida del grupo **-pr-** o **-pl** *(explicar);* las palabras que empiezan por el prefijo **ex-** o **extra-** *(excéntrico, extraordinario).*

## Palabras con r y rr

El sonido **r** suave se representa con una sola **r:** *perdida.* El sonido **r** fuerte se representa: como **r** si va a principio de palabra *(rota);* como **r** si va detrás de **l, n, s** *(alrededor, Enriqueta, Israel);* si va entre vocales se representa como **rr** *(arroyo).*

## Palabras con ll e y

- Se escriben con **ll** las palabras que terminan en **-illa, -illo, -ullo** (excepto *tuyo* y *suyo*) *(bombilla, novillo, barullo);* y los verbos cuyo infinitivo termina en **-ellar, -illar, -ullar, -ullir.**
- Se escriben con **y** algunas formas de los verbos cuyo infinitivo no tiene ni **ll** ni **y** *(leyó);* algunas formas de los verbos cuyo infinitivo acaba en **-uir** *(disminuyó);* las palabras que tienen la sílaba **-yec-** *(proyectil);* los plurales de las palabras que acaban en **-y** *(leyes).*

## Palabras con b y v

- Se escriben con **b:** las palabras que comienzan por **bu-, bur-, bus-** *(buñuelo, burbuja, buscar);* los verbos terminados en **-bir** y **-buir,** excepto *hervir, servir* y *vivir (recibir, distribuir);* las terminaciones -**aba, -abas, -ábamos, -abais, -aban** de los verbos de la primera conjugación *(cantaba, buscábamos);* las palabras con **mb, bl** y **br** *(mueble);* todas las formas de los verbos **haber, beber** y **deber.**
- Se escriben con **v:** los adjetivos que terminan en **-ava, -ave, -avo, -eva, -eve, -evo, -iva, -ivo** *(brava, suave...);* los números y las estaciones del año *(nueve, verano);* las palabras que comienzan por **adv-** *(adviento);* las formas del verbo **ir** en las que aparezca este sonido, excepto las del pasado.

## Palabras con c y cc

Se escriben con **cc** las palabras que tienen en su misma familia léxica alguna palabra que contenga el grupo **-ct-:** *acción.*

## Nombres

- Designan a personas, objetos, animales o lugares, sentimientos, ideas.

**Clases de nombres**

| Según el género | | Según el número | | Según el significado | | |
|---|---|---|---|---|---|---|
| **Masculino** | **Femenino** | **Singular** | **Plural** | **Propio** | **Común** | |
| *gato* | *gata* | *casa* | *casas* | *Eduardo* | **Individual** | **Colectivo** |
| | | | | | *abeja* | *enjambre* |
| | | | | | **Concreto** | **Abstracto** |
| | | | | | *niña* | *alegría* |

## Adjetivos

- Son las palabras que dicen cómo son o están las personas, los objetos, los lugares... Acompañan al nombre y concuerdan con este en género y número.

**Grados del adjetivo**

| Positivo | Comparativo | Superlativo |
|---|---|---|
| *La maestra es joven.* | *La maestra es más joven que la directora.* | *La maestra es jovencísima.* |

## Determinantes

- **Artículos.** Acompañan al nombre.

| | |
|---|---|
| **Determinados** | *el, la, los, las* |
| **Indeterminados** | *un, una, unos, unas* |

- **Demostrativos.** Indican la proximidad o lejanía del nombre al que acompañan en relación con la persona que habla o escucha.

| | |
|---|---|
| **Cercanía** | *este, esta, estos, estas* |
| **Distancia media** | *ese, esa, esos, esas* |
| **Lejanía** | *aquel, aquella, aquellos, aquellas* |

- **Posesivos.** Indican posesión o pertenencia.

| | | |
|---|---|---|
| **Un poseedor** | **Singular** | *mi, tu, su, mío, mía, tuyo, tuya, suyo, suya* |
| | **Plural** | *mis, tus, sus, míos, mías, tuyos, tuyas, suyos, suyas* |
| **Varios poseedores** | **Singular** | *su, nuestro, nuestras, vuestro, vuestra, suyo, suya* |
| | **Plural** | *sus, nuestros, nuestras, vuestros, vuestras, suyos, suyas* |

- **Numerales.** Acompañan al nombre. Se escriben con una sola palabra hasta el treinta y, a partir de aquí, con dos o más palabras.

*uno, siete, veinte, treinta y cuatro, noventa y cinco...*

- **Indefinidos.** Acompañan al nombre e indican una cantidad imprecisa.

*algún, varias, demasiados, bastantes, poca, ciertos, otros, otra, mucha, todas...*

## Pronombres personales

- Sirven para nombrar a las personas del discurso.

| | | 1.ª persona | 2.ª persona | 3.ª persona |
|---|---|---|---|---|
| **Tónicos** | **Singular** | *yo, mí, conmigo* | *tú, usted, ti, contigo* | *él, ella, ello, sí, consigo* |
| | **Plural** | *nosotros, nosotras* | *vosotros, vosotras, ustedes* | *ellos, ellas, sí, consigo* |
| **Átonos** | **Singular** | *me* | *te* | *lo, la, le, se* |
| | **Plural** | *nos* | *os* | *los, las, les, se* |

## Palabras invariables

- **Adverbios.** Expresan distintas circunstancias.

| | |
|---|---|
| **Lugar** | *aquí, ahí, allí, dentro, fuera, encima, cerca...* |
| **Tiempo** | *hoy, mañana, pronto, ahora, después...* |
| **Modo** | *bien, mal, deprisa, rápidamente, lentamente...* |
| **Cantidad** | *más, menos, mucho, poco, bastante...* |
| **Afirmación** | *sí, también, efectivamente...* |
| **Negación** | *no, jamás, tampoco...* |
| **Duda** | *quizá, probablemente, acaso...* |

- **Preposiciones.** Asocian palabras con otras dentro de una misma oración.

*a, ante, bajo, con, contra, de, desde, durante, en, entre, hacia, hasta, mediante, para, por, según, sin, sobre, tras.*

- **Conjunciones.** Relacionan palabras y grupos de palabras dentro de una oración, así como unen dos o más oraciones.

*y, e, ni, o, u, pero, sino, que, aunque, porque...*

## Verbos

- El verbo es una palabra que indica acción (*cuidar*), estado (*sentir*) o situación (*dormir*).

**Las desinencias verbales indican:**

| | |
|---|---|
| **Tiempo** | **Pasado:** *cuidé* |
| | **Presente:** *cuido* |
| | **Futuro:** *cuidaré* |
| **Número** | **Singular:** *yo cuido, tú cuidas, ella cuida* |
| | **Plural:** *nosotros cuidamos, vosotras cuidáis, ellos cuidan* |
| **Persona** | **Primera:** *yo cuido, nosotros cuidamos...* |
| | **Segunda:** *tú cuidas, vosotras cuidáis...* |
| | **Tercera:** *él cuida, ellas cuidan...* |

**Conjugaciones verbales:**

| |
|---|
| **1.ª conjugación:** *cantar, bailar, amar* |
| **2.ª conjugación:** *correr, beber* |
| **3.ª conjugación:** *escribir, vivir, subir* |

**Formas no personales:**

| Infinitivo | Gerundio | Infinitivo |
|---|---|---|
| *amar* | *amando* | *amado* |

**Formas simples y formas compuestas**

| | |
|---|---|
| **Simples:** *amar* | **Compuestas:** *he cantado* |

## Análisis morfológico

**Oración:** Mis hermanos Iker y Nadia estudian en una excelente universidad cerca de Sevilla.

- **Mis:** determinante posesivo, un poseedor, masculino, plural.
- **hermanos:** nombre común, concreto, individual, masculino, plural.
- **Iker/Nadia:** nombres propios.
- **y:** conjunción.
- **estudian:** verbo de la 1.ª conjugación, presente de indicativo, 3.ª persona, plural.
- **en:** preposición.
- **una:** artículo indeterminado, femenino, singular.
- **excelente:** adjetivo positivo, femenino, singular.
- **universidad:** nombre común, concreto, individual, femenino, singular.
- **cerca:** adverbio de lugar.
- **de:** preposición.
- **Sevilla:** nombre propio.

# Hablar

**VERBO REGULAR • 1.ª CONJUGACIÓN**

## Indicativo

| | Formas simples: Presente | Formas compuestas: Pretérito perfecto compuesto |
|---|---|---|
| yo | hablo | he hablado |
| tú | hablas | has hablado |
| él/ella/Ud. | habla | ha hablado |
| nosotros/as | hablamos | hemos hablado |
| vosotros/as | habláis | habéis hablado |
| ellos/as/Uds. | hablan | han hablado |

| | Pretérito imperfecto | Pretérito pluscuamperfecto |
|---|---|---|
| yo | hablaba | había hablado |
| tú | hablabas | habías hablado |
| él/ella/Ud. | hablaba | había hablado |
| nosotros/as | hablábamos | habíamos hablado |
| vosotros/as | hablabais | habíais hablado |
| ellos/as/Uds. | hablaban | habían hablado |

| | Pretérito perfecto simple | Pretérito anterior |
|---|---|---|
| yo | hablé | hube hablado |
| tú | hablaste | hubiste hablado |
| él/ella/Ud. | habló | hubo hablado |
| nosotros/as | hablamos | hubimos hablado |
| vosotros/as | hablasteis | hubisteis hablado |
| ellos/as/Uds. | hablaron | hubieron hablado |

| | Futuro simple | Futuro compuesto |
|---|---|---|
| yo | hablaré | habré hablado |
| tú | hablarás | habrás hablado |
| él/ella/Ud. | hablará | habrá hablado |
| nosotros/as | hablaremos | habremos hablado |
| vosotros/as | hablaréis | habréis hablado |
| ellos/as/Uds. | hablarán | habrán hablado |

| | Condicional simple | Condicional compuesto |
|---|---|---|
| yo | hablaría | habría hablado |
| tú | hablarías | habrías hablado |
| él/ella/Ud. | hablaría | habría hablado |
| nosotros/as | hablaríamos | habríamos hablado |
| vosotros/as | hablaríais | habríais hablado |
| ellos/as/Uds. | hablarían | habrían hablado |

## Subjuntivo

| | Formas simples: Presente | Formas compuestas: Pretérito perfecto compuesto |
|---|---|---|
| yo | hable | haya hablado |
| tú | hables | hayas hablado |
| él/ella/Ud. | hable | haya hablado |
| nosotros/as | hablemos | hayamos hablado |
| vosotros/as | habléis | hayáis hablado |
| ellos/as/Uds. | hablen | hayan hablado |

| | Pretérito imperfecto | Pretérito pluscuamperfecto |
|---|---|---|
| yo | hablara o hablase | hubiera o hubiese hablado |
| tú | hablaras o hablases | hubieras o hubieses hablado |
| él/ella/Ud. | hablara o hablase | hubiera o hubiese hablado |
| nosotros/as | habláramos o hablásemos | hubiéramos o hubiésemos hablado |
| vosotros/as | hablarais o hablaseis | hubierais o hubieseis hablado |
| ellos/as/Uds. | hablaran o hablasen | hubieran o hubiesen hablado |

| | Futuro simple | Futuro compuesto |
|---|---|---|
| yo | hablare | hubiere hablado |
| tú | hablares | hubieres hablado |
| él/ella/Ud. | hablare | hubiere hablado |
| nosotros/as | habláremos | hubiéremos hablado |
| vosotros/as | hablareis | hubiereis hablado |
| ellos/as/Uds. | hablaren | hubieren hablado |

## Imperativo

habla (tú)
hablad (vosotros, vosotras)

## Formas no personales

**Infinitivo**

hablar

**Gerundio**

hablando

**Participio**

hablado

# Beber

VERBO REGULAR • CONJUGACIÓN

## Indicativo

| | FORMAS SIMPLES | FORMAS COMPUESTAS |
|---|---|---|
| | **Presente** | **Pretérito perfecto compuesto** |
| yo | bebo | he bebido |
| tú | bebes | has bebido |
| él/ella/Ud. | bebe | ha bebido |
| nosotros/as | bebemos | hemos bebido |
| vosotros/as | bebéis | habéis bebido |
| ellos/as/Uds. | beben | han bebido |
| | **Pretérito imperfecto** | **Pretérito pluscuamperfecto** |
| yo | bebía | había bebido |
| tú | bebías | habías bebido |
| él/ella/Ud. | bebía | había bebido |
| nosotros/as | bebíamos | habíamos bebido |
| vosotros/as | bebíais | habíais bebido |
| ellos/as/Uds. | bebían | habían bebido |
| | **Pretérito perfecto simple** | **Pretérito anterior** |
| yo | bebí | hube bebido |
| tú | bebiste | hubiste bebido |
| él/ella/Ud. | bebió | hubo bebido |
| nosotros/as | bebimos | hubimos bebido |
| vosotros/as | bebisteis | hubisteis bebido |
| ellos/as/Uds. | bebieron | hubieron bebido |
| | **Futuro simple** | **Futuro compuesto** |
| yo | beberé | habré bebido |
| tú | beberás | habrás bebido |
| él/ella/Ud. | beberá | habrá bebido |
| nosotros/as | beberemos | habremos bebido |
| vosotros/as | beberéis | habréis bebido |
| ellos/as/Uds. | beberán | habrán bebido |
| | **Condicional simple** | **Condicional compuesto** |
| yo | bebería | habría bebido |
| tú | beberías | habrías bebido |
| él/ella/Ud. | bebería | habría bebido |
| nosotros/as | beberíamos | habríamos bebido |
| vosotros/as | beberíais | habríais bebido |
| ellos/as/Uds. | beberían | habrían bebido |

## Subjuntivo

| FORMAS SIMPLES | FORMAS COMPUESTAS |
|---|---|
| **Presente** | **Pretérito perfecto compuesto** |
| beba | haya bebido |
| bebas | hayas bebido |
| beba | haya bebido |
| bebamos | hayamos bebido |
| bebáis | hayáis bebido |
| beban | hayan bebido |
| **Pretérito imperfecto** | **Pretérito pluscuamperfecto** |
| bebiera o bebiese | hubiera o hubiese bebido |
| bebieras o bebieses | hubieras o hubieses bebido |
| bebiera o bebiese | hubiera o hubiese bebido |
| bebiéramos o bebiésemos | hubiéramos o hubiésemos bebido |
| bebierais o bebieseis | hubierais o hubieseis bebido |
| bebieran o bebiesen | hubieran o hubiesen bebido |
| **Futuro simple** | **Futuro compuesto** |
| bebiere | hubiere bebido |
| bebieres | hubieres bebido |
| bebiere | hubiere bebido |
| bebiéremos | hubiéremos bebido |
| bebiereis | hubiereis bebido |
| bebieren | hubieren bebido |

## Imperativo

bebe (tú)
bebed (vosotros, vosotras)

## Formas no personales

**Infinitivo**

beber

**Gerundio**

bebiendo

**Participio**

bebido

# Vivir

**VERBO REGULAR • 3.ª CONJUGACIÓN**

## Indicativo

| | FORMAS SIMPLES | FORMAS COMPUESTAS |
|---|---|---|
| | **Presente** | **Pretérito perfecto compuesto** |
| yo | vivo | he vivido |
| tú | vives | has vivido |
| él/ella/Ud. | vive | ha vivido |
| nosotros/as | vivimos | hemos vivido |
| vosotros/as | vivís | habéis vivido |
| ellos/as/Uds. | viven | han vivido |
| | **Pretérito imperfecto** | **Pretérito pluscuamperfecto** |
| yo | vivía | había vivido |
| tú | vivías | habías vivido |
| él/ella/Ud. | vivía | había vivido |
| nosotros/as | vivíamos | habíamos vivido |
| vosotros/as | vivíais | habíais vivido |
| ellos/as/Uds. | vivían | habían vivido |
| | **Pretérito perfecto simple** | **Pretérito anterior** |
| yo | viví | hube vivido |
| tú | viviste | hubiste vivido |
| él/ella/Ud. | vivió | hubo vivido |
| nosotros/as | vivimos | hubimos vivido |
| vosotros/as | vivisteis | hubisteis vivido |
| ellos/as/Uds. | vivieron | hubieron vivido |
| | **Futuro simple** | **Futuro compuesto** |
| yo | viviré | habré vivido |
| tú | vivirás | habrás vivido |
| él/ella/Ud. | vivirá | habrá vivido |
| nosotros/as | viviremos | habremos vivido |
| vosotros/as | viviréis | habréis vivido |
| ellos/as/Uds. | vivirán | habrán vivido |
| | **Condicional simple** | **Condicional compuesto** |
| yo | viviría | habría vivido |
| tú | vivirías | habrías vivido |
| él/ella/Ud. | viviría | habría vivido |
| nosotros/as | viviríamos | habríamos vivido |
| vosotros/as | viviríais | habríais vivido |
| ellos/as/Uds. | vivirían | habrían vivido |

## Subjuntivo

| | FORMAS SIMPLES | FORMAS COMPUESTAS |
|---|---|---|
| | **Presente** | **Pretérito perfecto compuesto** |
| yo | viva | haya vivido |
| tú | vivas | hayas vivido |
| él/ella/Ud. | viva | haya vivido |
| nosotros/as | vivamos | hayamos vivido |
| vosotros/as | viváis | hayáis vivido |
| ellos/as/Uds. | vivan | hayan vivido |
| | **Pretérito imperfecto** | **Pretérito pluscuamperfecto** |
| yo | viviera o viviese | hubiera o hubiese vivido |
| tú | vivieras o vivieses | hubieras o hubieses vivido |
| él/ella/Ud. | viviera o viviese | hubiera o hubiese vivido |
| nosotros/as | viviéramos o viviésemos | hubiéramos o hubiésemos vivido |
| vosotros/as | vivierais o vivieseis | hubierais o hubieseis vivido |
| ellos/as/Uds. | vivieran o viviesen | hubieran o hubiesen vivido |
| | **Futuro simple** | **Futuro compuesto** |
| yo | viviere | hubiere vivido |
| tú | vivieres | hubieres vivido |
| él/ella/Ud. | viviere | hubiere vivido |
| nosotros/as | viviéremos | hubiéremos vivido |
| vosotros/as | viviereis | hubiereis vivido |
| ellos/as/Uds. | vivieren | hubieren vivido |

## Imperativo

vive (tú)
vivid (vosotros, vosotras)

## Formas no personales

**Infinitivo**

vivir

**Gerundio**

viviendo

**Participio**

vivido

# Haber

**VERBO IRREGULAR • 2.ª CONJUGACIÓN**

## Indicativo

**FORMAS SIMPLES**

### Presente

| | |
|---|---|
| yo | he |
| tú | has |
| él/ella/Ud. | ha |
| nosotros/as | hemos |
| vosotros/as | habéis |
| ellos/as/Uds. | han |

### Pretérito imperfecto

| | |
|---|---|
| yo | había |
| tú | habías |
| él/ella/Ud. | había |
| nosotros/as | habíamos |
| vosotros/as | habíais |
| ellos/as/Uds. | habían |

### Pretérito perfecto simple

| | |
|---|---|
| yo | hube |
| tú | hubiste |
| él/ella/Ud. | hubo |
| nosotros/as | hubimos |
| vosotros/as | hubisteis |
| ellos/as/Uds. | hubieron |

### Futuro simple

| | |
|---|---|
| yo | habré |
| tú | habrás |
| él/ella/Ud. | habrá |
| nosotros/as | habremos |
| vosotros/as | habréis |
| ellos/as/Uds. | habrán |

### Condicional simple

| | |
|---|---|
| yo | habría |
| tú | habrías |
| él/ella/Ud. | habría |
| nosotros/as | habríamos |
| vosotros/as | habríais |
| ellos/as/Uds. | habrían |

## Subjuntivo

**FORMAS SIMPLES**

### Presente

haya
hayas
haya
hayamos
hayáis
hayan

### Pretérito imperfecto

hubiera o hubiese
hubieras o hubieses
hubiera o hubiese
hubiéramos o hubiésemos
hubierais o hubieseis
hubieran o hubiesen

### Futuro simple

hubiere
hubieres
hubiere
hubiéremos
hubiereis
hubieren

## Imperativo

* hé (tú)
* habed (vosotros, vosotras)
* Estas formas ya no se utilizan.

**Nota:** En el presente de indicativo, el verbo **haber** tiene una forma especial: **hay,** que no tiene nunca sujeto. Por ejemplo, «*¿Hay manzanas?*».

## Formas no personales

### Infinitivo

haber

### Gerundio

habiendo

### Participio

habido

# Ser

VERBO IRREGULAR • 2.ª CONJUGACIÓN

## Indicativo

| | FORMAS SIMPLES | FORMAS COMPUESTAS |
|---|---|---|
| | **Presente** | **Pretérito perfecto compuesto** |
| yo | soy | he sido |
| tú | eres | has sido |
| él/ella/Ud. | es | ha sido |
| nosotros/as | somos | hemos sido |
| vosotros/as | sois | habéis sido |
| ellos/as/Uds. | son | han sido |
| | **Pretérito imperfecto** | **Pretérito pluscuamperfecto** |
| yo | era | había sido |
| tú | eras | habías sido |
| él/ella/Ud. | era | había sido |
| nosotros/as | éramos | habíamos sido |
| vosotros/as | erais | habíais sido |
| ellos/as/Uds. | eran | habían sido |
| | **Pretérito perfecto simple** | **Pretérito anterior** |
| yo | fui | hube sido |
| tú | fuiste | hubiste sido |
| él/ella/Ud. | fue | hubo sido |
| nosotros/as | fuimos | hubimos sido |
| vosotros/as | fuisteis | hubisteis sido |
| ellos/as/Uds. | fueron | hubieron sido |
| | **Futuro simple** | **Futuro compuesto** |
| yo | seré | habré sido |
| tú | serás | habrás sido |
| él/ella/Ud. | será | habrá sido |
| nosotros/as | seremos | habremos sido |
| vosotros/as | seréis | habréis sido |
| ellos/as/Uds. | serán | habrán sido |
| | **Condicional simple** | **Condicional compuesto** |
| yo | sería | habría sido |
| tú | serías | habrías sido |
| él/ella/Ud. | sería | habría sido |
| nosotros/as | seríamos | habríamos sido |
| vosotros/as | seríais | habríais sido |
| ellos/as/Uds. | serían | habrían sido |

## Subjuntivo

| FORMAS SIMPLES | FORMAS COMPUESTAS |
|---|---|
| **Presente** | **Pretérito perfecto compuesto** |
| sea | haya sido |
| seas | hayas sido |
| sea | haya sido |
| seamos | hayamos sido |
| seáis | hayáis sido |
| sean | hayan sido |
| **Pretérito imperfecto** | **Pretérito pluscuamperfecto** |
| fuera o fuese | hubiera o hubiese sido |
| fueras o fueses | hubieras o hubieses sido |
| fuera o fuese | hubiera o hubiese sido |
| fuéramos o fuésemos | hubiéramos o hubiésemos sido |
| fuerais o fueseis | hubierais o hubieseis sido |
| fueran o fuesen | hubieran o hubiesen sido |
| **Futuro simple** | **Futuro compuesto** |
| fuere | hubiere sido |
| fueres | hubieres sido |
| fuere | hubiere sido |
| fuéremos | hubiéremos sido |
| fuereis | hubiereis sido |
| fueren | hubieren sido |

## Imperativo

sé (tú)
sed (vosotros, vosotras)

## Formas no personales

**Infinitivo**

ser

**Gerundio**

siendo

**Participio**

sido

# Estar

**VERBO IRREGULAR • 1.ª CONJUGACIÓN**

## Indicativo

| | FORMAS SIMPLES | FORMAS COMPUESTAS |
|---|---|---|
| | **Presente** | **Pretérito perfecto compuesto** |
| yo | estoy | he estado |
| tú | estás | has estado |
| él/ella/Ud. | está | ha estado |
| nosotros/as | estábamos | hemos estado |
| vosotros/as | estáis | habéis estado |
| ellos/as/ Uds. | están | han estado |
| | **Pretérito imperfecto** | **Pretérito pluscuamperfecto** |
| yo | estaba | había estado |
| tú | estabas | habías estado |
| él/ella/Ud. | estaba | había estado |
| nosotros/as | estábamos | habíamos estado |
| vosotros/as | estabais | habíais estado |
| ellos/as/ Uds. | estaban | habían estado |
| | **Pretérito perfecto simple** | **Pretérito anterior** |
| yo | estuve | hube estado |
| tú | estuviste | hubiste estado |
| él/ella/Ud. | estuvo | hubo estado |
| nosotros/as | estuvimos | hubimos estado |
| vosotros/as | estuvisteis | hubisteis estado |
| ellos/as/ Uds. | estuvieron | hubieron estado |
| | **Futuro simple** | **Futuro compuesto** |
| yo | estaré | habré estado |
| tú | estarás | habrás estado |
| él/ella/Ud. | estará | habrá estado |
| nosotros/as | estaremos | habremos estado |
| vosotros/as | estaréis | habréis estado |
| ellos/as/ Uds. | estarán | habrán estado |
| | **Condicional simple** | **Condicional compuesto** |
| yo | estaría | habría estado |
| tú | estarías | habrías estado |
| él/ella/Ud. | estaría | habría estado |
| nosotros/as | estaríamos | habríamos estado |
| vosotros/as | estaríais | habríais estado |
| ellos/as/ Uds. | estarían | habrían estado |

## Subjuntivo

| FORMAS SIMPLES | FORMAS COMPUESTAS |
|---|---|
| **Presente** | **Pretérito perfecto compuesto** |
| esté | haya estado |
| estés | hayas estado |
| esté | haya estado |
| estemos | hayamos estado |
| estéis | hayáis estado |
| estén | hayan estado |
| **Pretérito imperfecto** | **Pretérito pluscuamperfecto** |
| estuviera o estuviese | hubiera o hubiese estado |
| estuvieras o estuvieses | hubieras o hubieses estado |
| estuviera o estuviese | hubiera o hubiese estado |
| estuviéramos o estuviésemos | hubiéramos o hubiésemos estado |
| estuvierais o estuvieseis | hubierais o hubieseis estado |
| estuvieran o estuviesen | hubieran o hubiesen estado |
| **Futuro simple** | **Futuro compuesto** |
| estuviere | hubiere estado |
| estuvieres | hubieres estado |
| estuviere | hubiere estado |
| estuviéremos | hubiéremos estado |
| estuviereis | hubiereis estado |
| estuvieren | hubieren estado |

## Imperativo

está (tú)
estad (vosotros, vosotras)

## Formas no personales

**Infinitivo**

estar

**Gerundio**

estando

**Participio**

estado

**Operación Mundo** es un proyecto educativo de Anaya para Educación Primaria.

En la realización de este proyecto han intervenido:

Edición: Maite Vargas, Isabel García, Tulia Guisado, Olivia Melara, Nayeli Rodríguez.

Diseño y gráficos: Patricia G. Serrano, Paz Franch.

Ilustración: Edu Rubio.

Maquetación: Antonio Mateo.

Corrección: Miguel Ángel Alonso.

Edición gráfica: Mar Merino.

Fotografías: Album (Lionsgate/Mandeville Films / Participant Media / Walden Media); Cordon Press (National Geographic /Courtesy Everett Collection); Archivo Anaya (Balaguer, T.; Candel, C.; Cosano, P; Martin, J.; Martín, J.A.; Padura, S.; Rico, J.J.; Sánchez, J.); Getty Images (London Stereoscopic Company; Illustrated London News; Mike Harrington; Heritage Images; Klaus Vedjelt; Damocean; Stock Planets; Hulton Archive; Giovanni Ferrari; Apic; Kerrick; Vesnaandjic); iStock/ Getty Images, 123RF y colaboradores.

Proyectos interdisciplinares: Victoria Castellano.

IMPORTANTE. Las actividades propuestas en este libro deben ser realizadas en cuadernos u hojas sueltas; nunca en el propio libro.


ISBN: 978-84-143-0192-0 - Depósito Legal: M-2545-2022 - Printed in Spain.



ET043267/1E1I - 8400000

# 5 PRIMARIA
# Lengua

## Tercer trimestre

Maite Burruezo Ordóñez
Silvia Martínez Heredia
Ana Paula Moreno Agud
Sandra Tolsada Lozano

ANAYA

# ¿Qué vamos a aprender?

| COMPRENDO | ME EXPRESO | CONOZCO MI LENGUA |
|---|---|---|
| • **Escucho:** La leyenda<br>• **Leo:** *Árboles.* Salvador Comelles | • **Palabras nuevas:** El bosque (el diccionario)<br>• **Hablo:** Expresarse en voz alta<br>• **Escribo:** Los géneros literarios | • **Gramática:** La comunicación<br>• **Ortografía:** Las sílabas tónica y átona; palabras agudas, llanas y esdrújulas |
| • **Escucho:** El texto expositivo<br>• **Leo:** *De viaje con don Quijote,* Pedro Aranda | • **Palabras nuevas:** La cultura (arcaísmos y neologismos)<br>• **Hablo:** La exposición oral<br>• **Escribo:** Las propiedades del texto | • **Gramática:** Lenguaje, lengua y dialecto; las lenguas de España<br>• **Ortografía:** Reglas generales de acentuación |
| • **Escucho:** El texto narrativo (partes de la narración)<br>• **Leo:** *Un desayuno feliz,* Louisa May Alcott | • **Palabras nuevas:** La solidaridad (palabras polisémicas)<br>• **Hablo:** Elementos de la narración<br>• **Escribo:** Tipos de narración | • **Gramática:** El nombre<br>• **Ortografía:** El diptongo y el hiato |
| • **Escucho:** Describir un lugar<br>• **Leo:** *Auggie nunca ha ido al colegio,* R. J. Palacio | • **Palabras nuevas:** El aprendizaje (palabras sinónimas y antónimas)<br>• **Hablo:** Describir un objeto<br>• **Escribo:** Describir a una persona | • **Gramática:** El adjetivo<br>• **Ortografía:** El punto, la coma y la mayúscula |

**PROYECTO INTERDISCIPLINAR · Nuestra cumbre por el clima:** Nos movilizamos — ANEXO

| COMPRENDO | ME EXPRESO | CONOZCO MI LENGUA |
|---|---|---|
| • **Escucho:** El diálogo<br>• **Leo:** *Algo está pasando...* | • **Palabras nuevas:** El agua (palabras homófonas)<br>• **Hablo:** Expresar una opinión<br>• **Escribo:** El cómic | • **Gramática:** Los determinantes<br>• **Ortografía:** Los dos puntos, el punto y coma, y los puntos suspensivos |
| • **Escucho:** El diario<br>• **Leo:** *Florence Nightingale,* Katherine Halligan | • **Palabras nuevas:** La igualdad (los gentilicios)<br>• **Hablo:** El blog<br>• **Escribo:** Textos de la vida cotidiana | • **Gramática:** Los pronombres personales<br>• **Ortografía:** El paréntesis, la raya y el guion |
| • **Escucho:** La biografía<br>• **Leo:** *El patio de luces de mi abuelo,* Érica Esmorís | • **Palabras nuevas:** La ciudad (abreviaturas y siglas)<br>• **Hablo:** La fábula<br>• **Escribo:** El cuento y la novela | • **Gramática:** El adverbio, la preposición y la conjunción<br>• **Ortografía:** Palabras con *h* |
| • **Escucho:** Textos periodísticos (la entrevista)<br>• **Leo:** *Molly Steer (Queensland, Australia),* Lucy Bell | • **Palabras nuevas:** El consumo (palabras tabú y eufemismos)<br>• **Hablo:** Textos periodísticos (la noticia)<br>• **Escribo:** Textos periodísticos (la noticia) | • **Gramática:** El verbo<br>• **Ortografía:** Palabras con *g* y *j;* la diéresis |

**PROYECTO INTERDISCIPLINAR · Hacemos camino:** Experiencia en la naturaleza — ANEXO

| COMPRENDO | ME EXPRESO | CONOZCO MI LENGUA |
|---|---|---|
| • **Escucho:** Textos publicitarios<br>• **Leo:** *Cuidemos nuestra salud mental* | • **Palabras nuevas:** La alimentación (campo semántico)<br>• **Hablo:** Recursos literarios<br>• **Escribo:** Recursos literarios | • **Gramática:** La oración<br>• **Ortografía:** Palabras con *b* y *v* |
| • **Escucho:** El resumen; ideas principales y secundarias<br>• **Leo:** *Unos científicos muy curiosos,* Diego Arboleda | • **Palabras nuevas:** La ciencia (los refranes)<br>• **Hablo:** La poesía (recitar un poema)<br>• **Escribo:** La poesía (verso, estrofa y rima) | • **Gramática:** Los complementos del verbo<br>• **Ortografía:** Palabras terminadas en *-d* y *-z* |
| • **Escucho:** La poesía<br>• **Leo:** *Sara Soler Segura se negaba a sacar la basura,* Shel Silverstein | • **Palabras nuevas:** Las tres erres (las frases hechas)<br>• **Hablo:** La poesía (el ritmo)<br>• **Escribo:** La poesía (medida de los versos) | • **Gramática:** Lexema y morfemas; palabras primitivas y derivadas<br>• **Ortografía:** Palabras con *c* y *cc;* palabras con *r* y *rr* |
| • **Escucho:** El teatro<br>• **Leo:** *Un juego sin reglas,* Daniel Pérez Fernández | • **Palabras nuevas:** La justicia (usos de la lengua)<br>• **Hablo:** El teatro<br>• **Escribo:** El texto teatral | • **Gramática:** Formación de palabras<br>• **Ortografía:** Palabras con *ll, y;* palabras con *x* |

**PROYECTO INTERDISCIPLINAR · Un lugar para mi recreo:** ¿Reinventamos? — ANEXO

# Así es tu libro

## ¿Para qué sirve lo que aprendo?

Cada unidad propone una **situación de aprendizaje** y un objetivo para el final de esta.

ODS

## ¡Sigue el hilo!

**Destrezas comunicativas** que trabajamos.

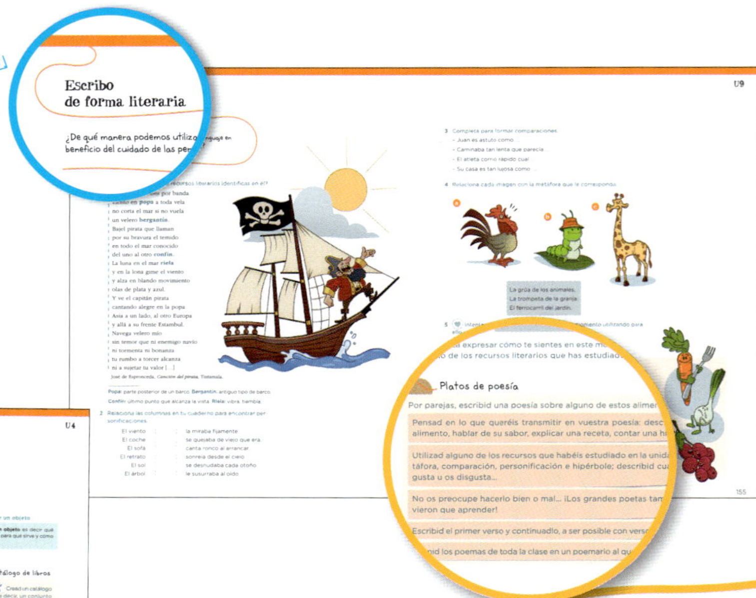


Descubrimos **saberes básicos** a través de la situación de aprendizaje.

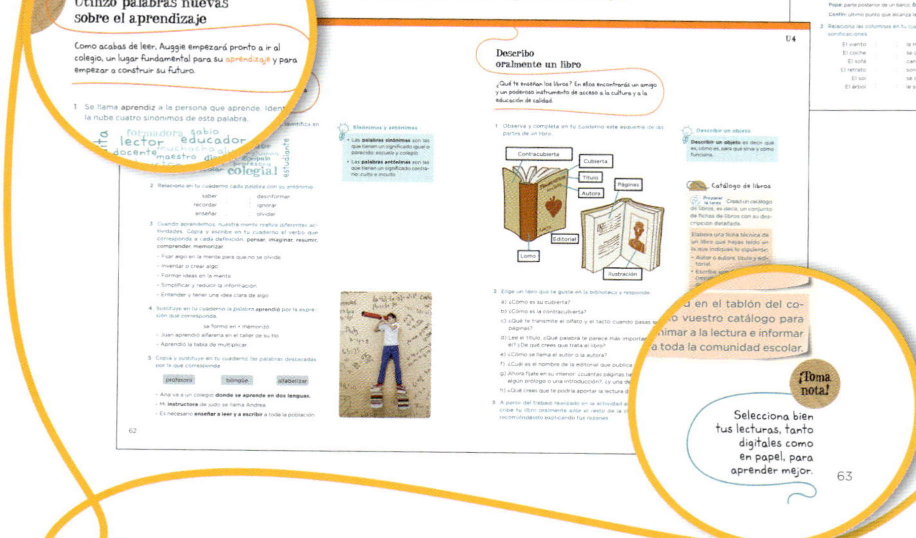


## Actividades competenciales

que acercan los contenidos a nuestro entorno.

## ¡Toma nota!

# Y para cada trimestre...

**Repaso trimestral** con actividades lúdicas.

**Proyecto interdisciplinar** para integrar con un objetivo común las diferentes áreas de aprendizaje.

## Iconos

- Aprendizaje cooperativo
- Educación emocional
- TIC
- Gamificación
- ODS
- Desarrollo del pensamiento
- Audio
- Evaluación

**Objetivo en acción**

**Porfolio**

**Conozco mi lengua**

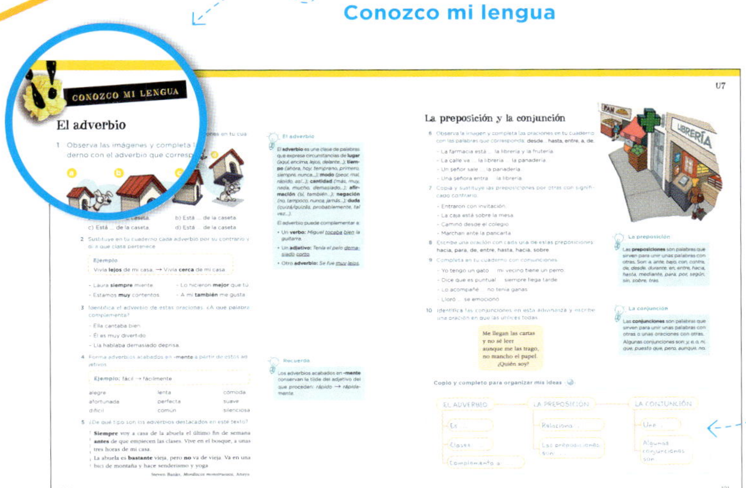

**Esquemas visuales** que facilitan el aprendizaje.

# Así es tu proyecto digital

# edu DYNAMIC

Un proyecto que te ofrece todos los contenidos del curso a través del libro digital, junto con una gran diversidad de recursos.

Descubre otra forma de aprender sencilla, intuitiva y compatible con cualquier plataforma y dispositivo.

## ¿Cómo accedes?

Tienes todas las indicaciones necesarias para acceder a él junto a la primera página de tu libro.

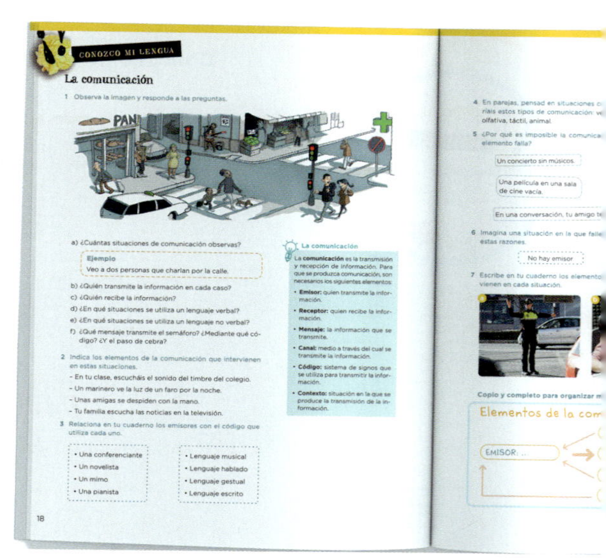

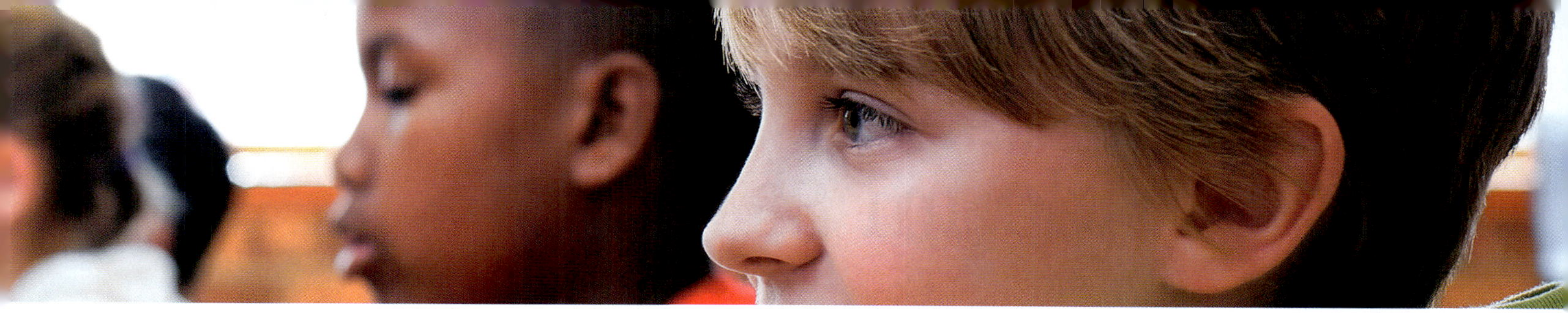

## ¿Cómo es?

Una respuesta global
para un entorno educativo diverso.

**Intuitivo**
Fácil de usar para ti.

**Multidispositivo**
Se adapta y visualiza en cualquier tipo de dispositivo (ordenador, tableta, *smartphone*...) a cualquier tamaño y resolución de pantalla.

**Descargable**
Te permite trabajar sin conexión a internet y descargarlo en más de un dispositivo.

**Sincronizable**
Los cambios que realices se sincronizan automáticamente al conectar cualquiera de los dispositivos en los que estés usándolo.

**Universal**
Compatible con todos los sistemas operativos, los entornos virtuales de aprendizaje (EVA) y las plataformas educativas (LMS) más utilizadas en los centros escolares.

Compatible con:

blink Learning · Alexia · [click edu » · moodle

## ¿Qué te ofrece?

Contiene diversidad de recursos;
es mucho más que una
reproducción del libro en papel.

Con ellos podrás:

**Ejercitar**
actividades interactivas

**Estudiar**
resúmenes interactivos, esquemas...

**Aprender**
audios, vídeos, gameroom...

**Evaluar**
autoevaluación, porfolio...

# 9 Cuido mi salud

Hace mucho tiempo, un sabio de la Grecia antigua llamado Hipócrates dijo: «Somos lo que comemos». Con ello quería expresar que nuestra salud física y mental está directamente relacionada con los alimentos que ingerimos.

Y, si la alimentación es tan importante en nuestras vidas, ¿por qué no dedicarle nuestra atención?

## ¿Cómo lo ves?

¿Qué es para ti una buena salud?

¿Piensas que te alimentas correctamente?

¿Cuidas también tu mente? ¿Cómo?

## El dato

Está comprobado: una buena alimentación fortalece la salud y contribuye a nuestra felicidad.

Para esta unidad...

## Objetivo en acción

**¿Cómo puedes contribuir a promover el cuidado de la salud en tu colegio?**

**Conviértete en publicista por una buena causa.**

## ¡Sigue el hilo!

**1 Textos publicitarios**

La publicidad es un gran instrumento para convencer.

**2 Lectura**

¿Sabías que los carteles nos ayudan a comprender y a difundir mejor nuestros mensajes?

Vocabulario

3

Utiliza palabras nuevas sobre la alimentación.

Recursos literarios

4

Hablar de forma elegante y bella, ¿ayuda a comunicar mejor el mensaje?

Recursos literarios

5

¿De qué manera podemos utilizar el lenguaje en beneficio del cuidado de las personas?

¡CONOZCO MI LENGUA!

La oración.

Palabras con *b* y *v*.

COMPRENDO

# Escucho un anuncio

La publicidad es un gran instrumento para convencer. Pero conviene preguntarse: ¿cómo influye en mis hábitos de consumo?

1 Escucha estos anuncios y responde a las preguntas.

a) ¿Qué tipo de textos son los que has escuchado? ¿Por qué?

b) ¿En qué medio de comunicación podrías encontrarlos?

c) ¿Cuál es el mensaje en cada caso? ¿Quién lo emite?

d) ¿Con qué ámbito está relacionado cada uno?

Medioambiente | Alimentación | Vestimenta | Colegio | Vida sana

2 Preguntas provocadoras ¿Crees que todo lo que se dice en estos anuncios es siempre verdad? Justifica tu respuesta.

3 Asamblea de ideas Lee estos eslóganes. ¿Qué producto podría publicitar cada uno?

- Adiós al frío.
- Máxima blancura.
- Nada es imposible.
- Te llevamos al fin del mundo.

4 ¿Te gusta comprar un producto por lo que ves anunciado?

### Textos publicitarios

- La **publicidad** sirve para vender un producto o un servicio. Por ejemplo, un perfume, una película, un museo o una campaña de seguridad vial.
- Los **anuncios publicitarios** se transmiten a través de los medios de comunicación: televisión, radio, periódicos, carteles e Internet.
- Los anuncios suelen incluir un **eslogan,** que es un texto corto y fácil de recordar que se utiliza para atraer la atención sobre el producto o servicio.

## Concurso de eslóganes

En parejas, cread un eslogan para publicitar uno de estos productos relacionado con la vida saludable.

a

b

c

Decidid a qué tipo de público queréis dirigiros.

Utilizad palabras sencillas y, si es posible, añadidle un poco de humor.

Presentad vuestros eslóganes, elegid el que más haya gustado a la mayoría y colgadlo en el tablón de la clase.

¡Toma nota!

La rima y el ritmo ayudan en los eslóganes a memorizar y recordar el mensaje.

# Leo un cartel publicitario

¿Sabías que los carteles nos ayudan a comprender y a difundir mejor nuestros mensajes? En ellos, textos e imágenes se combinan en el espacio para transmitir la información de manera más directa y eficaz.

Antes de leer

- Observa el texto de la lectura: ¿te resulta atractivo?, ¿crees que trata sobre algo importante?

## Cuidemos nuestra salud mental

## Leo un cartel publicitario

# ¿CÓMO CUIDAR TU MENTE?

**¿Qué es la salud mental?** La salud mental es un estado de bienestar en el que la persona puede afrontar las situaciones y los problemas normales de la vida, estudiar, trabajar, convivir con los demás y contribuir a la vida de la comunidad. La salud mental es indispensable para tener buena salud.

Aquí tienes algunos consejos para cuidar de tu salud mental:

### ALIMÉNTATE ADECUADAMENTE

Es básico tener una dieta saludable y equilibrada. Consume frutas y verduras diariamente, así como legumbres, hortalizas, carnes bajas en grasa, alimentos integrales... Una alimentación sana ayuda a tener una mente sana.

### REALIZA EJERCICIO FÍSICO

Hacer deporte diariamente ayuda a regular la intensidad de las emociones negativas como la ira, la agresividad o la ansiedad. Además, nos ayuda a descansar mejor por las noches.

### REGULA TUS HORARIOS DE SUEÑO

Nuestro cuerpo y nuestro cerebro necesitan descansar un tiempo mínimo. Para las personas adultas, lo recomendable es dormir entre 7 y 9 horas, mientras que los niños y las niñas deben dormir entre 9 y 12 horas. Dormir ayuda a sentirse más optimista y a tener una mejor relación con los demás.

### CUENTA CÓMO TE SIENTES

Seguro que no estás siempre alegre. ¡Es normal sentirse triste de vez en cuando! Acepta tus sentimientos y luego, te sientas bien o mal, compártelo con alguna persona cercana a ti. Contar lo que nos pasa nos ayuda a ser más felices.

### JUEGA Y PRACTICA ACTIVIDADES AL AIRE LIBRE

Jugar al aire libre, caminar por la montaña, disfrutar de un día de playa, hacer deporte... Todas estas son actividades muy recomendables para mantener nuestra mente despierta y sana.

### SÉ AMABLE CON LOS DEMÁS

Sé amable contigo, pero también con quienes te rodean. Cuida y trata bien a los demás, muéstrales gratitud y respeto. Eso les hará sentirse felices, ¡Y también a ti!

**PON EN FORMA TU CEREBRO**
**¡CUIDA TU SALUD MENTAL!**

**LA LUPA ORTOGRÁFICA**

Las palabras *cómo, qué, quién, dónde...* se escriben con tilde cuando forman parte de una pregunta o una exclamación.

## Comprendo la lectura

1 ¿Qué tipos de textos has leído?

2 ¿Cuál es la finalidad de estos textos?

3 Además de texto, ¿qué otros elementos observas en el cartel? ¿Qué mensajes pretenden transmitir?

4 En el cartel, el texto se presenta en distintos tamaños y colores. ¿Con qué objetivo?

5 ¿Cuál es el eslogan?

6 ¿Por qué realizar ejercicio físico contribuye a la salud mental?

7 Completa estas oraciones en tu cuaderno con el sujeto que corresponda.

- .... deben dormir entre 7 y 8 horas diarias.
- .... deben dormir entre 9 y 12 horas diarias.

8 ¿Qué recomendaciones para reforzar tu salud mental practicas tú?

9 En parejas, leed estas recomendaciones relacionadas con la salud e inventaos un eslogan para cada una.

a) Es necesario lavarse las manos con agua y jabón antes y después de comer.

b) Hay que cepillarse los dientes y la lengua después de cada comida.

10 ¿Por qué crees que es importante hablar sobre nuestros problemas y expresar cómo nos sentimos?

11 ¿Con quién sueles compartir tus problemas y preocupaciones? ¿Por qué?

### Carteles por la salud mental CSI

Por parejas, elaborad un cartel.

- Elegid una de las recomendaciones para la salud mental descritas en la lectura de la unidad.
- Inventaos un título atractivo y redactad el resto de la información de manera breve, clara y sencilla.
- Seleccionad las imágenes que ilustren el contenido: recortad fotografías de periódicos o revistas, o cread vuestros propios dibujos.
- Pensad en cómo vais a distribuir todos los elementos en el papel: título, textos e imágenes.
- Utilizad distintos tamaños, tipos y colores de letra para distinguir la información principal de la secundaria.

**¡Toma nota!**

A la hora de elegir las imágenes, pensad en las emociones y en el mensaje final que queréis transmitir.

ME EXPRESO

# Utilizo palabras nuevas sobre la alimentación

En la lectura de la unidad has podido conocer la relación entre la alimentación y la salud.

1 Encuentra los sinónimos del verbo **alimentarse**.

comer roer ingerir aligerar
comenzar nutrirse introducir derrochar

2 Cabezas numeradas ¿Qué diferencia existe entre las siguientes palabras?

SABOREAR COMER ENGULLIR

3 Completa con el adjetivo que corresponda.

procesados • nutritivos • ecológicos

- No debemos abusar de los alimentos demasiado .... .
- Los productos .... están libres de pesticidas.
- Los frutos secos son muy .... y saludables.

4 Relaciona cada alimento con su sabor en tu cuaderno: dulce, salado, ácido, amargo.

5 ¿Qué queremos expresar cuando decimos que una persona tiene «buen paladar»? Escribe en tu cuaderno una oración en la que utilices esta expresión.

6 Escribe una oración de cada tipo en la que uses la palabra alimentación.

Interrogativa Exclamativa

7 ¿Sabes qué significa este refrán? Imagina una situación en la que lo utilices.

Sobre gustos, no hay nada escrito.

8 Clasifica las siguientes palabras según el campo semántico al que pertenecen: cocer, cacerola, freír, sartén, asar, hervir, olla, cucharón.

| Formas de cocinar | Utensilios de cocina |
| --- | --- |
| .... | .... |

## La lengua y sus hablantes

¿Conoces el sabor *umami?* Seguro que lo has saboreado aunque no supieras que se llamaba así.

*Umami* es uno de los cinco gustos básicos. Lo descubrió en 1908 el científico japonés Kikunae Ikeda. La palabra japonesa *umami*, está formada por *umai* (delicioso) y *mi* (sabor). Alimentos como el tomate, el queso parmesano o el jamón serrano poseen este delicioso sabor.

### Campo semántico

Un **campo semántico** está formado por un grupo de palabras cuyos significados están relacionados entre sí. Por ejemplo, las palabras *fútbol, tenis, baloncesto, natación...* pertenecen al campo semántico de los deportes.

# Me expreso literariamente

Hablar de forma elegante y bella, ¿ayuda a comunicar mejor el mensaje? ¡Anímate a practicar con el lenguaje literario!

**1** Lee en voz alta este texto y responde a las preguntas.

> Platero es pequeño, peludo, suave; tan blando por fuera, que se diría todo de algodón, que no lleva huesos. Solo los espejos de **azabache** de sus ojos son duros cual dos escarabajos de cristal negro.
>
> Lo dejo suelto y se va al prado, y acaricia tibiamente con su hocico, rozándolas apenas, las florecillas rosas, celestes y **gualdas**... Lo llamo dulcemente: «¿Platero?», y viene a mí con un trotecillo alegre que parece que se ríe, en no sé qué cascabeleo ideal...
>
> Juan Ramón Jiménez, *Platero y yo,* Anaya.

**Azabache:** piedra de color negro. **Gualdas:** amarillas.

a) ¿Qué metáfora se utiliza para los ojos de Platero?

b) Completa esta comparación en tu cuaderno.

Los ojos de Platero son duros como ....

c) ¿Cuál de estas es la hipérbole, y cuál, la personificación?

- «viene a mí con un trotecillo alegre que parece que se ríe»
- «se diría todo de algodón, que no lleva huesos»

**2** Di qué recursos literarios se utilizan en estas oraciones: Sus ojos son dos ventanas al mundo; Tengo tanta hambre que me comería una vaca; Las estrellas me dieron las buenas noches; Los truenos sonaban como gruñidos del cielo.

## Soy poeta

Inspírate en estos alimentos para crear una metáfora, una comparación, una personificación y una hipérbole.

manzana uvas
nuez plátano queso pan
aceite galletas huevos
espaguetis miel cerezas

Comparte tus resultados en voz alta con el resto de la clase.

### Recursos literarios

Los escritores y las escritoras utilizan diferentes recursos para expresarse de manera bella y especial. Algunos son:

- La **metáfora** consiste en llamar a una cosa con el nombre de otra con la que tiene semejanza: *puente de colores* (el arcoíris).
- La **comparación** consiste en relacionar una cosa con otra utilizando palabras como *parecer, como, cual...: Su pelo es rubio como los rayos del sol.*
- La **personificación** consiste en atribuir cualidades propias de los seres humanos a los animales y a las cosas: *El televisor no paraba de parlotear.*
- La **hipérbole** consiste en aumentar o disminuir de manera exagerada las cualidades de lo que se habla: *Te llamé un millón de veces.*

# Escribo de forma literaria

¿De qué manera podemos utilizar el lenguaje en beneficio del cuidado de las personas?

**1** Lee este poema. ¿Qué recursos literarios identificas en él?

Con diez cañones por banda
viento en **popa** a toda vela
no corta el mar si no vuela
un velero **bergantín.**
Bajel pirata que llaman
por su bravura el temido
en todo el mar conocido
del uno al otro **confín.**
La luna en el mar **riela**
y en la lona gime el viento
y alza en blando movimiento
olas de plata y azul.
Y ve el capitán pirata
cantando alegre en la popa
Asia a un lado, al otro Europa
y allá a su frente Estambul.
Navega velero mío
sin temor que ni enemigo navío
ni tormenta ni bonanza
tu rumbo a torcer alcanza
ni a sujetar tu valor [...]

José de Espronceda, *Canción del pirata,* Tintamala.

**Popa:** parte posterior de un barco. **Bergantín:** antiguo tipo de barco.

**Confín:** último punto que alcanza la vista. **Riela:** vibra, tiembla.

**2** Relaciona las columnas en tu cuaderno para encontrar personificaciones.

| | |
|---|---|
| El viento | la miraba fijamente. |
| El coche | se quejaba de viejo que era. |
| El sofá | canta ronco al arrancar. |
| El retrato | sonreía desde el cielo. |
| El sol | se desnudaba cada otoño. |
| El árbol | le susurraba al oído. |

3 Completa para formar comparaciones.

- Juan es astuto como .... .
- Caminaba tan lenta que parecía .... .
- El atleta corrió rápido cual .... .
- Su casa es tan lujosa como .... .

4 Relaciona cada imagen con la metáfora que le corresponda.

a

b

c

La grúa de los animales.
La trompeta de la granja.
El ferrocarril del jardín.

5 Intenta expresar cómo te sientes en este momento utilizando para ello uno de los recursos literarios que has estudiado.

## Platos de poesía

Por parejas, escribid una poesía sobre alguno de estos alimentos.

Pensad en lo que queréis transmitir en vuestra poesía: describir ese alimento, hablar de su sabor, explicar una receta, contar una historia...

Utilizad alguno de los recursos que habéis estudiado en la unidad: metáfora, comparación, personificación e hipérbole; describid cuánto os gusta u os disgusta...

No os preocupe hacerlo bien o mal... ¡Los grandes poetas también tuvieron que aprender!

Escribid el primer verso y continuadlo, a ser posible con versos que rimen.

Reunid los poemas de toda la clase en un poemario al que daréis un título.

CONOZCO MI LENGUA

# La oración

**1** ¿Cómo sabes cuántas oraciones hay en este texto? Fíjate en los signos de puntuación.

Sara y sus amigos han salido a jugar. Su juego favorito es el de las cuatro esquinas. Juegan cinco personas en un cuadrado grande. Cada persona ocupa una esquina. La quinta se queda en el centro. Cuando se da la señal los jugadores deben buscar una esquina diferente a la que ocupaban. Quien se queda en el centro suma un punto. Pierde la persona que suma primero los cinco puntos.

**2** Copia y completa con el sujeto que les corresponda.

vosotras ellas nosotros yo tú

- ... duermo ocho horas todos los días.
- ... durmieron en casa de María.
- ... dormiremos en Barcelona.
- ... duermes mejor en tu cama.
- ... dormid en el primer turno.

• Indica el número y la persona del sujeto y del verbo del predicado.

**3** Copia en tu cuaderno las siguientes oraciones, rodea el sujeto y subraya el predicado.

**Ejemplo:** Este plato es muy saludable.

- Paula cocina pasta italiana.
- Las frutas aportan muchas vitaminas.
- El enfermero me puso la vacuna.

**4** Deduce y escribe en tu cuaderno el sujeto de estas oraciones.

**Ejemplo**

–.... tienen siete vidas. > Los gatos tienen siete vidas.

- .... sale todas las mañanas por el este.
- .... llevaba la merienda a su abuelita.
- .... sirve para afilar la punta del lápiz.
- .... tiene veintisiete letras.

**5** Une los sujetos a los predicados en tu cuaderno para formar oraciones.

| | |
|---|---|
| Los delfines | vimos muchos cangrejos entre las rocas. |
| Mi madre y yo | es el animal más grande del mundo. |
| La ballena azul | no son peces, sino mamíferos. |

### La oración

La **oración** es un conjunto de palabras ordenadas de manera que tengan sentido completo. Toda oración tiene al menos un verbo.

Las oraciones acaban en punto o en signos de interrogación o exclamación.

### Sujeto y predicado

La oración consta de dos partes:

- El **sujeto** es la palabra o grupo de palabras de quien se dice algo: *Sara y sus amigos juegan a las cuatro esquinas.*

  A veces el sujeto no está presente, es un **sujeto omitido** o se sobrentiende: *Juegan a las cuatro esquinas.*
- El **predicado** es lo que se dice del sujeto de la oración: *Sara y sus amigos juegan a las cuatro esquinas.*

6 Cambia el orden del sujeto y predicado, como en el ejemplo.

**Ejemplo**

El autobús (Sujeto) llegó puntual. (Predicado)

Llegó puntual (Predicado) el autobús. (Sujeto)

- Las amapolas florecen en primavera.
- Nosotros hemos cenado tarde.
- Las luces de la ciudad se apagaron a la vez.
- La maleta estaba completamente llena.

7 El sujeto de estas oraciones está omitido. Añade en tu cuaderno el sujeto que falta.

- Estaba cubierto de nubes.
- Ladró a los vecinos.

8 Copia estas oraciones, rodea el núcleo del sujeto y subraya el del predicado.

- Esas niñas no son hermanas.
- El jueves amaneció muy pronto.
- Tus flores huelen muy bien.
- Pablo no quiere venir a mi casa.
- El volcán se apagará pronto.

**El núcleo**

El **núcleo** es la palabra más importante del sujeto y del predicado.

- El núcleo del sujeto es un **nombre** o un **pronombre.**
- El núcleo del predicado es un **verbo.**

**Copio y completo para organizar mis ideas**

La oración
- SUJETO
  - Es ....
  - Su núcleo puede ser .... o ....
- PREDICADO
  - Es ....
  - Su núcleo es ....

CONOZCO MI LENGUA

# Palabras con *b* y *v*

**1** Escribe en tu cuaderno una oración en la que utilices la palabra correspondiente a cada imagen.

a

b

c

**2** Escribe las palabras con b correspondientes a estas definiciones. ¿A que regla del uso de la b responden?

- Rodear con los brazos a una persona en señal de cariño.
- Lugar con libros para leer o pedir libros en préstamo.
- Prenda de vestir para cubrir la cabeza.

**3** Relaciona en tu cuaderno las columnas para formar palabras con b.

| | |
|---|---|
| bu- | -deos |
| | -ñuelo |
| bur- | -car |
| | -to |
| | -cle |
| bus- | -la |

**4** Copia las palabras que se escriben con b. ¿A qué regla obedecen todas ellas?

Ser cocinero, cuando tienes diez años y mucha hambre el 85 % del tiempo, no es nada fácil. Yo trato de seguir las instrucciones del libro de cocina con todas mis fuerzas, pero las cosas nunca son tan sencillas cuando te pones manos a la obra. Me volvió a pasar con las magdalenas.

Ledicia Costas, *La señorita Bubble,* Anaya.

**5** Completa los siguientes verbos.

| | | | |
|---|---|---|---|
| exhi.... | atri.... | reci.... | prohi.... |
| distri.... | escri.... | contri.... | su.... |

### Palabras con *b*

Se escriben con **b:**

- Los grupos de consonantes **mb, bl** y **br:** *ambar, blanco, bruma.*
- Las palabras que empiezan por **bu-, bur-** y **bus-:** *bucle, burbuja, busto.*
- Los verbos terminados en **-bir** y **-buir** (excepto *hervir, servir* y *vivir): describir, contribuir.*
- El **pretérito imperfecto** de los verbos de la primera conjugación: *amasaba, recitaban, caminábamos.*
- Todas las formas de los verbos **haber, saber, beber** y **deber.**

6 Escribe el infinitivo de estas formas verbales: debíamos, bebió, hemos, sabré.

**Ejemplo:** supo → saber

7 Forma adjetivos a partir de los siguientes verbos.

**Ejemplo:** ahorrar → ahorrativo

| | | | |
|---|---|---|---|
| atrever | crear | narrar | comparar |
| educar | decorar | divulgar | negar |

8 Encuentra la palabra correspondiente a estas definiciones. Las dos comienzan por adv-.

Aviso que se le da a alguien. | Contrincante, enemigo.

9 Completa la tabla en tu cuaderno con estas palabras.

| | | |
|---|---|---|
| nueve | primavera | vamos |
| vayas | veinte | verano |

| Número | Estación del año | Verbo ir |
|---|---|---|
| .... | .... | .... |

10 Completa con haber o a ver las siguientes oraciones.

**Ejemplo:** Debe de **haber** pagado su entrada.

Voy .... si ya han llegado.

No estoy segura de .... actuado bien.

### Palabras con *v*

Se escriben con **v**:

- Los adjetivos que terminan en **-ava, -ave, -avo, -eva, -eve, -evo, -iva, -ivo:** *eslava, suave, bravo, longeva, leve, nuevo, adhesiva, creativo.*
- Los **números** y las **estaciones del año:** *nueve, verano.*
- Las palabras que empiezan por **adv-:** *advertir, adverbio.*
- Todas las formas del verbo **ir** en las que aparezca este sonido: *voy, vas, vamos...;* excepto las formas del pasado *(iba, ibas...).*

Repasa la ortografía de la unidad en **anayaeducacion.es**.

## DICTADO: Practicamos con nombres de alimentos

En grupos, cread una oración en la que utilicéis dos nombres de alimentos que se escriban con b o v.

Por turnos, dictad vuestras oraciones al resto de grupos de la clase, que las copiará al dictado.

Para terminar, realizad una puesta en común de los resultados y aplicad las correcciones necesarias.

**Después del dictado:**

Ortografía ☺ 😐 ☹

Presentación ☺ 😐 ☹

Caligrafía ☺ 😐 ☹

# ¿Qué he aprendido?

1 Relaciona en tu cuaderno las series de palabras con el campo semántico al que pertenecen.

Ropa de abrigo
Muebles de salón
Días de la semana
Animales de granja

- Gorro, bufanda, guantes...
- Mesa, sillón, aparador...
- Gallina, vaca, conejo...
- Martes, viernes, sábado...

2 Completa en tu cuaderno los siguientes campos semánticos con al menos cuatro palabras.

- Instrumentos de música: ....
- Verduras: ....
- Colores: ....
- Ciudades: ....

3 ¿A qué campos semánticos pertenecen los siguientes grupos de palabras? Escríbelo en tu cuaderno.

- Primo, tía, abuela, madre...
- España, Francia, Egipto, Rusia...
- Paula, Marina, Ana, Cristina...
- Inglés, italiano, portugués, francés...

4 Copia estas oraciones en tu cuaderno, subraya el sujeto y rodea el predicado.

- El agua del lago estaba congelada en su superficie.
- El barco atracó de madrugada en el puerto.
- Las luces de toda la casa estaban encendidas.
- La pescadera del mercado tiene siempre pescado fresquísimo.

5 Completa estas oraciones en tu cuaderno con un sujeto o un predicado, según corresponda.

- Pablo y yo .... .
- ....llegó tarde al cine.
- Mi abuela .... .
- Los turistas .... .
- Lucía y sus amigas .... .
- .... comimos juntos el lunes.

6 Copia, subraya el núcleo del sujeto y rodea el núcleo del predicado de estas oraciones.

- El perro es muy alegre.
- Carmen y yo fuimos al cine.
- Mi abuelo sabe arreglar todo.

7 Escribe en tu cuaderno cuatro oraciones en las que utilices los siguientes verbos: haber, saber, deber y beber.

8 Escribe dos palabras que contengan cada uno de estos grupos de consonantes: mb, bl, br.

9 Indica en tu cuaderno qué regla ortográfica de uso de la v se observa en estas palabras: ahorrativo, noventa, invierno, adviento, van.

Realiza la autoevaluación interactiva en **anayaeducacion.es**.

## DICTADO

Lee el texto para preparar el dictado.

Nieve es una palabra leve, que se escribe con *v* y hay que dejarla caer, despacio, a que no haga ruido al posarse en el suelo.

Leyendo nieve, recién cogida del cesto, Pedro se acordó de la última nevada de aquel invierno.

Nevó toda la noche, nevó en silencio, y por la mañana, la nieve lo cubría todo y los tejados.

En el prado, detrás de la iglesia, Pedro, Paula y los otros rapaces hicieron un muñeco de nieve y lo llamaron Tomás.

Después, todos tuvieron que ir a cambiarse de calcetines, tomar un vaso de leche caliente y quedarse en casa.

Juan Farias, *Un cesto lleno de palabras,* Anaya.

**El semáforo.** Junto a cada actividad, colorea así en tu cuaderno:

- si has sabido la respuesta,
- si has necesitado ayuda
- o si no la has sabido responder.

OBJETIVO EN ACCIÓN

## ¡Stop al acoso en mi colegio!

En esta unidad has comprendido cómo la publicidad es un gran instrumento para convencer y también cómo hay que tener una actitud crítica ante ella.

Ahora que sabes todo esto, vas a dar un paso más...

Cread un anuncio grabado para prevenir el acoso escolar en vuestro colegio y ayudar así a la salud mental del alumnado.

1 Antes de nada, reflexionad primero sobre este problema. Para ello, completad en el cuaderno este organizador gráfico. Os ayudará a ordenar vuestras ideas.

**Rastreador de problemas**

Fase 1

ANALIZAR
¿Qué es el acoso escolar?
¿Cuándo se produce?

Fase 2

VALORAR Y PROPONER SOLUCIONES
A. mí me parece que... porque...
Creo que se podría...

¿Qué siente una persona acosada? ¿Y las demás?

2 Redactad el guion de vuestro anuncio con el mensaje que queráis transmitir. Recordad: ha de ser un texto breve, claro y directo.

3 En grupos, cread un eslogan sugerente, corto y fácil de recordar. Luego, elegid por votación el eslogan que más haya gustado a la mayoría.

4 Grabad vuestro anuncio. Podéis utilizar música para dar mayor fuerza al mensaje.

5 Solicitad autorización a la Dirección del centro escolar para difundir vuestro anuncio a través de la megafonía o de la página web del colegio.

# ¿Cómo he aprendido?

1 Completa estas oraciones en tu cuaderno.

- En los momentos de trabajo individual me he sentido....
- En los momentos de trabajo en equipo me he sentido....

2 ¿Qué te ayuda a aprender? Completa el organizador en tu cuaderno.

**Me ayuda a aprender**

| Lo que me ayuda a mantener la atención es: | → | Leer la información de mi libro y escuchar la explicación: |
|---|---|---|
| .... | | .... |

# 10 Apoyo la ciencia

La ciencia es el mayor proyecto colectivo de la humanidad. A la ciencia le debemos los enormes avances que han hecho nuestra vida más fácil. ¿Cómo podríamos leer cuentos antes de dormir si no existiera la electricidad? ¿Cómo evitaríamos las enfermedades sin la invención de las vacunas? ¿Y cómo podríamos viajar tan rápidamente, incluso al espacio, sin los grandes descubrimientos científicos que lo han hecho posible?

## ¿Cómo lo ves?

¿Recuerdas el nombre de algún científico o científica?

¿Qué invento te parece más interesante?

¿Te gustaría dedicarte a la ciencia? ¿Por qué?

## El dato

El Premio Nobel es un reconocimiento internacional que recompensa el trabajo de personas que han destacado por su contribución a la ciencia.

Para esta unidad...

## Objetivo en acción

**¿Cómo puedes mostrar tu apoyo a la ciencia y a la tecnología? Reinventa un objeto.**

**¡Sigue el hilo!**

1. **El resumen; ideas principales y secundarias** — Los textos divulgativos permiten que muchas personas accedan al conocimiento científico.
2. **Lectura** — ¿Qué tiene de especial la profesión científica?

9

Vocabulario

3

Utilizo palabras nuevas sobre la ciencia.

La poesía: recitar un poema

4

¿Qué relación existe entre poesía y ciencia?

La poesía: verso, estrofa y rima

5

Se puede hacer poesía sobre cualquier tema, incluso sobre la tecnología y la ciencia de los objetos más cotidianos.

¡!

**CONOZCO MI LENGUA**

Los complementos del verbo.

Palabras terminadas en *-d* y *-z*.

COMPRENDO

# Escucho un texto divulgativo

Los textos divulgativos permiten que muchas personas accedan al conocimiento científico. ¿Te atreves a trabajar con ellos para entenderlos mejor?

1 Interpretación compartida Escucha este texto y toma nota de las ideas más importantes. Luego, responde a las preguntas.

a) ¿Cuál es la idea principal de la primera parte del texto? Elige la opción correcta.

- Vivimos un momento de grandes cambios en el planeta.
- Hay tormentas, nevadas y grandes olas de calor.
- Podemos trabajar o estudiar desde casa.

b) Ordena las cuatro ideas principales según su aparición.

| | |
|---|---|
| Lograr ese futuro mejor depende de nosotros. | Es normal que sintamos inquietud ante un futuro desconocido. |
| Pero los grandes cambios son también una oportunidad para construir un futuro mejor. | Nuestro mundo vive un momento de grandes transformaciones climáticas y tecnológicas. |

c) Resume el texto con tus palabras e invéntate un título.

### El resumen

**Resumir** es decir con nuestras palabras lo más importante de un texto.

### Idea principal e ideas secundarias

- La **idea principal** expresa el tema más importante que desarrolla el texto. A veces puede haber más de una idea principal.
- Las **ideas secundarias** aclaran, amplían o ejemplifican la idea principal.

## Colección de inventos

Vais a elaborar un fichero en clase donde resumiréis los datos más importantes sobre algunos inventos que nos hacen la vida más fácil y divertida.

Elige uno de estos inventos e infórmate en Internet sobre él.

a

b
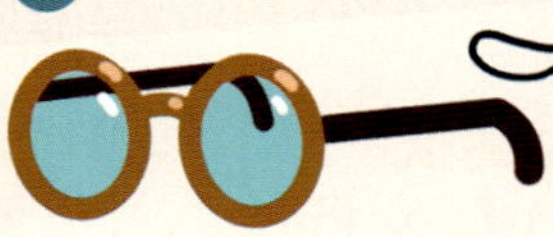
c
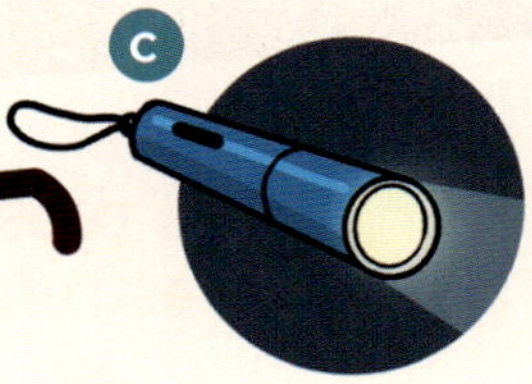
d

Resume la información obtenida en una ficha: ¿qué es?, ¿se sabe quién lo inventó?, ¿cuándo se inventó?, ¿cómo es?, ¿para qué sirve?...

Acompaña tu ficha de resumen con un dibujo o una fotografía.

**¡Toma nota!**

Intentar resumir un tema y localizar las ideas principales y secundarias nos ayuda a comprenderlo mejor.

# Leo un texto narrativo

¿Qué tiene de especial la profesión científica? En la lectura conocerás a un par de curiosos investigadores.

Antes de leer

- Observa la forma del texto: ¿qué partes distingues en él?

## Unos científicos muy curiosos

### La peluca de Monsieur Cugnot

El primer vuelo a vapor no lo llevó a cabo un hombre, ni una mujer, sino una peluca.

Dos años antes de ese vuelo, en 1769, Nicolas-Joseph Cugnot inventó el primer automóvil, lo hizo en Francia, y era un automóvil de vapor. La máquina, con su enorme caldera, parecía el cuerpo de un gran insecto, una gigantesca libélula metálica que hubiera perdido las alas. En 1769 un vehículo así resultaba **estrambótico** y sin duda excepcional. No lo eran, sin embargo, las pelucas blancas.

En el siglo XVIII se usaban esas pelucas blancas, toda persona **distinguida** tenía una, y quien no la tenía, deseaba tenerla. Eran tan habituales que había incluso ladrones de pelucas blancas. Como no había automóviles, no abundaban los ladrones de coches, pero de pelucas, sí. Tiene sentido, si lo pensáis.

Desde muy joven, Nicolas-Joseph Cugnot lució una de esas pelucas. Dentro de la peluca estaba su cabeza, y dentro de su cabeza, **bullía** una idea: construir el primer automóvil.

Monsieur Cugnot consiguió llevar a cabo su invento y construyó su «**ingenio** mecánico». Cugnot no fue solo el inventor del primer automóvil, sino que mientras lo conducía, una tarde de 1771, lo **estampó** contra la pared de un edificio. Fue también, por tanto, el inventor de los accidentes automovilísticos. No le aplaudiremos por ello.

Por suerte, Cugnot no sufrió grandes daños en el accidente. En cambio su peluca, sí. Abandonó su cabeza (en lo que fue el primer vuelo realizado gracias a una máquina de vapor) y voló hasta aterrizar sobre la caldera del automóvil, donde el humo y el calor acabaron con ella.

La destrucción de la peluca de Cugnot marcó un antes y un después en la historia. Por alguna desconocida razón, las pelucas blancas y los motores de vapor nunca se han llevado bien. Lo cierto es que, a partir de ese día, los motores de vapor fueron a más, mientras que las pelucas blancas fueron a menos.

En la actualidad, ese tipo de pelucas blancas no las lleva casi nadie, solo algunos jueces y abogados, en especial en el Reino Unido.

Cugnot no llegó muy lejos con su automóvil y, cuando lo intentó, se estrelló contra una pared. Pero no lo juzguéis muy duramente por eso. Sobre todo si no lleváis una peluca blanca sobre vuestras cabezas.

**Estrambótico:** raro, extraño.

**Distinguida:** ilustre, noble.

**Bullía:** se agitaba.

**Ingenio:** máquina, aparato.

**Estampó:** hizo chocar contra una superficie.

## Leo un texto narrativo

### Minerva Vapour, última descendiente de una familia de genios

Casi ciento cincuenta años después del accidente de Monsieur Cugnot, uno de los primeros días del otoño de 1920, en un pueblo de la costa atlántica francesa, una mañana de lluvia un niño encontró en el suelo del patio del colegio una hoja de color marrón. Una de esas hojas que caen de los árboles.

El patio era acristalado, parecido a un invernadero. El techo transparente tenía un agujero en el centro. A través de ese agujero salía el tronco de una espléndida olma. Una olma es un olmo muy corpulento y **frondoso.** Junto a la olma se encontraba una maestra. [...]

La cuestión es que la maestra no vio caer la hoja, sino que fue uno de sus alumnos. Esa hoja no era una hoja cualquiera, y no había caído de la olma, sino que provenía de mucho más arriba. De una torre que se alzaba junto al patio acristalado.

En los cuentos, las torres son habitadas por princesas o por brujas. En este caso, en la torre no vivía ninguna princesa, ni ninguna bruja. Sino una niña de once años. Pero, de la misma manera que la hoja no era una hoja cualquiera, la niña de la torre no era cualquier niña. Se trataba de la científica e inventora Minerva Vapour, última descendiente de una gran familia de genios.

Minerva espió desde la ventana de su laboratorio cómo aquel alumno recogió la hoja y la miró con curiosidad.

En el noroeste de Francia llueve a menudo en otoño, y caen hojas a menudo también. [...] Eso es lo normal. Las hojas verdes se van llenando de los colores del otoño: el amarillo, el granate y el marrón. Como explicó en su **ensayo** *Teoría de los muchos colores* la tataratía abuela de Minerva, la profesora Abundantia Vapour, los colores del otoño pesan mucho, por eso se caen las hojas.

Quizá vosotros no lo sepáis, pero todas las Vapour saben que el marrón pesa más que el verde.

Lo importante es que, al margen de su color, esa hoja sí era especial. Y aquel niño lo supo cuando le dio la vuelta y descubrió que tenía un mensaje, un mensaje escrito a máquina.

> Hola:
>
> Si has encontrado esta hoja supongo que eres uno de los niños borrosos. Espero que no seas la maestra. Mira hacia arriba, a la ventana más alta. Soy la niña que vive en la torre. Soy una niña, pero también soy un **portento.** Un portento científico. Y un casi genio. La próxima vez que llueva, busca otra hoja como esta.
>
> Minerva

Diego Arboleda, *Los descazadores de especies perdidas,* Anaya.

**Frondoso:** abundante en hojas y ramas.

**Ensayo:** escrito en el que se desarrollan las ideas de un tema.

**Portento:** persona admirable por alguna condición.

**LA LUPA ORTOGRÁFICA**

Después del saludo en una nota escribimos dos puntos (:). La palabra que sigue a los dos puntos, se escribe en una línea aparte y con mayúscula inicial.

## Comprendo la lectura

1 Relaciona en tu cuaderno a cada personaje con su época.

| | |
|---|---|
| Primera mitad del siglo XX | Monsieur Cugnot |
| Segunda mitad del siglo XVIII | Minerva Vapour |

2 ¿Dónde encuentra el niño la hoja con una nota? ¿Quién la envía?

3 El espejo ¿Por qué en 1769 un automóvil a vapor resultaba estrambótico y no que la gente llevase pelucas blancas? ¿Qué resultaría raro hoy en día?

4 ¿Por qué en el siglo XVIII había más ladrones de pelucas que de automóviles?

5 Describe con tus palabras a la persona que vivía en la torre.

6 Según la profesora Abundantia Vapour, ¿cuál es la razón de que se caigan las hojas en otoño?

7 ¿Por qué crees que Minerva llama **borrosos** a los niños del patio?

8 Minerva se describe como una **genia**. ¿Qué quiere decir con esto?

9 Lee la siguiente oración y responde a las preguntas: ¿qué mostró el niño?, ¿a quién se la mostró?

El niño mostró la hoja a sus compañeros.

### El enigma de la máquina de escribir

En 1920, Minerva Vapour escribe a máquina su mensaje a los niños borrosos. Investiga sobre la máquina de escribir, completa la ficha en tu cuaderno y resuelve el enigma: ¿pudo Minerva Vapour escribir su mensaje con ella?

**La máquina de escribir**

- Año y lugar en el que fue inventada: ....
- ¿Quién la inventó?: ....
- ¿En qué consiste? ....
- ¿Por qué fue un gran invento? ....
- ¿Qué otro gran invento la ha sustituido? ....

**¡Toma nota!**

Los inventos se han ido adaptando a las necesidades de los seres humanos para mejorar su vida.

ME EXPRESO

# Utilizo palabras nuevas sobre la ciencia

Monsieur Cugnot y Minerva Vapour son dos genios dedicados a la ciencia y a la invención de nuevos artilugios para mejorar el día a día de las personas.

1 Si a la persona que se dedica a la astronomía la llamamos astrónoma y a la persona que se dedica al arte, artista, ¿cómo llamamos a las personas que se dedican a estas otras profesiones? Escríbelas en tu cuaderno en masculino y femenino.

geología sociología economía meteorología biología vulcanología deporte arqueología cosmología periodismo

2 Copia y sustituye las palabras destacadas por el sinónimo que corresponda.

técnico • sabiduría • investigador • disciplina

- Era una persona de mucha **ciencia.**
- La biología es la **ciencia** que estudia los seres vivos.
- Ramón y Cajal fue un célebre **científico** español.
- La ciencia utiliza un lenguaje **científico** para explicar los fenómenos.

3 ¿Qué te hace decir eso? ¿Sabes cómo se llaman estos objetos científicos? Explica para qué sirve cada uno.

a

b

4 ¿Qué significa la expresión subrayada en esta oración?

Preparar esa receta no requiere <u>mucha ciencia</u>.

5 Por parejas, elegid uno de estos refranes y explicad su significado.

- Con el tiempo y la paciencia, se adquiere la ciencia.
- El estudio y la paciencia son los padres de la ciencia.
- Mala y engañosa ciencia es juzgar por las apariencias.
- La experiencia es madre de la ciencia.

### La lengua y sus hablantes

Los anglicismos, es decir, las palabras del español que proceden del inglés, son muy frecuentes en el lenguaje técnico-científico. Por ejemplo: *link, copyright...*

La razón es que los artículos de investigación científica y tecnológica suelen publicarse mayoritariamente en esta lengua.

Lo recomendable es evitar estos anglicismos cuando existe una alternativa en español.

### Los refranes

Los **refranes** son dichos tradicionales que expresan enseñanzas o consejos. A veces están formados por dos partes que riman.

# Recito un poema

¿Qué relación existe entre la poesía y la ciencia? Ambas nos descubren cosas sorprendentes que nunca antes habíamos visto o imaginado.

1 Escucha este poema. ¿Cómo te has sentido al escucharlo? ¿Qué es lo que más te ha gustado de él?

Las estrellas se citan en el cielo,
cogen el ascensor
y bajan lentamente a la piscina. [...]

Si las estrellas bajan a la tierra
para bañarse en las piscinas,
yo me pregunto entonces:
¿qué vemos por la noche
nosotros en el cielo?

Hay quien piensa que todas las estrellas,
para poder bajarse a la piscina
sin que nadie lo note,
cubren el cielo de papel de plata,
de caminos de leche
y de fuegos de azúcar.

Yo no lo sé. Pero en algunas noches
hermosas de verano,
mientras el mar se duerme y las ciudades
apagan sus ventanas,
se me enciende una luz,
y pienso seriamente en las bombillas.

Cansadas de estar quietas,
de los ruidos y el humo de las motos,
las bombillas se van de vacaciones,
cogen el ascensor
y suben lentamente hasta los cielos
con ropa de turistas.

Sobre las nueve y media,
flotando en el espacio,
ocupan el lugar que dejan las estrellas.

Entonces me pregunto:
si las bombillas suben hasta el cielo,
cansadas de estar quietas,
¿qué vemos al entrar en las ciudades?,
¿quién pinta las farolas?,
¿quién alumbra las calles y las casas? [...]

Luis García Montero, *Lecciones de poesía para niños y niñas inquietos*, Visor.

### Recitar un poema

Al recitar un poema, fíjate bien en la puntuación e intenta expresar los sentimientos que sus palabras producen.

## Recito un poema

Preparar la tarea

En parejas, recitad a vuestra manera el poema que acabáis de escuchar.

**Antes de recitarlo:** leed el poema hasta comprenderlo bien; observad los signos de puntuación que marcan las pausas.

**Mientras lo recitáis:** utilizad la entonación y la expresividad que necesitáis para transmitir vuestro mensaje; pronunciad bien las palabras; y no os olvideís de apoyar vuestra declamación con los gestos y los movimientos de vuestro cuerpo.

# Escribo una poesía

Se puede hacer poesía sobre cualquier tema, incluso sobre la tecnología y la ciencia de los objetos más cotidianos.

### La poesía

La **poesía** es un género literario. Los poemas se componen de **versos** (cada una de las líneas del poema), que a veces se agrupan en **estrofas.**

Versos → En primavera,
las palabras de un mago
sacan flores y pájaros
de la chistera. → Estrofa

J.C. Martín Ramos,
*Versos para contar estrellas,* Anaya.

**1** Lee este poema y responde a las preguntas.

La robot Robotina
es una robot muy fina,
ya trabaja en la cocina,
guisa y asa,
juega con los niños,
limpia la casa.

Robotina no sabe coser,
no sabe saltar,
le gusta leer
y andar hacia atrás.

Sus ojos, dos tornillos,
su boca, una rendija,
dos embudos sus orejas
y dos cepillos sus cejas,
calva y con casco.

Su cuerpo un tonel de hierro
(sin ombligo y sin trasero).

Piernas cortas, brazos largos,
pies sin dedos y cinco pinzas
en cada mano.

Robotina en la cocina,
hace sopa con harina.
Con tornillos y pescadilla,
hace la rica tortilla.
Con tuercas y con clavos,
suculentos bocadillos,
y sonríe a los niños
con su boca de metal.

Robotina en la cocina,
cocinera colosal.

Gloria Fuertes, *Antología,* Susaeta.

a) ¿De cuántos versos está compuesto este poema? ¿Cuántas estrofas tiene?

b) Copia la primera estrofa y subraya del mismo color las palabras que riman. ¿Qué clase de rima se utiliza en esta primera estrofa.

c) ¿Cuál de estos recursos literarios predomina en el poema? ¿Por qué?

Metáfora | Comparación | Personificación

### La rima

La **rima** es la repetición de sonidos a partir de la última sílaba tónica de cada verso.

- La rima es **asonante** cuando solo se repiten los sonidos de las vocales:
  Clin, clin, cl**i**n,
  caen las gotas,
  sobre mi nar**i**z
- La rima es **consonante** cuando se repiten todos los sonidos:
  La luz tempr**ana**
  asoma por mi vent**ana.**

2 Lee estos poemas. ¿Por qué son pareados?

**Clarinete**

Instrumento soy brillante
por detrás y por delante.

Pues me limpio cada día
la luciente anatomía.

No quisiera andar pringoso
como si fuera un oso.

**Triángulo**

Equilátero arlequín,
mandarín tintirintín.

**Castañuelas**

Las castañas españolas
con dos dedos vuelan solas.

Miquel Desclot, *¡Música maestro!,* La Galera.

**El pareado**

El **pareado** es un tipo de estrofa formado por dos versos que riman entre sí.

3 Elige otro instrumento musical y escribe un pareado.

4 Elige dos palabras que rimen en la nube de palabras y escribe un pareado en el que las utilices.

nariz perdiz feliz amistad maíz raíz lealtad lombriz tempestad ciudad Bagdad

## Poesía en dos pasos

Escribe un poema de cuatro versos sobre electrodomésticos útiles para la vida de las personas. Para ello, sigue el ejemplo:

| Paso 1. Contesta a las preguntas. | Paso 2. Construye tu poema con las respuestas. |
| --- | --- |
| • **¿Qué es?** La lavadora.<br>• **¿Dónde está?** En la cocina.<br>• **¿Cómo es?** Cuadrada y con un agujero.<br>• **¿Para qué sirve?** Lava la ropa rápido. | La lavadora,<br>en la cocina,<br>cuadradita y con agujerito,<br>lava la ropa en un momentitito. |

# Los complementos del verbo

**1** Lee estas oraciones y responde a las preguntas.

a Minerva escribió **un mensaje.**

b Minerva escribió un mensaje **a los niños.**

c Minerva escribió un mensaje a los niños **ayer**.

a) ¿Qué envió Minerva?

b) ¿A quién se lo envió?

c) ¿Cuándo lo envió?

## Los complementos del verbo

Los **complementos del verbo** son las palabras que lo acompañan y complementan su significado. Algunos complementos del verbo son:

- **Complemento directo (CD)**: Indica la persona, el animal o el objeto sobre el que se realiza la acción del verbo.
  Ejemplo: *Mi madre escribió un libro.*
- **Complemento indirecto (CI)**: Indica a quién o a quiénes va destinada la acción del verbo. Siempre va precedido de la preposición **a.**
  Ejemplo: *La dentista revisó la ortodoncia a Rubén.*
- **Complemento circunstancial (CC)**: Indica las circunstancias en las que se realiza la acción del verbo. Las circunstancias pueden ser de:
  - **Lugar.** Ejemplo: *Mi tío pasa muchas horas en el taller.*
  - **Tiempo.** Ejemplo: *Ayer vi a mi amiga.*
  - **Modo.** Ejemplo: *Recitó muy bien el poema.*
  - **Cantidad.** Ejemplo: *Mis amigos disfrutaron mucho.*

**2** Copia y rodea el complemento directo en estas oraciones.

**Ejemplo:** La investigadora analizó todos los datos.

- Mi padre visitó el monumento.
- Rubén compró un coche antiguo.
- Construimos una máscara de cartón.
- Andrea repara electrodomésticos.

**3** Copia y completa estas oraciones con un complemento directo.

- Manuel trajo .... a la fiesta.
- Ana compró .... en la frutería.
- Leí el .... y me encantó.
- Bebí .... en un periquete.

**4** Copia estas oraciones y subraya el complemento directo (CD) y el complemento indirecto (CI).

> **Ejemplo:** Mi abuela regaló un viaje a la familia.
> un viaje: CD; a la familia: CI

- El científico anunció su descubrimiento a los periodistas.
- El museo de ciencias abrió sus puertas al público.
- Laura regaló un libro a su hermano mayor.

**5** Copia en tu cuaderno estas oraciones y subraya los complementos circunstanciales (CC).

> **Ejemplo:** Lucas diseñó un nuevo reloj la semana pasada.
> (subrayado: la semana pasada)

- La película comenzará en breves instantes.
- Él compró una barra de pan esta mañana.
- La clase de quinto presentará su proyecto en el colegio.
- Tengo yogures de limón en la nevera.
- Mi padre siempre conduce con prudencia.
- Al enfermo le subió la fiebre mucho.
- Pasaron la tarde tranquilamente.

**6** Clasifica los CC de la actividad anterior en tu cuaderno.

| Lugar | Tiempo | Modo | Cantidad |
|---|---|---|---|
| .... | .... | .... | .... |

**Copio y completo para organizar mis ideas**

Complementos del verbo
- Complemento directo (CD) — Indica ....
- Complemento indirecto (CI) — Indica ....
- Complemento circunstancial (CC) — Indica ....

¡! CONOZCO MI LENGUA

# Palabras terminadas en *-d* y *-z*

1 Observa este diálogo y copia en tu cuaderno las palabras que acaben en -d o -z. Escribe el plural al lado.

2 Escribe el plural de estas palabras ¿Qué ocurre y por qué?

**Ejemplo:** alud → aludes

| | | | |
|---|---|---|---|
| disfraz | latitud | paz | juventud |
| soledad | fugaz | desliz | actividad |
| cruz | utilidad | cicatriz | pared |

### Palabras terminadas en *-d* y *-z*

- Las palabras terminadas en **-d** forman su plural en **-des.**
- Las que terminan en **-z** forman su plural en **-ces.**

3 Completa estos plurales con c o d en tu cuaderno. ¿Cuál es su singular?

| | | |
|---|---|---|
| propieda....es | nue....es | lápi....es |
| liberta....es | verda....es | arro....es |
| magnitu....es | tapi....es | perdi....es |
| navida....es | fero....es | raí....es |

**4** Forma palabras acabadas en **-dad** y en **-ez** a partir de los adjetivos de la nube de palabras.

rápido difícil activa sencillo humilde escaso débil real

Repasa la ortografía de la unidad en **anayaeducacion.es**.

**5** Completa en tu cuaderno los siguientes nombres con **-d** o **-z**, según corresponda.

| | | | |
|---|---|---|---|
| amista.... | honrade.... | felicida.... | suavida.... |
| madure.... | soleda.... | volunta.... | ridicule.... |

**6** Resuelve las adivinanzas. Recuerda, las soluciones acaban en **-d** o en **-z**.

**a**

Te transforma en lo que quieras,
desde un ogro a un caimán.
En un hada o princesa,
y hasta en un orangután.

**b**

Todo agua, agua, agua.
Todo agua alrededor.
Son pequeñitos y grandes.
¡Muchos, muchísimos son!

**7** Escribe en tu cuaderno una oración con cada uno de los nombres correspondientes a estas imágenes, en singular y en plural.

**a**

**b**

**c**

**d**

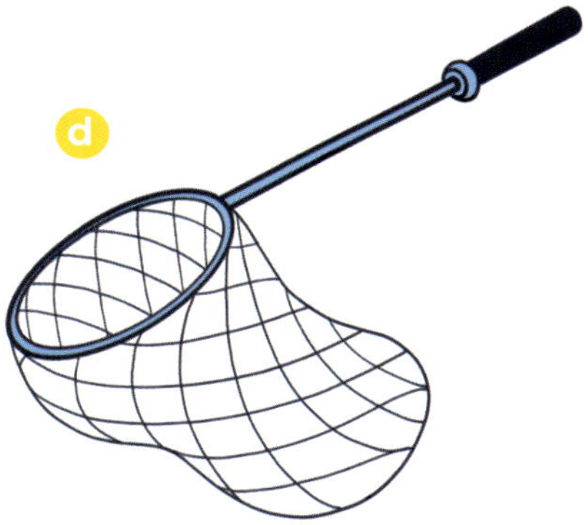

## DICTADO: Practicamos con un poema recitado

Escucha una primera vez el poema y copia todo lo que puedas de sus versos. Deja espacios en blanco cuando lo necesites.

Escucha una segunda y una tercera vez intentando completar los espacios en blanco.

Después, por parejas, compartid vuestro resultado y corregid lo que sea necesario.

Para terminar, en grupos de cuatro personas, intentad reconstruir el poema completo a partir de la suma de vuestros resultados.

**Después del dictado:**

| Ortografía | Presentación | Caligrafía |
|---|---|---|
| ☺ 😐 ☹ | ☺ 😐 ☹ | ☺ 😐 ☹ |

# ¿Qué he aprendido?

**1** Completa estos refranes con la palabra que falta y explica su significado con tus palabras.

- Más vale .... en mano que ciento volando.
- Más vale .... conocido que bueno por conocer.
- Más vale .... que fuerza.

**2** Relaciona las columnas en tu cuaderno para encontrar los refranes y describe una situación en la que puedas utilizar cada uno.

| | |
|---|---|
| No te acostarás | y el chocolate espeso |
| No es oro | sin saber una cosa más |
| Las cuentas claras | todo lo que reluce |

**3** Copia y completa estas oraciones con un CD.

- Contemplamos ....
- Cada noche leía ....
- Lleva puestos ....
- Paula quiere ....

**4** Identifica el complemento indirecto en estas oraciones y cópialo en tu cuaderno.

- La escritora dedicó su libro a su madre.
- El sol provocó quemaduras a los turistas.
- Ernesto envió un correo electrónico a su jefe.
- Llevó el documento al secretario.

**5** Copia estas oraciones y subraya los complementos circunstanciales que encuentres.

- Javier estudia matemáticas en su habitación.
- Los padres besaron al bebé con mucho cariño.
- Me gusta comprar el pan todos los días.
- Ayer Iván regaló un cuaderno a Marta.
- Nosotras trabajamos en el laboratorio.

**6** Clasifica los complementos circunstanciales de esta oración en tu cuaderno.

Juana estudia con entusiasmo en Granada desde septiembre.

| Lugar | Tiempo | Modo |
|---|---|---|

**7** Identifica los complementos de estas oraciones y clasifícalas en tu cuaderno:

- Dijo la verdad a sus compañeros con sinceridad.
- Esta mañana envié el correo a Mateo.
- Entregó las llaves a los inquilinos en el portal.
- La actriz dedicó con emoción unas palabras.

**8** Copia y completa con -d, -z, -ces y -des las palabras de estas oraciones.

- Fue la primera ve.... que vi a aquellas actri.... .
- Destaca por su honrade...., siempre dice la verda.... .
- Este producto es muy efica.... y elimina todas las sucieda.... .
- Él se caracteriza por su humilda.... y sencille.... .

**9** Separa las palabras de esta cadena de palabras. Cópialas en tu cuaderno y escribe una oración con cada una de ellas.

ferozaludesautenticidadmaizemperatrices-prosperidadtez

Realiza la autoevaluación interactiva en **anayaeducacion.es**.

## DICTADO

Lee el texto para preparar el dictado.

Leonor, Natalia y yo la hemos acompañado ya en varias misiones al pasado. Hemos ido con ella a la prehistoria y a la Edad Media. Mi abuela tiene una máquina del tiempo que es un cacharro incomodísimo, pero te lleva a cualquier época de la historia. Se llama la Estrella Errante. Han sido misiones bastante peligrosas. Demasiado para un superhéroe de diez años, diría yo.

La verdad, me gustaría llevar una vida un poco más tranquila, divertirme con mis poderes como otros superhéroes de mi edad... Pero, por otro lado, adoro a mi abuela Ruth.

Ana Alonso, *Un viaje al futuro,* Anaya.

**El semáforo.** Junto a cada actividad, colorea así en tu cuaderno:

si has sabido la respuesta,

si has necesitado ayuda

o si no la has sabido responder.

OBJETIVO EN ACCIÓN

## ¡Vamos a reinventar objetos!

En esta unidad has aprendido cómo la ciencia mejora la vida de las personas. Y cómo con la ciencia también se puede hacer poesía.

Ahora que sabes todo esto, vas a dar un paso más...

Vas a reinventar un objeto cotidiano para mejorarlo.

1 Observa en este organizador gráfico cómo se puede mejorar la bicicleta. Luego, completa tu propio organizador. Te ayudará a organizar tus ideas.

| MAC (mayor, añadir, cambiar) | | |
|---|---|---|
| Bicicleta | | |
| Mayor | Añadir | Cambiar |
| Agrandar la parte trasera de la bicicleta. | Añadirle a la parte trasera de la bicicleta un cajón para transportar objetos. | Personalizar la bicicleta con pequeños adornos. |

2 En parejas, elegid un objeto para reinventarlo.

3 Pensad qué parte de este objeto podéis agrandar, añadir o cambiar para mejorarlo y por qué.

4 Dibujad vuestro objeto reinventado.

5 Exponed vuestro objeto ante el resto de la clase.

## ¿Cómo he aprendido?

1 Ordena de mayor a menor los siguientes contenidos de la unidad, poniendo en primer lugar aquello que se te da mejor y con lo que sientes más seguridad.

- Recitar un poema.
- Escribir un poema.
- Trabajar con refranes.
- Utilizar palabras nuevas sobre la ciencia.
- Identificar los complementos del verbo.
- Escribir correctamente las palabras que acaban en -d o -z.

2 ¿Te ayuda a aprender hacer resúmenes e identificar las ideas principales y secundarias de un tema? ¿Por qué?

3 ¿Cómo ha sido tu actitud en clase a lo largo de esta unidad?

Buena · Regular · Debo mejorar

# 11 Visita al punto limpio

Nuestra forma de vivir actual genera cantidades enormes de basura que están poniendo en peligro el medioambiente y nuestra salud. Afortunadamente, cada vez somos más conscientes de la importancia de la buena gestión de los residuos. ¿Pueden ayudarnos las llamadas «tres erres» (reducción, reutilización, reciclado) a lograr una vida más sana y un planeta más saludable en el futuro?

## ¿Cómo lo ves?

¿Has visto alguna vez basura en el campo o en la playa? ¿Cómo te has sentido al verlo?

¿Cómo se gestionan los residuos en tu casa? ¿Puedes mejorarlo?

## El dato

Una botella de plástico tarda unos mil años en descomponerse en la naturaleza.

Para esta unidad...

## Objetivo en acción

**¿Qué puedes hacer para ayudar a gestionar los residuos en tu entorno?**

**Elabora una tabla informativa del etiquetado de productos.**

**¡Sigue el hilo!**

La poesía

1

Para algunas personas es un tesoro lo que para otras puede ser basura.

Lectura

2

Se puede hacer poesía con todo... ¡incluso con la basura!

12

**Vocabulario**

**3** Utiliza palabras nuevas sobre las tres erres.

**La poesía: el ritmo**

**4** ¿Qué te transmite un texto en verso? ¿Y ese mismo texto en prosa?

**La poesía: la medida de los versos**

**5** ¿Te atreves a escribir poesía?

**¡! CONOZCO MI LENGUA**

Lexema y morfemas; palabras primitivas y derivadas.

Palabras con *c* y *cc*. Palabras con *r* y *rr*.

COMPRENDO

# Escucho y comento un poema

Para algunas personas es un tesoro lo que para otras puede ser basura. En la poesía que vas a escuchar encontrarás un ejemplo de ello.

**1** Sumamos Escucha el poema «En una cajita de fósforos», de María Elena Walsh, y coméntalo en clase.

a) ¿De qué tema trata el poema?

b) ¿Sabes qué es una cajita de fósforos? Explícalo.

c) Piensa y comparte en pareja ¿Por qué hay que encerrar tan rápido el rayo de sol?

d) ¿Qué cosa secreta guarda la poeta en la cajita de fósforos?

e) ¿Por qué crees que no lo entienden las personas mayores?

f) ¿Y tú? ¿En qué lugar guardarías esas cosas que solo tú aprecias?

g) ¿Qué es lo que más te ha gustado del poema? ¿Por qué?

**2** En el poema has escuchado estas palabras. Consulta el diccionario de la Real Academia Española (www.rae.es): ¿qué te dicen todas ellas sobre el origen de la autora del poema?

Carozo | Piolín | Carretel

### La lengua y sus hablantes

La lengua española nos permite comunicarnos con personas de muy diferentes lugares.

Dentro del español, existen variedades. Por ejemplo, no es lo mismo el español que se habla en Argentina, Ecuador o México que el español que se habla en Ceuta o en Valladolid.

Estas diferencias suponen una gran riqueza que debemos respetar y proteger.

## Compartimos tesoros

Piensa en un objeto que para ti tiene mucho valor, aunque para otras personas pueda no tenerlo.

Describe tu tesoro en tu cuaderno: explica qué es, por qué lo guardas, dónde lo guardas y qué significado tiene para ti.

Comparte tu tesoro con el resto de la clase. Escucha con interés la descripción de los tesoros de tus compañeras y compañeros. ¡Todos ellos son valiosos!

# Leo un poema

Se puede hacer poesía con todo... ¡incluso con la basura! Y, si le añadimos unas gotitas de humor, mucho mejor.

Antes de leer

- Observa las imágenes que acompañan a esta poesía. ¿De qué crees que tratará?

**Sara Soler Segura se negaba a sacar la basura**

Sara Soler Segura
se negaba a sacar la basura.
No temía fregar sartenes, limpiar cacharros,
hacer **compotas** y **confituras** en tarros,
pero por mucho que su papá gritaba y voceaba
Sara Soler Segura a sacar la basura se negaba.
Y la montaña de restos alcanzaba ya los techos:
posos de café, mondas de patata y desechos,
plátanos pasados, guisantes podridos,
litros de yogures agrios y **enmohecidos**
desbordaban el cubo, el suelo cubrían,
las ventanas tapaban y la puerta obstruían.
Huesos de pollo, trozos de tocino grasientos,
picos de cucuruchos churretosos,
huesos de ciruelas, cáscaras de naranjas y sandías,
plastas **grumosas** de papillas frías,
restos de *pizzas,* verduras fláccidas,
judías blandengues, mandarinas ácidas,
sobras de tostas con mantequila,
despojos de ternera al horno con **ternilla**...
La basura rodaba ya pasillo abajo,
rozaba el techo, los muros partía de cuajo...

**Compotas:** dulces de fruta cocida con agua y azúcar.

**Confituras:** mermeladas.

**Enmohecidos:** cubiertos de una capa de moho, estropeados.

**Grumosas:** llenas de grumos, de pegotes.

**Ternilla:** parte flexible del esqueleto.

## Leo un poema

Goma de mascar: chicle.

Celestes: del cielo.

Doquier: por todas partes.

Remoto: lejano.

Despojo: desecho.

Servilletas mugrientas, galletas desmigadas,
bolas de **goma de mascar** gastadas,
envoltorios de golosinas y bombones,
fofos y pastosos macarrones,
cremas de cacao resecas y cuarteadas,
leches cortadas y pastas acartonadas,
melones mohosos, grasientas morcillas,
cáscaras de huevo con natillas,
patatas fritas frías y salsas apestosas,
grumos de gachas gelatinosas.
Tanta basura en su casa se acumuló
que a las alturas **celestes** por fin tocó.
Y se fueron del barrio todos sus vecinos
y a jugar con Sara se negaron sus amigos.
Hasta que al final un día saltó Sara Segura:
«Está bien. Iré a sacar la basura».
Pero, claro. Tanto Sara había tardado…
que la basura corría por **doquier**
y llegaba hasta el extremo más **remoto,**
y allí, entre tanto **despojo** odiado,
Sara tuvo un final desgraciado
que ya no podré relatar
porque mi tiempo ha terminado.
Pero, amigos, recordad a Sara Segura
y nunca os neguéis a sacar la basura.

Shel Silverstein, *Donde el camino se corta,*
Ediciones B.

## Comprendo la lectura

1 ¿De qué tema trata el poema que has leído?

2 ¿Qué quiere decir que Sara «no temía fregar sartenes»?
- Que no salía huyendo de las sartenes.
- Que no le importaba fregar sartenes.
- Que no tenía miedo a que las sartenes la atacasen.

3 Copia en tu cuaderno el nombre de cada alimento junto al adjetivo que le asigna el poeta.

plátanos bombones guisantes verduras melones judías mandarinas galletas macarrones leches pastas

4 Explica con tus palabras qué ocurrió con la basura de Sara.

5 ¿Cuál es la reacción de los vecinos ante este problema?

6 ¿Cuál fue la decisión final de Sara? ¿Qué ocurrió tras esta decisión?

7 Cuenta los versos del poema y completa en tu cuaderno su estructura.

Estructura

| Comienzo | Nudo | Desenlace |
| --- | --- | --- |
| Desde el verso 1 hasta el verso 6. | Desde el verso … hasta el verso … | Desde el verso … hasta el verso … |

8 ¿Qué enseñanza te transmite este poema? Escríbelo en dos líneas.

### Versos encadenados por un cole limpio

En parejas, escribid versos a favor de mantener el colegio limpio.

En una hoja de papel, la primera pareja escribirá dos versos a partir de una acción que ayudaría a mantener limpio el colegio. Por ejemplo:

No tiro al suelo el hueso de la manzana
Cuando salgo al recreo por la mañana

Se dobla la hoja de manera que solo se lea el último verso y se le pasa a la segunda pareja, que continuará el poema con dos versos más. Por ejemplo:

Cuando salgo al recreo por la mañana
Guardo en el bolsillo
El papel de mi bocadillo

Y así sucesivamente hasta que haya participado toda la clase.

ME EXPRESO

# Utilizo palabras nuevas sobre las tres erres

La lectura de la unidad nos enseña que no debemos acumular residuos, sino gestionarlos, y que la regla de las tres erres (reducir, reutilizar, reciclar) es clave para hacerlo bien.

1 Relaciona cada uno de estos verbos con su significado.

reducir • reutilizar • reciclar

**a** Fabricar un nuevo producto utilizando materiales obtenidos de otros usados.

**b** Darle un nuevo uso a un producto que ya ha sido utilizado.

**c** Disminuir el volumen de productos que consumimos.

2 ¿Con cuál de los verbos anteriores relacionas la expresión destacada?

Le he **dado una segunda vida** a un pantalón viejo y lo he transformado en una bolsa preciosa.

3 Sustituye la palabra destacada en estas oraciones por el verbo que corresponda en cada caso.

resuma • modere

- El médico me ha recomendado que **reduzca** el consumo de dulces.
- La profesora me ha pedido que **reduzca** el texto a la mitad.

4 El verbo **reciclar** tiene varios significados. Relaciona el uso que se hace de él en cada oración con su significado.

- Los profesionales sanitarios se reciclan periódicamente.
- En esta fábrica se reciclan vidrios de todas clases.

**a** Someter a un proceso para poder volver a utilizarse.

**b** Profundizar y poner al día los conocimientos.

5 Sustituye las palabras destacadas por la frase hecha que corresponda en cada caso: ni pies ni cabeza, arrimar el hombro, un ojo de la cara.

- Las bolsas de plástico le cuestan **caras** al planeta.
- Todos debemos **cooperar** para proteger el medioambiente.
- El consumo excesivo no tiene **sentido.**

### Las frases hechas

Las **frases hechas** tienen una forma fija y un sentido figurado, es decir, un significado distinto a lo que en realidad dicen sus palabras literalmente. Por ejemplo, «apretarse el cinturón» significa 'ahorrar' y no ceñir con más fuerza el cinturón a la cintura.

# Prosifico un poema

¿Qué te transmite un texto en verso? ¿Y ese mismo texto en prosa? ¿Te divierten y emocionan por igual?

**1** Parada de 5 minutos Por parejas, una persona lee el siguiente poema en voz alta y la otra lo cuenta, cada cuatro versos, como si se tratase de un texto en prosa.

El jardín de don Severo
atesora un limonero
que da limones brillantes
como floridos diamantes.
De noche, desde muy lejos,
niños, mayores y viejos
ven con encanto y temblor
su emocionante fulgor.
«Parecen trece bombillas»,
dicen las gentes sencillas.
«¡Qué árbol tan reverberante!»,
apostilla algún pedante.
Y el pueblo se enorgullece
viendo que en el huerto crece,
en el limonero en flor,
su pequeña Osa Mayor.
Los más sesudos botánicos
–yanquis, franceses, germánicos–
visitan el limonero
del bueno de don Severo.
«It is not possible», convienen.
«C'est formidable», sostienen.
Y en alemán son normales
las sorpresas guturales.
Y aunque nada han explicado,
ya en latín han bautizado
al limón fosforescente:
*Citricus luminescente*.
Pero la gente normal,
que de latín anda mal,
le da un nombre más casero:
frutos de luz de Severo.
¡Miradlos brillar, amigos!
¡Ya es de noche, sed testigos
de la magia de este cuento!
¡Pero, atención, un momento!...

Ángel Fernández de Cano,
*El limonero mágico*, SM.

### El ritmo

La poesía se caracteriza por tener un **ritmo** especial, es decir, una musicalidad. El ritmo se consigue mediante la repetición de sonidos (por ejemplo, con la rima) o del número de sílabas de los versos, las pausas, el orden de las palabras...

Webquest: Accede a este recurso en **anayaeducacion.es** e investiga sobre tus referentes literarios.

**2** Transformad el poema en prosa en vuestro cuaderno y volvedlo a leer en voz alta. Podéis empezar así:

El limonero del jardín de don Severo da unos limones...

**3** ¿Cuál de las dos versiones te ha gustado más? ¿Por qué?

# Escribo un caligrama

¿Te atreves a escribir poesía? ¡Vale la pena intentarlo! Descubrirás la música de las palabras y cuántas emociones puedes transmitir con ellas.

**1** Lee este poema y contesta a las preguntas.

**Me gusta tu nombre**

Tu nombre me gusta,
tu nombre me encanta,
tu nombre parece
un ave que pasa.

Con solo tres letras
alegras mi casa,
desbordas los mares,
detienes batallas.

Tu nombre se escribe
con la tinta blanca
que algunas estrellas
dejan en el alba.

Si me enfado mucho
con mi hermana Laura,
mi madre dibuja
sobre una pizarra

con tiza de nieve,
rectas y dobladas,
las letras que forman
tu sola palabra.

Entonces recuerdo,
al sentir tu calma,
que tu nombre tiene
poderes y magia, poderes

que hacen
que bombas y balas,
misiles y flechas
se vuelvan chatarra.

Si un día pudiera,
con toda mi alma,
poner sobre el mundo
tu bandera blanca,

ya nadie usaría
ni tanques ni espadas
ni aviones de guerra
ni barcos con armas.

Me gusta tu nombre.
Tu nombre es la caña,
porque sabe dulce,
porque PAZ te llamas.

José Luis Ferris, *Poemas para leer a Troche y Moche,* Anaya.

a) ¿Cuántas estrofas tiene este poema?

b) ¿Cuántos versos tiene cada estrofa?

c) Copia la segunda y la tercera estrofas, y realiza estas actividades:

- Escribe junto a cada verso el número de sílabas que tiene.
- Rodea las sinalefas.

**2** ¿Qué mensaje te transmite este poema? Explícalo en un texto en prosa en unas cinco o seis líneas.

### La medida de los versos

Para **medir los versos de un poema,** hay que contar las sílabas de sus palabras. Por ejemplo, el primer verso de este poema tiene seis sílabas.

### La sinalefa

Al contar las sílabas de un verso hay que tener en cuenta las sinalefas. La **sinalefa** se produce cuando una palabra de un verso acaba en vocal y la siguiente empieza también en vocal o en h.

Observa estas palabras del segundo verso del poema:

*me‿encanta*

Debido a la sinalefa, estas dos sílabas se cuentan como una sola y por eso el segundo verso de este poema tiene también seis sílabas.

3 Lee el siguiente poema de Guillermo Cabrera Infante. ¿Por qué es un caligrama?

**El texto que se encoge**

Y el dueño se achicó, si es que podía hacerlo todavía y
fue el hombre increíblemente encogido, pulgarcito
o meñique, el genio de la botella al revés y
se fue haciendo más y más chico,
pequeño, pequeñito, chirriquitico
hasta que desapareció por
un agujero de ratones al
fondo-fondo-fondo,
un hoyo que
empezaba
con
o

**El caligrama**

El **caligrama** es un poema en el que se mezclan el dibujo y las palabras. Las palabras se ordenan de manera que representan el contenido del poema.

4 Lee este caligrama ¿Qué relación hay entre las palabras y la imagen que forman?

## Escribimos caligramas

La imagen

En grupos, convertid en caligramas estas poesías en una cartulina.

¡Paz, paz, paz! Paz luminosa.
Una vida de armonía
sobre una tierra dichosa.

Rafael Alberti

Con la mitad de un periódico
hice un barco de papel,
en la fuente de mi casa
le hice navegar muy bien.

Amado Nervo

En caracolas vacías
de paredes nacaradas,
en caracolas vacías
viven las hadas.

M. Cristina Ramos Guzmán

Vuela, vuela,
la cometa
pinta el cielo
de colores.

Sagrario Pinto

Organizad una exposición con los caligramas de toda la clase.

# Lexema y morfemas

### Lexema y morfemas

Las palabras están compuestas por un **lexema** y uno o varios **morfemas.**

- El **lexema** o **raíz** es la parte de la palabra que no varía.
- El **morfema** modifica o completa el significado del lexema.

Los morfemas pueden ser:

- De **género:** masculino o femenino. Por ejemplo: *médic-**o**, médic-**a**.*
- De **número:** singular o plural. Por ejemplo: *casa, casa-**s**.*
- **Prefijos:** van delante del lexema. Por ejemplo: ***re**-utilizar, **in**-tranquilo.*
- **Sufijos:** van detrás del lexema. Por ejemplo: *habit-**able**, asturi-**ano**.*

| Lexema | Morfemas |
|---|---|
| zapat- | -o |
| zapat- | -os |
| zapat- | -illa |
| zapat- | - ero |
| zapat- | -ear |

1 Copia y completa la tabla en tu cuaderno.

| Palabra | Lexema | Sufijo |
|---|---|---|
| amarillento | amarill- | -ento |
| lavadora | .... | .... |
| aceptable | .... | .... |
| cochazo | .... | .... |
| panecillo | .... | .... |

2 Identifica el lexema y los morfemas en estas palabras.

**Ejemplo**

Pianista: pian- (Lexema) -ista (Morfema)

| | | | |
|---|---|---|---|
| chopera | electricista | fontanero | secador |
| blancuzco | martillazo | marinero | cabezota |
| empapelar | extraordinario | repintar | nubarrón |

3 También son morfemas las desinencias verbales. Añade cinco morfemas o desinencias verbales a estos lexemas.

**Ejemplo:** bail-aba, bail-amos, bail-arás, bail-ó, bail-ado.

descubr- camin- nad- barr- molest-

4 Encuentra la palabra correspondiente a estas definiciones e identifica en ellas el lexema y los morfemas.

Avión que puede aterrizar en el agua.

Poner una raya debajo de una palabra.

# Palabras primitivas y derivadas

5 ¿A partir de qué palabras primitivas se forman estas palabras derivadas tomadas de la lectura?

**Ejemplo**

Acartonadas: cartón

enmohecidos churretosos
desmigadas apestosas grasientos
blandengues grumosas

6 Copia estas palabras y escribe junto a cada una la palabra primitiva de la que procede: encadenado, sevillana, sudoroso, alameda, submarino, deportista.

**Ejemplo:** brillantina → brillo

7 Sigue el ejemplo y forma familias de palabras.

**Ejemplo**

Avión: avioneta, aviación, aviadora, hidroavión...

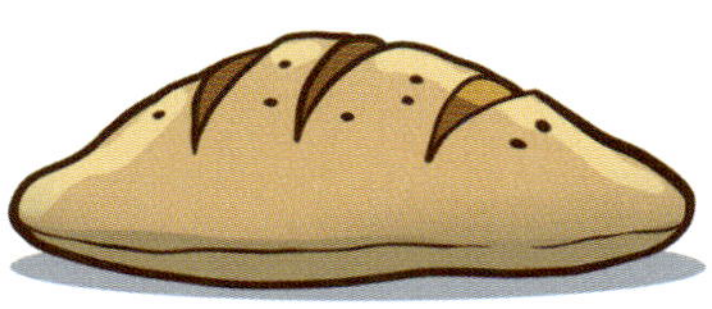

**Palabras primitivas y derivadas**

Las **palabras derivadas** se forman a partir de otra palabra llamada **primitiva.**

| **Primitiva** | **Derivada** |
|---|---|
| *jardín* | *jardin -ería* |
| | *jardin -era* |

La palabra primitiva y sus derivadas forman una **familia de palabras.**

**Copio y completo para organizar mis ideas**

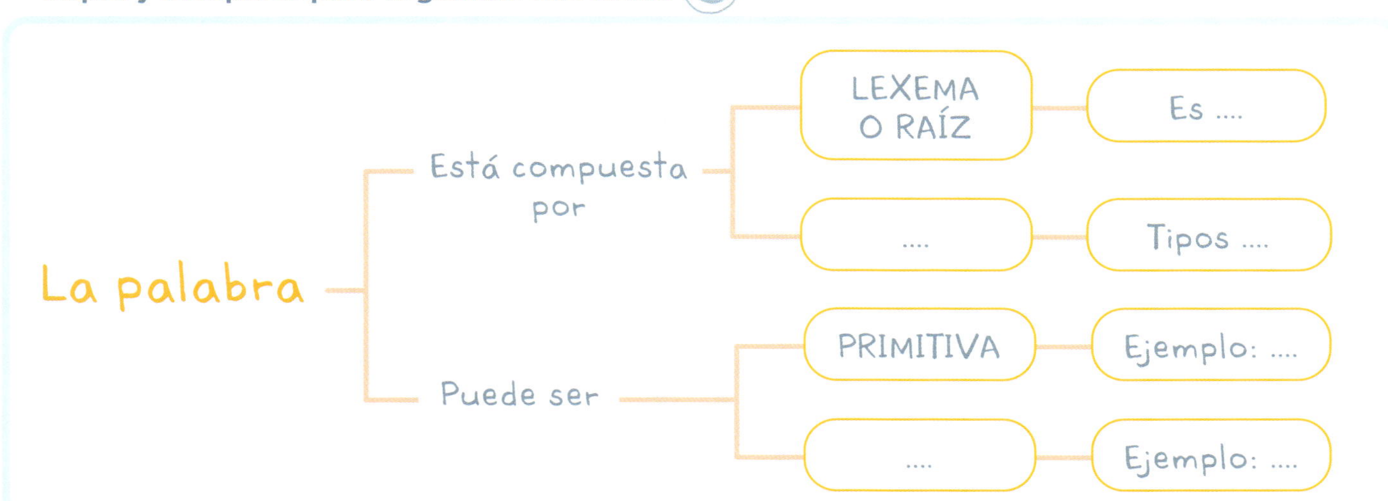

¡! CONOZCO MI LENGUA

# Palabras con *c* y *cc*

1 Encuentra las parejas de palabras en la nube.

traductora recolección traducción satisfactorio calefactor recolectar calefacción satisfacción

2 Completa las palabras en tu cuaderno con **c** o **cc**, según corresponda.

| | | |
|---|---|---|
| instru....ión | corre....ión | predile....ión |
| indiscre....ión | perdi....ión | confe....ión |
| limita....ión | apari....ión | nutri....ión |

3 Escribe en tu cuaderno nombres con **cc** a partir de las siguientes palabras: reductor, atractivo, imperfecta, infectado, producto, incorrecto.

**Ejemplo:** actor → acción

4 Copia y completa la siguiente tabla en tu cuaderno.

| | | |
|---|---|---|
| dirigir | directora | dirección |
| elegir | .... | .... |
| inspeccionar | .... | .... |
| proyectar | .... | .... |
| destruir | .... | .... |

5 Copia y completa las palabras de las oraciones con **c**, **cc** o **ct**.

- ....amila ha sido sele....ionada como la mejor condu....ora.
- El ....anguro saltó por en....ima del ca...us.
- El ....ocodrilo iba dire....o al ....amaleón.
- Trabaja en la se....ión de di....ionarios de la bibliote....a.

6 Copia y completa estas oraciones con la palabra que corresponda de la lista.

reacción • reducción • colección • selección

- El museo exhibe una .... de coches antiguos.
- Mi primera .... fue huir del lugar lo antes posible.
- Tomaron medidas para la .... del consumo de alimentos procesados.
- La librería ofrece una .... de los mejores libros del año.

### Palabras con c y cc

Se escriben con **cc** las palabras que en la misma familia tengan alguna otra que contenga el grupo **ct.** Por ejemplo: *director, dirección; afecto, afección.*

# Palabras con *r* y *rr*

**7** Lee en voz alta estos versos con la entonación adecuada y clasifica en tu cuaderno las palabras que llevan el sonido r según sea suave o fuerte.

Un rayo de sol, en tierra.
Hilos de sol, en el mar.
Una caricia de luz.
Una caricia de sal.

Antonio García Teijeiro, *Poemar el mar,* Anaya.

**8** Copia y completa estas palabras con r o rr, según corresponda.

| | | | |
|---|---|---|---|
| ca....acol | ....ana | ....aqueta | pa....ada |
| ca....ete....a | sa....tén | o....illa | to....e |
| ho....miga | e....izo | ....ueda | ca....etilla |
| ca....amelo | bo....ado | a....aña | laga....to |

**9** Copia y clasifica las siguientes palabras en la tabla: ahorro, alrededor, desrizar, reutilizo, esfuerzo, crear, comparo, renovable, equilibrio, mariposa, reciclar, Enrique.

| r suave | r fuerte | | |
|---|---|---|---|
| | Entre vocales | Principio de palabra | Detrás de l, n, s |
| .... | .... | .... | .... |

### Palabras con *r* y *rr*

La **r** tiene un sonido suave y otro fuerte.

El **sonido r suave:**

- Se escribe siempre con una sola **r.** Ejemplo: *mariposa, armario.*

El **sonido fuerte:**

- Se escribe **rr** cuando va entre vocales. Ejemplo: *perro, carro.*
- Se escribe **r** al principio de palabra. Ejemplo: *rosa, rincón.*
- Se escribe **r** cuando va detrás de **l, n** o **s.** Ejemplo: *alrededor, enriquecer, israelí.*

Repasa la ortografía de la unidad en **anayaeducacion.es**.

## DICTADO: Deduzco y escribo / Escucho y compruebo

Copia el poema y complétalo con palabras que contienen r y rr.

**El á....bol de mi calle**

En mi calle hay un á....bol
que por la noche
llena todas sus ....amas
de ....uiseño....es.

Antes de i.... a la cama
salgo al balcón.
Me saluda contento
un ....uiseño.....

En mi calle hay un á....bol
que po.... la noche
ab....e su ve....de alma
a troche y moche.

José Luis Ferris, *Poemas para leer a Troche y Moche,* Anaya.

Escucha el texto para comprobar si lo has completado correctamente.

**Después del dictado:**

Ortografía ☺ 😐 ☹ Presentación ☺ 😐 ☹ Caligrafía ☺ 😐 ☹

# ¿Qué he aprendido?

1 Explica el significado de la expresión destacada.
Cristina se siente **como pez en el agua** en la biblioteca.

2 Relaciona cada frase hecha con su significado.

Tener mano izquierda
Llegar a las manos
Echar una mano
Estar mano sobre mano

a) Ayudar
b) No hacer nada
c) Pelearse
d) Tener habilidad

3 Escribe una oración en tu cuaderno con cada una de estas frases hechas.

- Tener mucho salero
- Ponerse las pilas
- Dar en el clavo
- Meter la pata

4 Copia la tabla en tu cuaderno y separa en ella el lexema de los sufijos en estas palabras: **secadora, gustoso, navegación, heladería, silenciosa, plastificado, navegable, mesilla.**

| Palabra | Lexema | Sufijo |
|---|---|---|
| *ruidoso* | *ruid-* | *-oso* |
| .... | .... | .... |

5 Relaciona en tu cuaderno cada palabra primitiva con sus derivadas.

fruta
pastel
caja

cajonera
frutero
pastelería
cajón
pastelera
frutal

6 Localiza y copia en tu cuaderno las palabras primitivas junto a sus derivadas.

papelería flor papel florido
florecer florero papeleo
floreado papelera empapelar

7 Copia y completa cada oración con la palabra que corresponda: **bocado, desbocado, bocanada, boquilla.**

- El músico soplaba por la .... de la flauta.
- Por la puerta entró una .... de aire.
- Mi madre probó un .... de la tarta.
- El caballo corrió ... por el prado.
- ¿De qué palabra primitiva derivan todas?

8 Escribe nombres que contengan **cc** a partir de las siguientes palabras: **detector, tractor, redactor, corrector, productor, constructor.**

9 Explica por qué las siguientes palabras se escriben con **r** o **rr**: **recado, Israel, robo, varicela, arropar, enredo, harina, perro.**

Realiza la autoevaluación interactiva en **anayaeducacion.es**.

## DICTADO

Lee el texto para preparar el dictado.

Marcos tiene unas gafas verdes y un miedo terrible a lo desconocido. Odia las sorpresas, los gritos, los ruidos fuertes, el desorden y el queso fundido.

Cuando salen del colegio, Marcos le da la mano a Olga y anda con los ojos cerrados. No soporta ver el desorden de la basura que llena cada rincón del mundo. En su jardín, Marcos ha ordenado la basura por colores y por tamaños: los neumáticos con los neumáticos, los vasos de plástico con los vasos de plástico, las tostadoras con las tostadoras... Marcos sueña con ordenar toda la basura del mundo.

Patricia García Rojo, *El secreto de Olga*, Anaya.

**El semáforo.** Junto a cada actividad, colorea así en tu cuaderno:

- si has sabido la respuesta,
- si has necesitado ayuda
- o si no la has sabido responder.

OBJETIVO EN ACCIÓN

## Tabla de etiquetado

En esta unidad has aprendido cómo la gestión de los residuos es fundamental para el futuro del planeta y cómo todos debemos colaborar... ¡incluso a través de la poesía!

Ahora que sabes todo eso, vas a dar un paso más...

Vais a elaborar una tabla informativa sobre el etiquetado relacionado con el medioambiente de los envases de los productos que soléis consumir en vuestras casas (plástico, cartón, papel, vidrio, tetrabriks...).

1 Buscad en los envases alguno de estos símbolos y averiguad su significado en Internet. ¿Habéis encontrado algún símbolo más? ¿Qué significa?

2 Guiaos por este organizador gráfico en las distintas etapas de vuestro trabajo.

GENERAR: LISTADO DE PRODUCTOS MÁS UTILIZADOS EN EL DÍA A DÍA POR EL ALUMNADO DE LA CLASE. → CLASIFICAR: CLASIFICACIÓN DE LOS PRODUCTOS SEGÚN SU ETIQUETADO RELACIONADO CON EL MEDIOAMBIENTE. → DESARROLLAR: CREACIÓN DE UNA TABLA INFORMATIVA DEL ETIQUETADO DE LOS PRODUCTOS MÁS CONSUMIDOS POR LA CLASE.

3 Para elaborar vuestra tabla, podéis inspiraros en este ejemplo.

| Símbolo | Significado | Productos |
|---|---|---|
|  | Indica que el envase es reciclable. | En tetrabriks de leche, en envases de plástico de detergente... |
| .... | .... | .... |

# ¿Cómo he aprendido?

1 Copia en tu cuaderno el emoticono que refleje mejor cómo te has sentido trabajando con poesías. Explica por qué.

2 Escribe una actividad con la que has disfrutado en esta unidad.

3 Escribe en tu cuaderno el contenido que te haya costado más aprender.

4 ¿Qué haces mejor cuando trabajas en equipo?

# 12 Construimos la paz

«Solo tres letras, tres letras nada más», dice el verso de la poeta Gloria Fuertes. Paz, una palabra sencilla y breve, pero también un auténtico desafío para la humanidad. ¿Y cuáles son los instrumentos de los que disponemos los seres humanos para construir esa paz que deseamos, ese mundo justo y no violento? Sin duda, el diálogo, la convivencia, la tolerancia y el respeto.

## ¿Cómo lo ves?

¿Qué significa para ti la paz?

¿Por qué es importante el diálogo para construirla?

¿Sabes lo que son los derechos humanos?

## El dato

A día de hoy, millones de niñas y niños de tu edad viven en países en guerra.

Para esta unidad...

## Objetivo en acción

**¿De qué manera puedes promover una buena convivencia en tu colegio?**

**Reflexiona sobre la mediación.**

## ¡Sigue el hilo!

**1 El teatro**

¿Te has parado a pensar para qué sirve el teatro?

**2 Lectura**

¿Crees que es importante comprender cuándo una decisión es justa y cuándo es injusta?

16

**Vocabulario**

3

Utiliza palabras nuevas sobre la justicia.

**El teatro**

4

¿Puedes transmitir emociones a través de tu voz?

**El texto teatral**

5

Desde tu butaca, entre el público, el teatro te emociona. ¿Te animas a subirte al escenario?

**CONOZCO MI LENGUA**

Formación de palabras.

Palabras con *ll*, *y*, *x*.

COMPRENDO

# Escucho el ensayo de una obra de teatro

¿Te has parado a pensar para qué sirve el teatro? El teatro nos entretiene y, además, nos ayuda a comprender el mundo.

1 Escucha y responde a las preguntas.

a) ¿Te parece que los chicos y las chicas que participan en este ensayo lo hacen bien? ¿Por qué?

b) ¿Con qué gestos de la cara y del cuerpo debería acompañar esta intervención el personaje de Alicia?

¿De qué me acusa ahora?

c) Folio giratorio En grupos, imaginad y describid por escrito cómo podrían ir vestidos los distintos personajes y cómo sería el decorado de esta escena teatral.

d) ¿Sabes en qué libro está inspirada la escena teatral que están ensayando?

2 ¿Te gusta el teatro? ¿Por qué?

**El teatro**

El **teatro** es un género literario creado para ser representado por actores y actrices sobre un escenario ante un público.

## Películas con valores

En parejas, grabad una reseña cinematográfica, es decir, un texto en el que informéis y valoréis una película.

Buscad una película que, además de haberos divertido, os haya enseñado valores como el de la justicia.

Escribid vuestra reseña con la siguiente información: título de la película; nombre del director y de los actores y actrices protagonistas; resumen del argumento; y valoración y motivos que os llevan a recomendar esta película.

Grabad un audio con vuestra reseña cinematográfica y compartidla con el resto de la clase.

¡Toma nota!

Los superhéroes del cine suelen ser personajes masculinos y femeninos que luchan contra la injusticia.

# Leo un texto teatral

¿Crees que es importante entender cuándo una decisión es justa y cuándo es injusta? En esta lectura conocerás a una reina colérica y malhumorada que toma decisiones disparatadas.

Antes de leer

- ¿Cuántos personajes intervienen en esta escena teatral?

**Chambelán:** mayordomo, ayudante de la reina.

**Salteadora:** bandida, delincuente.

**Verdugo:** persona encargada de ejecutar los castigos corporales impuestos por la justicia.

## Un juego sin reglas

REINA.— ¡Yo soy la Reina!
¡Anúnciame, **Chambelán!**

CHAMBELÁN.— Su gran Majestad la Reina.
Reina de corazones,
y de reinos a montones.

REY.— Y la que nunca se peina.

REINA.— ¿Cómo te atreves, esposo?

REY.— Es que se suele decir
para rimar sin herir.

REINA.— ¡Está bien! ¿Y esa de ahí?

DOS.— Esta niña es, señora,
la que pillamos ahora.

REINA.— ¡Que le corten la cabeza! *(Barullo)*

ALICIA.— ¿De qué me acusa ahora?

REINA.— De ser una **salteadora**
que me tiene de cabeza.

REY.— Lo mismo es exploradora.

CHAMBELÁN.— O una vulgar timadora.

DOS.— O una boxeadora.

**VERDUGO.**— O una descubridora.

REINA.— Eso lo veremos luego.
Ahora hay que tener cuidado
en lo que hemos preparado
para jugar bien el juego.

CONEJO.— Me permito recordaros
que hay asuntos delicados
que tenemos caducados
y que nos saldrán muy caros.

REINA.— ¡No, el juego es lo primero!

ALICIA.— Yo creo que estoy soñando.

GATO.— ¿Ahora lo estás comprobando?

REINA.— ¡Empezamos desde cero!

VERDUGO.— ¿Y qué hago con la niña?

REINA.— ¡Que le cortes la cabeza! […]

## Leo un texto teatral

CONEJO— ¡No deis aún ese paso!
REINA.— ¿Y tú, Chambelán, qué dices?
CHAMBELÁN.— Que el corte puede esperar
a que acabemos el juego
y cuando acabemos luego
se la haremos **rebanar.** [...]
TODOS.— Juguemos, juguemos, venga. [...]
¡Cantemos una canción!
REINA.— ¡Qué canción ni qué narices!
¡No seáis cursis, **mercachifles!**
TODOS.— *(Con revuelo)*
¡No hay canción, no hay canción!
REINA.— ¡No hay canción, leches! ¡Qué asco!
Que nos caerá un chubasco. [...]

*([...] ALICIA,* ***desconcertada,*** *mira a su alrededor y se acerca al GATO DE CHESHIRE que es el único que no juega. Mientras habla es interrumpida por los gritos de los jugadores y por los de la REINA que no hace más que decir: «¡Que le corten la cabeza!».*

ALICIA.— ¡Hola, gatito risitas!
GATO.— ¡Hola, Alicia! ¡Qué! ¿No juegas?
ALICIA.— Este es un juego sin reglas.
GATO.— ¿Para qué las necesitas?
ALICIA.— La verdad, ya no sé nada.
Yo creí que conocía
todo lo que yo veía,
y me encuentro con que nada,
nada, nada, nada,
nada es lo que parecía.

Daniel Pérez Fernández,
*Alicia,* Everest.

**Rebanar:** cortar.

**Mercachifles:** comerciantes de poca importancia.

**Desconcertada:** sorprendida, perpleja.

Accede a tu Club de Lectura en **anayaeducacion.es**

## Comprendo la lectura

1 Observa la forma del texto de la lectura. Además de estar escrito en verso, pertenece al género teatral. ¿Qué características lo indican?

2 ¿Qué personajes intervienen en la escena que has leído?

3 Línea de tiempo Ordena estas oraciones en tu cuaderno según sucedan en la historia.

- La reina acusa a Alicia de ser una salteadora.
- Presentan a Alicia a la Reina.
- Alicia se muestra desconcertada.
- El Chambelán anuncia a la Reina.
- Comienzan a jugar a un juego.

4 ¿Por qué la Reina dice «nos caerá un chubasco»?

5 En el texto aparece la siguiente palabra compuesta.

MERCACHIFLES

a) Consulta el diccionario de la Real Academia Española (www.rae.es). Averigua de qué dos palabras está formada y copia en tu cuaderno el significado de cada una. ¿Cuál es el significado de la suma de esas dos palabras?

b) ¿Con qué intención la utiliza la Reina? Razona tu respuesta.

Cariñosa · Despectiva · Indiferente

6 ¿Con cuál o cuáles de estos adjetivos calificarías al personaje de la Reina?

ridícula · razonable · absurda · ilógica · divertida · tiránica · justa · injusta · tolerante · autoritaria · antipática · respetuosa · comprensiva

7 ¿Qué siente Alicia ante las decisiones de la Reina? ¿Qué habrías sentido tú en su lugar?

8 Las variaciones ¿Cómo podría escapar Alicia al juicio al que quieren someterla?

9 ¿Crees que la Reina abusa de su poder? ¿Por qué?

Asamblea de ideas

### Un juego con reglas

Los personajes de la lectura juegan a un juego que no tiene reglas. ¿Se puede jugar sin reglas? ¿Por qué es importante que los juegos tengan reglas y que estas se cumplan?

En grupos, elegid un juego al que juguéis habitualmente en el recreo, en casa, en el parque...

Haced un listado de reglas básicas del juego que habéis seleccionado.

¿Qué le diríais a la persona que no quiere respetar las reglas?

¡Toma nota!

Seguir las reglas decididas por todos es importante para lograr una convivencia pacífica.

ME EXPRESO

# Utilizo palabras nuevas sobre la justicia

Las decisiones absurdas de la Reina de la lectura nos muestran que la justicia no es posible si no hay reglas y si quien ejerce la autoridad lo hace de manera ilógica y disparatada.

1 ¿Con qué palabra sustituirías las destacadas?

abrasador • imparcial • juez

- Nuestra decisión fue la más **justa.**
- Hace un sol **de justicia,** no se puede estar en la calle.
- El **poder judicial** se encarga de aplicar las leyes.

2 Relaciona los siguientes prefijos de negación con las palabras para formar antónimos.

| | |
|---|---|
| des- | justicia |
| in- | legal |
| i- | igualdad |

3 Piensa y comparte en pareja **Autoritaria** es la persona que abusa de su autoridad. ¿Cómo llamamos a la persona que respeta los valores esenciales de la libertad y la igualdad?

sensible injusta democrática racional calmada inteligente colérica sumisa comprensiva

4 Infórmate sobre el significado de estas expresiones y piensa en una situación en la que podrías utilizarlas.

Hacer las paces | Venir en son de paz

5 Clasifica estas expresiones en tu cuaderno según se usen en una situación informal o formal.

Eres un tramposo, chaval. · ¡Déjame en paz! · No sigues las normas establecidas · Hoy curro · No me molestes, por favor · Hoy trabajo

6 ¿En qué situaciones utilizarías una lengua coloquial y en cuáles una lengua formal? Dramatizad estas escenas en clase.

- Durante un juicio en un tribunal.
- Con unos amigos en el recreo.
- En el chat de la familia.
- En una entrevista de trabajo.

**Usos de la lengua**

- La **lengua coloquial** es la que utilizamos en conversaciones informales con nuestras amistades o familiares.
- La **lengua formal** es la que utilizamos en situaciones serias y formales con personas con las que no tenemos confianza.

# Dramatizo un texto teatral

¿Puedes transmitir emociones a través de tu voz? ¿Qué herramientas necesitas para que tu lectura en voz alta exprese los conflictos y las vivencias de los personajes?

1 En parejas preparad la lectura dramatizada del siguiente texto teatral.

SARGENTO.—¿Aquí quién manda?

PAQUITO.—Usted, mi sargento.

SARGENTO.—¿Entonces por qué no me obedeces?

PAQUITO.—Porque me ha pedido una cosa muy difícil.

SARGENTO.—Tirarte de un avión en vuelo te parece difícil, ¿pero tú no eres paracaidista?

PAQUITO.—Sí.

SARGENTO.—¿Entonces?

PAQUITO.—Pero no tengo paracaídas. Ya se lo he dicho.

SARGENTO.—¿Y qué?

PAQUITO.—Que así es muy difícil hacerlo.

SARGENTO.—Qué va, tonto, solo tienes que dar un saltito y ya está.

PAQUITO.—Ya, pero lo malo es lo de luego.

SARGENTO.—¿El qué?

PAQUITO.—Pues que voy a estar cayéndome por el aire.

SARGENTO.—Pero si el aire no te hace nada, nadie se ha muerto por estar en el aire.

PAQUITO.—Ya, la gente se muere cuando llega al suelo [...] yo prefiero saltar con paracaídas.

SARGENTO.—Pero ya te he dicho que no tenemos presupuesto. [...] Tú prueba, y si no te gusta, pues pensamos otra cosa. [...]

PAQUITO.—¿Y yo qué?

SARGENTO.—Pues te hacemos héroe o algo.

Tomás Afán Muñoz, *Pim, pam, clown (La guerra de los payasos)*, ASSITEJ.

**Pasos**

- Leed el texto hasta comprenderlo bien.
- Repartíos los personajes del Sargento y Paquito.
- Representad vuestra lectura dramatizada ante el resto de la clase.
- Cuidad la entonación, la expresividad y los gestos que corresponden a vuestro personaje y el tono humorístico de la obra.

## Se abre el telón

En parejas, continuad la escena teatral.

- Introducid a un nuevo personaje que inventéis.
- Escribid tres intervenciones más de cada personaje.
- Dramatizad el nuevo diálogo ante el resto de la clase.

**¡Toma nota!**

Para que sea justa, la autoridad debe apoyarse en la razón.

# Escribo un texto teatral

Desde tu butaca, entre el público, el teatro te emociona. ¿Te animas a subirte al escenario?

1 Lee el siguiente diálogo de un fragmento narrativo.

—¡Ah! He aquí un súbdito —exclamó el rey cuando vio al principito.
Y el principito se preguntó:
—¿Cómo puede reconocerme si nunca me ha visto antes?
No sabía que para los reyes el mundo está muy simplificado. Todos los hombres son súbditos.
—Acércate para que te vea mejor —le dijo el rey, que estaba orgulloso de ser al fin rey de alguien.
El principito buscó con la mirada dónde sentarse, pero el planeta estaba totalmente cubierto por el magnífico manto de armiño. Quedó, pues, de pie, y como estaba fatigado, bostezó.
—Es contrario al protocolo bostezar en presencia de un rey —le dijo el monarca—. Te lo prohíbo.
—No puedo impedirlo —respondió confuso el principito—. He hecho un largo viaje y no he dormido...
—Entonces —le dijo el rey— te ordeno bostezar. [...]
—Eso me intimida..., no puedo... —dijo el principito, enrojeciendo.
—¡Hum! ¡Hum! —respondió el rey—. Entonces te... te ordeno bostezar o no bos... [...]
—¿Puedo sentarme? —inquirió tímidamente el principito.
—Te ordeno sentarte —le respondió el rey, que recogió majestuosamente un faldón de su manto de armiño.

Antoine de Saint-Exupéry, *El principito,* Alianza.

### El texto teatral

Los elementos fundamentales del texto teatral son:

- Los **diálogos** entre los personajes.
- Las **acotaciones,** es decir, las indicaciones del autor o la autora sobre los personajes, los decorados, la música... Suelen ir entre paréntesis.

2 Transforma el texto narrativo de la actividad anterior en un texto teatral. Observa el comienzo para ver cómo se utilizan las rayas y los paréntesis.

*(Aparece el Principito)*
REY.—¡Ah! He aquí un súbdito.
PRINCIPITO.—*(Con aire pensativo, preguntándose a sí mismo)* ¿Cómo puede reconocerme...?

3 En grupos, escribid una escena teatral inspirada en esta imagen y representadla después ante el resto de la clase.

## Oficios del teatro

En parejas, reflexionad e informaos sobre los oficios relacionados con el teatro. Aquí tenéis algunos ejemplos.

**Dirección**

**Interpretación**

**Vestuario**

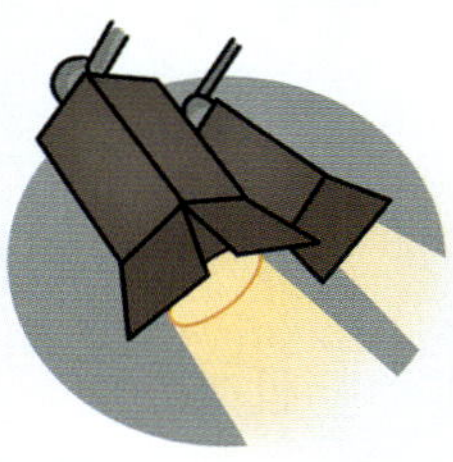
**Iluminación**

**Sonido**

**Decorado**

- ¿Qué cualidades creéis que hay que tener para ejercer cada oficio?
- ¿Cuál de estos oficios te gusta más? ¿Cuál crees que se te daría mejor? ¿Por qué?

# Formación de palabras

1 Clasifica estas series de palabras en tu cuaderno.

abrelatas • latoso • lata

cabezota • rompecabezas • cabeza

avión • avioneta • portaviones

| Palabra primitiva | Palabra derivada | Palabra compuesta |
|---|---|---|
| sol | soleado | girasol |
| .... | .... | .... |

### La formación de palabras

Podemos formar nuevas palabras a partir de palabras primitivas. Las nuevas palabras pueden ser derivadas o compuestas.

- Las **palabras derivadas** se forman añadiendo **prefijos** y **sufijos** al lexema.
  Ejemplo: *in-útil, util-idad.*
- Las **palabras compuestas** se forman uniendo dos o más palabras.
  Ejemplo: *saca + puntas → sacapuntas.*

### Los prefijos

Los **prefijos** se añaden delante del lexema para formar nuevas palabras. Los prefijos tienen un significado propio. Aquí tienes algunos ejemplos:

- **In-, im-, i-, des-:** indican negación. Ejemplo: *incapaz, descolocar, irreal.*
- **Pre-:** 'antes de'. Ejemplo: *preescolar.*
- **Extra-:** 'fuera de' o 'en grado superior'. Ejemplo: *extraterrestre.*
- **Sub-:** 'debajo de' o 'de menor importancia'. Ejemplo: *subterráneo.*
- **Trans-:** 'al otro lado'. Ejemplo: *transatlántico.*
- **Semi-:** 'medio', 'mitad'. Ejemplo: *seminuevo.*

2 Forma los antónimos de estas palabras añadiendo los prefijos que corresponda: alámbrico, ordenado, legal, respetuoso, culto, par, perfecto, confiado, paciente.

3 Copia estas palabras, rodea su prefijo y explica su significado.

extrafino prehistoria semicírculo transplantar

**Ejemplo**

Prefabricado: prefijo pre-; formado por partes fabricadas anteriormente para su montaje posterior.

4 Clasifica estas palabras en tu cuaderno según lleven o no prefijos.

submarino extraño iguana semiabierto
expresidenta premio irreal desatar tramposo
incendio extrafino exponer semillero

### Los sufijos

Los **sufijos** se añaden detrás del lexema para formar nuevas palabras. Aquí tienes algunos ejemplos:

- **-illo, -illa, -ito, -ita, -azo, -aza, -ón, -ona:** *campanilla, gatito, gatazo.*
- **-aco, -aca, -uco, -ucho, -ucha:** *bicharraco, larguirucha.*
- **-dor, -dora:** *exprimidor, lavadora.*
- **-ero, -era:** *carpintero, fontanera, jabonera.*
- **-ería:** *ferretería, panadería.*

**5** En parejas, identificad el sufijo en cada una de estas palabras.

> **Ejemplo**
> Perrazo: sufijo -azo. Expresa tamaño grande.

| | | | |
|---|---|---|---|
| pollito | pajarraco | casucha | papelucho |
| ventanuco | momentito | cochazo | sombrerillo |

**6** Diminutivo, aumentativo, despectivo...: ¿qué significado añade el sufijo en cada palabra de la actividad anterior?

**7** El sufijo **-azo** a veces significa 'golpe dado con algo'. Según esto, explica el significado de estas palabras.

pelotazo codazo rodillazo

**8** Empareja estas palabras para formar palabras compuestas: casca, quita, boca, balón, manchas, mano, nueces, calle.

### Las palabras compuestas

Las **palabras compuestas** se forman uniendo una o más palabras.

**9** Observa la imagen y encuentra cuatro palabras compuestas.

> **Ejemplo:** espantapájaros

**Copio y completo para organizar mis ideas**

## Formación de palabras

- DERIVACIÓN
  - Las palabres derivadas se forman añadiendo
    - PREFIJOS
      - Ejemplos: ...
    - SUFIJOS
      - Ejemplos: ...
- COMPOSICIÓN
  - Las palabras compuestas se forman ...
    - Ejemplos: ...

# Palabras con *ll* y con *y*

**1** Completa en tu cuaderno con la palabra que corresponda.

- La palabra .... es sinónima de fácil.
- Mi padre utiliza la .... para protegerse del sol en la playa.
- La .... de los huevos de oro es un personaje de un cuento.
- Se oyó el .... de los lobos toda la noche.

**2** Ordena en tu cuaderno las sílabas y escribe la que falta para encontrar la palabra.

**3** Forma el plural de estas palabras y escribe una oración con cada una en tu cuaderno.

rey — ley — buey

**4** Copia y completa estas oraciones con formas en pasado del verbo que se indica. Luego, completa en tu cuaderno la regla.

> **Ejemplo**
>
> Ellos .... (distribuir) los papeles.
>
> ↓
>
> Ellos distribuyeron los papeles.

- El sospechoso .... (huir) a toda velocidad.
- Los marineros .... (caer) al mar.
- El paquete .... (incluir) las pilas del aparato.
- El secretario .... (leer) mi mensaje.

> Se escriben con .... las formas verbales que en el infinitivo no llevan .... .

**5** Copia y completa las palabras con *ll* o con *y*.

- Si ha....as el camino, dímelo.
- Espero que no te ha....as hecho daño.
- No se ca....ó y dijo lo que pensaba.
- Se ca....ó de la bicicleta en una curva.

### Palabras con *ll*

Se escriben con **ll:**

- Las palabras que acaban en **-illa, -illo, -ullo,** excepto *tuyo, suyo* y *cuyo: barullo.*
- Las formas de los verbos cuyo infinitivo acaba en **-ellar, -illar, -ullar, -ullir:** *sellar, pillar, maullar, engullir.*

### Palabras con *y*

Se escriben con **y:**

- Algunas formas de los verbos cuyo infinitivo no tiene ni **ll** ni **y:** *leer, leyó.*
- Algunas formas de los verbos cuyo infinitivo acaba en **-uir:** *incluir, incluyó.*
- Las palabras que tienen la sílaba **-yec-:** *inyectar.*
- Los plurales terminados en **-es** de los nombres cuyos singulares acaban en **-y:** *ley, leyes.*

### La lengua y sus hablantes

Actualmente, la mayor parte de los hispanohablantes pronuncian igual la *y* y la *ll*. Este fenómeno se denomina yeísmo.

# Palabras con x

6 Copia y completa con las palabras que corresponda.

extremeñas • exprimidor • excéntrica • taxi • exquisito

- Este pastel está ...., se me hace la boca agua solo de verlo.
- Todas las mañanas utilizo el .... para hacer zumo natural.
- Aquel hombre vestía con ropa muy ...., parecía disfrazado.
- Cuando no hay autobús para volver a casa, llamo a un .... .
- Las personas nacidas en Extremadura son .... .

7 Completa en tu cuaderno con s o x. Utiliza el diccionario si lo necesitas.

| | | | |
|---|---|---|---|
| e....trella | e....plotar | e....presión | e....tremecido |
| e....plicación | e....pectáculo | e....tratagema | e....traordinario |
| e....tranjero | e....coba | e....belto | e....colar |

8 Forma familias de palabras con las siguientes palabras.

exprimir    explicar    excavar

**Ejemplo:** Expresar → inexpresivo, expresión, expresividad...

9 Ordena alfabéticamente en tu cuaderno estas palabras.

| | | | |
|---|---|---|---|
| exuberante | mixto | xilófono | experiencia |
| elixir | próximo | exacto | éxito |
| saxofón | examen | asfixia | óxido |
| oxígeno | anexo | excavar | auxilio |

### Palabras con x

Se escriben con **x:**

- Las palabras que empiezan por la sílaba **ex-** seguida del grupo **-pr-** o **-pl-.**
- Las palabras que empiezan por el prefijo **ex-** o **extra-.**

Repasa la ortografía de la unidad en **anayaeducacion.es**.

## DICTADO: Practicamos con un dictado selectivo

Escuchad estas oraciones poniendo especial atención a las palabras con y, ll, y con x.

Copiad esta tabla en el cuaderno y escribid en ella las palabras con esas letras.

| Palabras con ll | Palabras con y | Palabras con x |
|---|---|---|
| .... | .... | .... |

Para terminar, realizad una puesta en común de los resultados y aplicad las correcciones necesarias.

**Después del dictado:**

Ortografía    Presentación    Caligrafía

PORFOLIO

# ¿Qué he aprendido?

1 Copia y completa estas oraciones con la palabra de la misma familia que corresponda.

justicia • judicial • juez • juzgar • juicio

- Por fin, mañana es el .... .
- La víctima pidió .... .
- El .... decidirá hoy la sentencia.
- Mi madre empezó muy joven la carrera .... .
- No podemos .... por las apariencias.

2 Relaciona en tu cuaderno cada expresión coloquial con su expresión formal.

| | |
|---|---|
| ¡Qué guay! | Me gusta |
| Me mola | Estar atento |
| Zampar | Estar distraído |
| Estás empanado | ¡Qué bien! |
| Estar al loro | Comer |

3 Copia en tu cuaderno las palabras que lleven un sufijo y rodéalo.

| | | | |
|---|---|---|---|
| bombilla | maletita | castillo | bonito |
| muela | manita | cafetito | sillón |
| huesazo | chavalote | tiburón | castillazo |

4 Escribe diminutivos acabados en **-illa** o **-illo**.

| | | |
|---|---|---|
| perro | cuaderno | potro |
| cara | escoba | alto |

5 Copia y completa en tu cuaderno estas oraciones con los antónimos de estas palabras.

paciencia previsto posible

- Espero con .... a que lleguen las vacaciones de verano.
- Es .... que apruebe los exámenes si no estudio.
- Llegamos tarde al concierto porque nos surgió un .... .

6 Escribe en tu cuaderno la palabra compuesta que corresponde a cada una de estas definiciones.

- Juego de palabras difícil de pronunciar.
- Edificio de gran altura y muchos pisos.
- Número formado por una decena y siete unidades.
- Aniversario del nacimiento de una persona.
- Flor con pipas que se mueve mirando al sol.

7 Relaciona cada palabra con su significado.

| | |
|---|---|
| arrollo | del verbo *arrollar* |
| arroyo | pelo |
| bello | hermoso |
| vello | riachuelo |

8 Completa las palabras con **ll** o **y**.

- Los re....es visitaron la nueva biblioteca.
- En mi ciudad hay ca....es estrechas.
- Hoy saldrá el sol, pero mañana ....overá
- Me encantan las empanadi....as.
- Se me ca....eron las canicas en el pasi....o.

9 Completa en tu cuaderno estas palabras con **x** o **s**: **e....tructura, e....tremo, e....clamación, e....perar, e....traordinario, e....traoficial, e....torbar.**

Realiza la autoevaluación interactiva en **anayaeducacion.es**.

## DICTADO

Lee el texto para preparar el dictado.

A su alrededor se iba extendiendo la penumbra. En poco tiempo llegaría la noche. Oyó un ruido detrás de ella. Como si alguien hubiera pisado una rama. Entonces le pareció vislumbrar en la lejanía una lucecita temblorosa. Podía ser la bombilla que colgaba del techo de una casa. O la vela que iluminaba una cabaña en el monte. O el fuego encendido de la chimenea. Oyó de nuevo unos chasquidos. Sonaban como si los pasos de alguien aplastaran las hojas secas del suelo. Estaban a poca distancia. Cada vez más cerca.

José Luis Martín Nogales,
*Verás caer una estrella*, Anaya.

**El semáforo.** Junto a cada actividad, colorea así en tu cuaderno:

- si has sabido la respuesta,
- si has necesitado ayuda
- o si no la has sabido responder.

OBJETIVO EN ACCIÓN

## Reflexiono sobre la mediación

En esta unidad has comprendido la importancia de la justicia y de cómo la construimos entre todos y todas, con tolerancia y respeto.

Ahora que sabes todo esto, vas a dar un paso más...

¿De qué manera podemos contribuir a resolver los problemas de convivencia en el colegio? Sin duda, un instrumento fundamental es la mediación, es decir, la intervención entre personas que tienen un problema para que se pongan de acuerdo y resuelvan el conflicto por sí mismas mediante el diálogo.

Vais a reflexionar sobre las habilidades que debe tener una persona para ejercer como mediadora.

1 En grupos, organizad una lluvia de ideas con propuestas de habilidades que tendría que tener esa persona. Seleccionad las cinco mejores propuestas.

2 Reflexionad sobre cada una de estas habilidades. Podéis ayudaros de este organizador gráfico con un ejemplo concreto.

| ¿QUÉ TE HACE DECIR ESO? | DEFINICIÓN | EVIDENCIAS |
|---|---|---|
| ¿Qué te hace decir que la EMPATÍA ayuda en la mediación de conflictos? → | La empatía es la capacidad de ponerte en el lugar de los demás y comprender sus problemas. → | Solo puedo conectar y dialogar con los demás si entiendo lo que sienten. No es lo mismo comprender a la persona que estar de acuerdo con ella. |

# ¿Cómo he aprendido?

1 Haz memoria de tus avances y obstáculos en Lengua a lo largo del curso y marca dónde estabas al principio y hasta dónde has llegado.

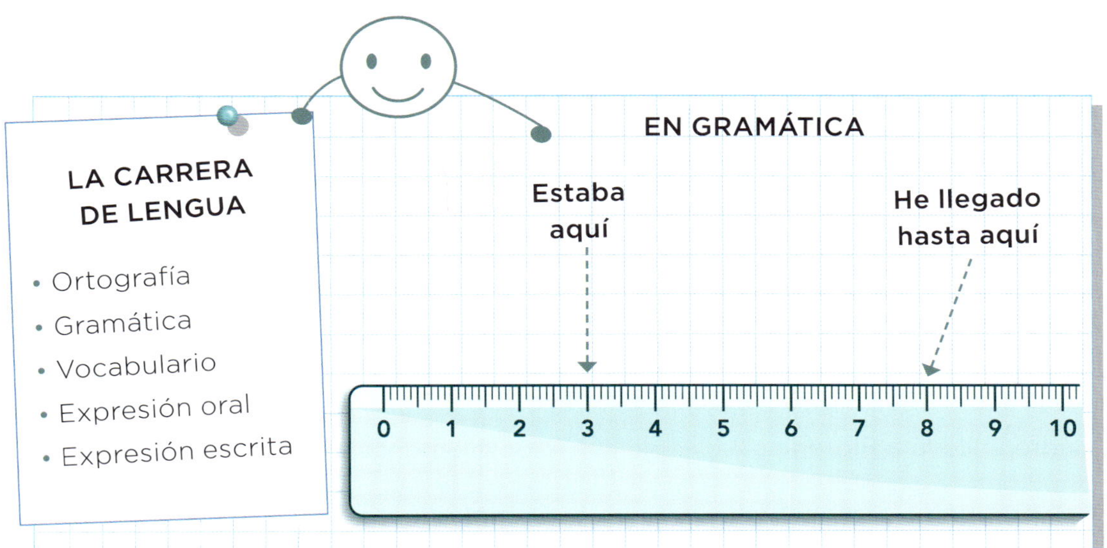

1

1. Lee el texto y contesta a las preguntas.

Leonardo podía pasarse horas observando las nubes. Y los árboles, las plantas, las flores, los insectos y todos los animales que se cruzaban por su camino. Dibujaba lo que veía. Tenía una gran curiosidad y mucha imaginación.

Vivía en un pueblo de Italia llamado Vinci. De eso hace mucho tiempo, antes de que existieran los coches, los teléfonos y los ordenadores.

Cuando cumplió doce años, su padre se lo llevó a Florencia, que es una gran ciudad cerca de Vinci.

Allí había gente de todas partes que sabían un montón de cosas diferentes. Entre todos, con lo que sabía uno y lo que sabía otro, creaban edificios, obras de arte, libros, máquinas...

Leonardo fue a estudiar a una escuela, era listo, aprendía deprisa y hacía muchas preguntas al maestro. Sin embargo, le interesaban tantas cosas que se distraía con facilidad.

Núria Homs, *Mi primer libro sobre Leonardo,* Anaya.

a) ¿De qué trata este texto? Elige la opción correcta.

Aficiones de Leonardo da Vinci

Ciudades que visitó

Biografía de Leonardo da Vinci

b) Localiza en el texto las palabras que pertenecen a estos campos semánticos.

NATURALEZA

TECNOLOGÍA

c) Observa las palabras subrayadas en estas oraciones y relaciónalas con el complemento del verbo que le corresponda.

| | |
|---|---|
| Tenía <u>una gran curiosidad y mucha imaginación</u>. | Complemento circunstancial |
| Su padre lo llevó <u>a Florencia</u>. | Complemento indirecto |
| Hacía muchas preguntas <u>al maestro</u>. | Complemento directo |

d) Observa estas obras de Leonardo da Vinci y completa en tu cuaderno las oraciones con un predicado.

La Dama del Armiño ....

La Gioconda ....

**2**

En grupos de cuatro, realizad estas actividades en el cuaderno. ¡Gana el grupo más rápido!

Completad estas palabras con la letra o letras que faltan.

| | |
|---|---|
| in....ierno | ....urbuja |
| casualida.... | efica.... |
| dire....ora | rea....ión |
| ....ecibo | a....oz |
| baru....o | in....ectó |

Completad esta oración con el sujeto que falta.
.... usa la trompa para refrescarse.

Identificad el lexema y los morfemas de esta palabra.
REVERDECIDO

Buscad tres palabras de este campo semántico.
SALUD

¿De qué palabra primitiva derivan estas otras?
caminante caminata

**3**

**¡Lápices en alto!** En grupos, jugad a escribir en el cuaderno tres palabras de cada campo semántico a partir de una letra elegida. El grupo que termine primero dirá «¡Lápices en alto!»; el resto de grupos deberán dejar de escribir. Tras comprobar que las respuestas son correctas, ganará el equipo que más palabras ha acumulado.

| Animales | Insectos | Tecnología | Árboles | Plantas |
|---|---|---|---|---|
| .... | .... | .... | .... | .... |

DESCUBRE EL PROYECTO INTERDISCIPLINAR

PROYECTOS QUE DEJAN HUELLA

## Un lugar para mi recreo:

# ¿REINVENTAMOS?

Aportar ideas para hacer el recreo aún más divertido está en tus manos. ¡Escribe tus propuestas!

¿Te gustaria elaborar un listado de juegos y actividades para el recreo?

## 1 PIENSA

Think

¿Cómo te gusta divertirte en el recreo? ¿En qué otras actividades y juegos te gustaría participar?

Comenta tus ideas y escucha atentamente las de los demás.

## 2 DISEÑA

Design

Seguro que han surgido muchas ideas. ¡Es el momento de organizarlas!

Escribid vuestras propuestas: en una lista anotaréis las ideas parecidas y en otra las que sean diferentes.

## 4 PRESENTA

Stage

Decorad vuestra lista de ideas de juegos y actividades y colgadla en un lugar bien visible del colegio. ¡A todo el mundo le gustará conocer vuestras ideas!

Importante: compartid la lista con el equipo directivo del centro escolar. ¡La tomarán en cuenta para animar el recreo!

## 3 CONSTRUYE

Maker

Es el momento de elaborar una única lista de juegos y actividades. Para que vuestra lista no sea muy larga, reagrupad las propuestas parecidas en una única lista.

¡Cuidado con las repeticiones!

Consejo: ¡usad un vocabulario variado!

## 5 COMPRUEBA

Test

¿Qué ideas nuevas has conocido?

# ANEXOS

REGLAS ORTOGRÁFICAS

CLASES DE PALABRAS

CONJUGACIONES VERBALES

## Sílabas tónica y átona

Sílaba **tónica** es la que pronunciamos con **mayor** fuerza de voz.

Las demás sílabas de la palabra se llaman **átonas.**

Según el lugar que ocupa la sílaba tónica, las palabras son: **agudas, llanas** y **esdrújulas.**

## La tilde

En algunas palabras la **sílaba tónica** va marcada con una rayita (´). A esta rayita la llamamos tilde. Llevan **tilde:** las palabras **agudas** que terminan en **vocal,** en **-n** o en **-s:** (*café, salón, ciprés*)*;* las palabras **llanas** que terminan en consonante que no sea ni **-n,** ni **-s:** (*árbol, lápiz*)*;* todas las palabras **esdrújulas:** (*árbitro*).

## El diptongo y el hiato

- El **diptongo** es la unión de dos vocales que se pronuncian en una **misma sílaba.**
  - Cuando el diptongo está formado por una vocal abierta (**a, e, o**) y otra cerrada (**i, u**), la tilde se coloca sobre la vocal abierta: *adiós.*
  - Cuando el diptongo está formado por dos vocales cerradas, la tilde se coloca sobre la segunda vocal: *construí.*
- El **hiato** es el encuentro de dos vocales que se pronuncian en **sílabas distintas.** Los hiatos pueden estar formados:
  - Por dos vocales abiertas. En este caso, se acentúan según las normas generales de acentuación: *trocéalo, caos.*
  - Por una vocal abierta y una cerrada. La tilde se coloca sobre la vocal cerrada: *actúas.*

## El punto

Se utiliza para señalar el final de una oración (**punto y seguido**); de un párrafo (**punto y aparte**) o de un escrito (**punto final**). Al empezar un escrito y después de punto se escribe letra **mayúscula.**

## La coma

Indica una pausa breve al hablar o al escribir. Se escribe para separar palabras de una enumeración; después de expresiones como *es decir, por ejemplo, en primer lugar...;* para introducir aclaraciones *(Pienso, aunque no estoy segura, que ya se han ido);* para separar del resto de la oración el nombre de la persona a la que nos dirigimos *(Jon, ven un momento).*

## Los dos puntos

Se utilizan detrás de fórmulas de saludo (*querido profesor*: ...); delante de una enumeración (*seguid estos pasos*: ...); delante de una cita textual que va entre comillas (*él me dijo*: *«te invito a mi cumple»*).

## El punto y coma

Indica una pausa mayor que la coma y menor que el punto. Se escribe para separar oraciones cuyos significados tienen relación; para separar, en una oración, distintas partes cuando ya hay alguna coma.

## Los puntos suspensivos

Se utilizan para indicar que una oración o una enumeración no está completa.

## Los paréntesis

Se utilizan para introducir aclaraciones, explicaciones o datos concretos: (*Federico García Lorca (1898-1936) fue un gran poeta andaluz*); para presentar las acotaciones teatrales: (GIGANTE.—*(Con ferocidad)* ¡Te comeré!).

## La raya

Se utiliza para señalar las intervenciones de los personajes de un diálogo. También se usa la raya antes y después de una aclaración.

## El guion

Se emplea para dividir una palabra al final de un renglón *(agua-cate, aguaca-te);* y para separar palabras compuestas *(teórico-práctico).*

## Palabras con h

Se escriben con **h** las palabras que empiezan por **hia-, hie-, hue-, hui-** *(hiato, hielo, hueso, huida);* las que están formadas por los prefijos **hecto-, hepta-, hexa-, hemi-, hiper-;** y las formas de los verbos **haber, hablar, hacer, hallar** y **habitar.**

## Palabras con g y j; la diéresis

- La **g** suena fuerte delante de **e, i:** *geranio, girasol.* Suena suave delante de **a, o, u:** *gallo, gota, gusano.*

  Para que suene suave, hay que escribir **gu:** *hoguera.*

  La **diéresis** son los dos puntos que se escriben sobre la **u** para que suene en las sílabas **güe, güi:** *vergüenza.*

  Se escriben con **g** las palabras que empiezan por **geo-, gen-** y **gest-** *(geología, gentil, gesto);* los verbos terminados en **-ger, -gir** y **-gerar,** excepto *tejer* y *crujir (proteger, sumergir, refrigerar);* y las palabras que terminan en **-gen** *(origen).*

  Se escriben con **j** las palabras que comienzan por **aje-,** aunque hay algunas excepciones *(agenda, agente...)* y por **eje-** *(ajedrez, ejecutar);* o que terminan en **-aje, -eje, -jero, -jera** y **-jería** *(potaje, despeje, cajero, conserjería);* y algunas formas del verbo **traer.**

## Palabras terminadas en -d y -z

- Las palabras terminadas en **-d** forman su plural en **-des:** *bondad, bondades.*
- Las palabras que terminan en **-z** forman su plural en **-ces:** *perdiz, perdices.*

## Palabras con x

Se escriben con **x** las palabras que empiezan por la sílaba **ex** seguida del grupo **-pr-** o **-pl** *(explicar);* las palabras que empiezan por el prefijo **ex-** o **extra-** *(excéntrico, extraordinario).*

## Palabras con r y rr

El sonido **r** suave se representa con una sola **r:** *perdida.* El sonido **r** fuerte se representa: como **r** si va a principio de palabra *(rota);* como **r** si va detrás de **l, n, s** *(alrededor, Enriqueta, Israel);* si va entre vocales se representa como **rr** *(arroyo).*

## Palabras con ll e y

- Se escriben con **ll** las palabras que terminan en **-illa, -illo, -ullo** (excepto *tuyo* y *suyo*) *(bombilla, novillo, barullo);* y los verbos cuyo infinitivo termina en **-ellar, -illar, -ullar, -ullir.**
- Se escriben con **y** algunas formas de los verbos cuyo infinitivo no tiene ni **ll** ni **y** *(leyó);* algunas formas de los verbos cuyo infinitivo acaba en **-uir** *(disminuyó);* las palabras que tienen la sílaba **-yec-** *(proyectil);* los plurales de las palabras que acaban en **-y** *(leyes).*

## Palabras con b y v

- Se escriben con **b:** las palabras que comienzan por **bu-, bur-, bus-** *(buñuelo, burbuja, buscar);* los verbos terminados en **-bir** y **-buir,** excepto *hervir, servir* y *vivir (recibir, distribuir);* las terminaciones **-aba, -abas, -ábamos, -abais, -aban** de los verbos de la primera conjugación *(cantaba, buscábamos);* las palabras con **mb, bl** y **br** *(mueble);* todas las formas de los verbos **haber, beber** y **deber.**
- Se escriben con **v:** los adjetivos que terminan en **-ava, -ave, -avo, -eva, -eve, -evo, -iva, -ivo** *(brava, suave...);* los números y las estaciones del año *(nueve, verano);* las palabras que comienzan por **adv-** *(adviento);* las formas del verbo **ir** en las que aparezca este sonido, excepto las del pasado.

## Palabras con c y cc

Se escriben con **cc** las palabras que tienen en su misma familia léxica alguna palabra que contenga el grupo **-ct-:** *acción.*

## Nombres

- Designan a personas, objetos, animales o lugares, sentimientos, ideas.

**Clases de nombres**

| Según el género | | Según el número | | Según el significado | | |
|---|---|---|---|---|---|---|
| **Masculino** | **Femenino** | **Singular** | **Plural** | **Propio** | **Común** | |
| *gato* | *gata* | *casa* | *casas* | *Eduardo* | **Individual** | **Colectivo** |
| | | | | | *abeja* | *enjambre* |
| | | | | | **Concreto** | **Abstracto** |
| | | | | | *niña* | *alegría* |

## Adjetivos

- Son las palabras que dicen cómo son o están las personas, los objetos, los lugares... Acompañan al nombre y concuerdan con este en género y número.

**Grados del adjetivo**

| Positivo | Comparativo | Superlativo |
|---|---|---|
| *La maestra es joven.* | *La maestra es más joven que la directora.* | *La maestra es jovencísima.* |

## Determinantes

- **Artículos.** Acompañan al nombre.

| | |
|---|---|
| **Determinados** | *el, la, los, las* |
| **Indeterminados** | *un, una, unos, unas* |

- **Demostrativos.** Indican la proximidad o lejanía del nombre al que acompañan en relación con la persona que habla o escucha.

| | |
|---|---|
| **Cercanía** | *este, esta, estos, estas* |
| **Distancia media** | *ese, esa, esos, esas* |
| **Lejanía** | *aquel, aquella, aquellos, aquellas* |

- **Posesivos.** Indican posesión o pertenencia.

| | | |
|---|---|---|
| **Un poseedor** | **Singular** | *mi, tu, su, mío, mía, tuyo, tuya, suyo, suya* |
| | **Plural** | *mis, tus, sus, míos, mías, tuyos, tuyas, suyos, suyas* |
| **Varios poseedores** | **Singular** | *su, nuestro, nuestras, vuestro, vuestra, suyo, suya* |
| | **Plural** | *sus, nuestros, nuestras, vuestros, vuestras, suyos, suyas* |

- **Numerales.** Acompañan al nombre. Se escriben con una sola palabra hasta el treinta y, a partir de aquí, con dos o más palabras.

*uno, siete, veinte, treinta y cuatro, noventa y cinco...*

- **Indefinidos.** Acompañan al nombre e indican una cantidad imprecisa.

*algún, varias, demasiados, bastantes, poca, ciertos, otros, otra, mucha, todas...*

## Pronombres personales

- Sirven para nombrar a las personas del discurso.

| | | 1.ª persona | 2.ª persona | 3.ª persona |
|---|---|---|---|---|
| **Tónicos** | **Singular** | *yo, mí, conmigo* | *tú, usted, ti, contigo* | *él, ella, ello, sí, consigo* |
| | **Plural** | *nosotros, nosotras* | *vosotros, vosotras, ustedes* | *ellos, ellas, sí, consigo* |
| **Átonos** | **Singular** | *me* | *te* | *lo, la, le, se* |
| | **Plural** | *nos* | *os* | *los, las, les, se* |

## Palabras invariables

- **Adverbios.** Expresan distintas circunstancias.

| | |
|---|---|
| **Lugar** | *aquí, ahí, allí, dentro, fuera, encima, cerca...* |
| **Tiempo** | *hoy, mañana, pronto, ahora, después...* |
| **Modo** | *bien, mal, deprisa, rápidamente, lentamente...* |
| **Cantidad** | *más, menos, mucho, poco, bastante...* |
| **Afirmación** | *sí, también, efectivamente...* |
| **Negación** | *no, jamás, tampoco...* |
| **Duda** | *quizá, probablemente, acaso...* |

- **Preposiciones.** Asocian palabras con otras dentro de una misma oración.

*a, ante, bajo, con, contra, de, desde, durante, en, entre, hacia, hasta, mediante, para, por, según, sin, sobre, tras.*

- **Conjunciones.** Relacionan palabras y grupos de palabras dentro de una oración, así como unen dos o más oraciones.

*y, e, ni, o, u, pero, sino, que, aunque, porque...*

## Verbos

- El verbo es una palabra que indica acción (*cuidar*), estado (*sentir*) o situación (*dormir*).

**Las desinencias verbales indican:**

| | |
|---|---|
| **Tiempo** | **Pasado:** *cuidé* |
| | **Presente:** *cuido* |
| | **Futuro:** *cuidaré* |
| **Número** | **Singular:** *yo cuido, tú cuidas, ella cuida* |
| | **Plural:** *nosotros cuidamos, vosotras cuidáis, ellos cuidan* |
| **Persona** | **Primera:** *yo cuido, nosotros cuidamos...* |
| | **Segunda:** *tú cuidas, vosotras cuidáis...* |
| | **Tercera:** *él cuida, ellas cuidan...* |

**Conjugaciones verbales:**

| |
|---|
| **1.ª conjugación:** *cantar, bailar, amar* |
| **2.ª conjugación:** *correr, beber* |
| **3.ª conjugación:** *escribir, vivir, subir* |

**Formas no personales:**

| Infinitivo | Gerundio | Infinitivo |
|---|---|---|
| *amar* | *amando* | *amado* |

**Formas simples y formas compuestas**

| | |
|---|---|
| **Simples:** *amar* | **Compuestas:** *he amado* |

## Análisis morfológico

**Oración:** Mis hermanos Iker y Nadia estudian en una excelente universidad cerca de Sevilla.

- **Mis:** determinante posesivo, un poseedor, masculino, plural.
- **hermanos:** nombre común, concreto, individual, masculino, plural.
- **Iker/Nadia:** nombres propios.
- **y:** conjunción.
- **estudian:** verbo de la 1.ª conjugación, presente de indicativo, 3.ª persona, plural.
- **en:** preposición.
- **una:** artículo indeterminado, femenino, singular.
- **excelente:** adjetivo positivo, femenino, singular.
- **universidad:** nombre común, concreto, individual, femenino, singular.
- **cerca:** adverbio de lugar.
- **de:** preposición.
- **Sevilla:** nombre propio.

# Hablar

VERBO REGULAR • 1.ª CONJUGACIÓN

## Indicativo

| | FORMAS SIMPLES | FORMAS COMPUESTAS |
|---|---|---|
| | **Presente** | **Pretérito perfecto compuesto** |
| yo | hablo | he hablado |
| tú | hablas | has hablado |
| él/ella/Ud. | habla | ha hablado |
| nosotros/as | hablamos | hemos hablado |
| vosotros/as | habláis | habéis hablado |
| ellos/as/Uds. | hablan | han hablado |
| | **Pretérito imperfecto** | **Pretérito pluscuamperfecto** |
| yo | hablaba | había hablado |
| tú | hablabas | habías hablado |
| él/ella/Ud. | hablaba | había hablado |
| nosotros/as | hablábamos | habíamos hablado |
| vosotros/as | hablabais | habíais hablado |
| ellos/as/Uds. | hablaban | habían hablado |
| | **Pretérito perfecto simple** | **Pretérito anterior** |
| yo | hablé | hube hablado |
| tú | hablaste | hubiste hablado |
| él/ella/Ud. | habló | hubo hablado |
| nosotros/as | hablamos | hubimos hablado |
| vosotros/as | hablasteis | hubisteis hablado |
| ellos/as/Uds. | hablaron | hubieron hablado |
| | **Futuro simple** | **Futuro compuesto** |
| yo | hablaré | habré hablado |
| tú | hablarás | habrás hablado |
| él/ella/Ud. | hablará | habrá hablado |
| nosotros/as | hablaremos | habremos hablado |
| vosotros/as | hablaréis | habréis hablado |
| ellos/as/Uds. | hablarán | habrán hablado |
| | **Condicional simple** | **Condicional compuesto** |
| yo | hablaría | habría hablado |
| tú | hablarías | habrías hablado |
| él/ella/Ud. | hablaría | habría hablado |
| nosotros/as | hablaríamos | habríamos hablado |
| vosotros/as | hablaríais | habríais hablado |
| ellos/as/Uds. | hablarían | habrían hablado |

## Subjuntivo

| | FORMAS SIMPLES | FORMAS COMPUESTAS |
|---|---|---|
| | **Presente** | **Pretérito perfecto compuesto** |
| yo | hable | haya hablado |
| tú | hables | hayas hablado |
| él/ella/Ud. | hable | haya hablado |
| nosotros/as | hablemos | hayamos hablado |
| vosotros/as | habléis | hayáis hablado |
| ellos/as/Uds. | hablen | hayan hablado |
| | **Pretérito imperfecto** | **Pretérito pluscuamperfecto** |
| yo | hablara o hablase | hubiera o hubiese hablado |
| tú | hablaras o hablases | hubieras o hubieses hablado |
| él/ella/Ud. | hablara o hablase | hubiera o hubiese hablado |
| nosotros/as | habláramos o hablásemos | hubiéramos o hubiésemos hablado |
| vosotros/as | hablarais o hablaseis | hubierais o hubieseis hablado |
| ellos/as/Uds. | hablaran o hablasen | hubieran o hubiesen hablado |
| | **Futuro simple** | **Futuro compuesto** |
| yo | hablare | hubiere hablado |
| tú | hablares | hubieres hablado |
| él/ella/Ud. | hablare | hubiere hablado |
| nosotros/as | habláremos | hubiéremos hablado |
| vosotros/as | hablareis | hubiereis hablado |
| ellos/as/Uds. | hablaren | hubieren hablado |

## Imperativo

habla (tú)
hablad (vosotros, vosotras)

## Formas no personales

**Infinitivo**

hablar

**Gerundio**

hablando

**Participio**

hablado

# Beber

**VERBO REGULAR • 2.ª CONJUGACIÓN**

## Indicativo

| | FORMAS SIMPLES | FORMAS COMPUESTAS |
|---|---|---|
| | **Presente** | **Pretérito perfecto compuesto** |
| yo | bebo | he bebido |
| tú | bebes | has bebido |
| él/ella/Ud. | bebe | ha bebido |
| nosotros/as | bebemos | hemos bebido |
| vosotros/as | bebéis | habéis bebido |
| ellos/as/Uds. | beben | han bebido |
| | **Pretérito imperfecto** | **Pretérito pluscuamperfecto** |
| yo | bebía | había bebido |
| tú | bebías | habías bebido |
| él/ella/Ud. | bebía | había bebido |
| nosotros/as | bebíamos | habíamos bebido |
| vosotros/as | bebíais | habíais bebido |
| ellos/as/Uds. | bebían | habían bebido |
| | **Pretérito perfecto simple** | **Pretérito anterior** |
| yo | bebí | hube bebido |
| tú | bebiste | hubiste bebido |
| él/ella/Ud. | bebió | hubo bebido |
| nosotros/as | bebimos | hubimos bebido |
| vosotros/as | bebisteis | hubisteis bebido |
| ellos/as/Uds. | bebieron | hubieron bebido |
| | **Futuro simple** | **Futuro compuesto** |
| yo | beberé | habré bebido |
| tú | beberás | habrás bebido |
| él/ella/Ud. | beberá | habrá bebido |
| nosotros/as | beberemos | habremos bebido |
| vosotros/as | beberéis | habréis bebido |
| ellos/as/Uds. | beberán | habrán bebido |
| | **Condicional simple** | **Condicional compuesto** |
| yo | bebería | habría bebido |
| tú | beberías | habrías bebido |
| él/ella/Ud. | bebería | habría bebido |
| nosotros/as | beberíamos | habríamos bebido |
| vosotros/as | beberíais | habríais bebido |
| ellos/as/Uds. | beberían | habrían bebido |

## Subjuntivo

| | FORMAS SIMPLES | FORMAS COMPUESTAS |
|---|---|---|
| | **Presente** | **Pretérito perfecto compuesto** |
| yo | beba | haya bebido |
| tú | bebas | hayas bebido |
| él/ella/Ud. | beba | haya bebido |
| nosotros/as | bebamos | hayamos bebido |
| vosotros/as | bebáis | hayáis bebido |
| ellos/as/Uds. | beban | hayan bebido |
| | **Pretérito imperfecto** | **Pretérito pluscuamperfecto** |
| yo | bebiera o bebiese | hubiera o hubiese bebido |
| tú | bebieras o bebieses | hubieras o hubieses bebido |
| él/ella/Ud. | bebiera o bebiese | hubiera o hubiese bebido |
| nosotros/as | bebiéramos o bebiésemos | hubiéramos o hubiésemos bebido |
| vosotros/as | bebierais o bebieseis | hubierais o hubieseis bebido |
| ellos/as/Uds. | bebieran o bebiesen | hubieran o hubiesen bebido |
| | **Futuro simple** | **Futuro compuesto** |
| yo | bebiere | hubiere bebido |
| tú | bebieres | hubieres bebido |
| él/ella/Ud. | bebiere | hubiere bebido |
| nosotros/as | bebiéremos | hubiéremos bebido |
| vosotros/as | bebiereis | hubiereis bebido |
| ellos/as/Uds. | bebieren | hubieren bebido |

## Imperativo

bebe (tú)
bebed (vosotros, vosotras)

## Formas no personales

**Infinitivo**

beber

**Gerundio**

bebiendo

**Participio**

bebido

# Vivir

VERBO REGULAR • 3.ª CONJUGACIÓN

## Indicativo

| | FORMAS SIMPLES | FORMAS COMPUESTAS |
|---|---|---|
| | **Presente** | **Pretérito perfecto compuesto** |
| yo | vivo | he vivido |
| tú | vives | has vivido |
| él/ella/Ud. | vive | ha vivido |
| nosotros/as | vivimos | hemos vivido |
| vosotros/as | vivís | habéis vivido |
| ellos/as/Uds. | viven | han vivido |
| | **Pretérito imperfecto** | **Pretérito pluscuamperfecto** |
| yo | vivía | había vivido |
| tú | vivías | habías vivido |
| él/ella/Ud. | vivía | había vivido |
| nosotros/as | vivíamos | habíamos vivido |
| vosotros/as | vivíais | habíais vivido |
| ellos/as/Uds. | vivían | habían vivido |
| | **Pretérito perfecto simple** | **Pretérito anterior** |
| yo | viví | hube vivido |
| tú | viviste | hubiste vivido |
| él/ella/Ud. | vivió | hubo vivido |
| nosotros/as | vivimos | hubimos vivido |
| vosotros/as | vivisteis | hubisteis vivido |
| ellos/as/Uds. | vivieron | hubieron vivido |
| | **Futuro simple** | **Futuro compuesto** |
| yo | viviré | habré vivido |
| tú | vivirás | habrás vivido |
| él/ella/Ud. | vivirá | habrá vivido |
| nosotros/as | viviremos | habremos vivido |
| vosotros/as | viviréis | habréis vivido |
| ellos/as/Uds. | vivirán | habrán vivido |
| | **Condicional simple** | **Condicional compuesto** |
| yo | viviría | habría vivido |
| tú | vivirías | habrías vivido |
| él/ella/Ud. | viviría | habría vivido |
| nosotros/as | viviríamos | habríamos vivido |
| vosotros/as | viviríais | habríais vivido |
| ellos/as/Uds. | vivirían | habrían vivido |

## Subjuntivo

| | FORMAS SIMPLES | FORMAS COMPUESTAS |
|---|---|---|
| | **Presente** | **Pretérito perfecto compuesto** |
| yo | viva | haya vivido |
| tú | vivas | hayas vivido |
| él/ella/Ud. | viva | haya vivido |
| nosotros/as | vivamos | hayamos vivido |
| vosotros/as | viváis | hayáis vivido |
| ellos/as/Uds. | vivan | hayan vivido |
| | **Pretérito imperfecto** | **Pretérito pluscuamperfecto** |
| yo | viviera o viviese | hubiera o hubiese vivido |
| tú | vivieras o vivieses | hubieras o hubieses vivido |
| él/ella/Ud. | viviera o viviese | hubiera o hubiese vivido |
| nosotros/as | viviéramos o viviésemos | hubiéramos o hubiésemos vivido |
| vosotros/as | vivierais o vivieseis | hubierais o hubieseis vivido |
| ellos/as/Uds. | vivieran o viviesen | hubieran o hubiesen vivido |
| | **Futuro simple** | **Futuro compuesto** |
| yo | viviere | hubiere vivido |
| tú | vivieres | hubieres vivido |
| él/ella/Ud. | viviere | hubiere vivido |
| nosotros/as | viviéremos | hubiéremos vivido |
| vosotros/as | viviereis | hubiereis vivido |
| ellos/as/Uds. | vivieren | hubieren vivido |

## Imperativo

vive (tú)

vivid (vosotros, vosotras)

## Formas no personales

**Infinitivo**

vivir

**Gerundio**

viviendo

**Participio**

vivido

# Haber

**VERBO IRREGULAR • 2.ª CONJUGACIÓN**

## Indicativo

### FORMAS SIMPLES

**Presente**

| | |
|---|---|
| yo | he |
| tú | has |
| él/ella/Ud. | ha |
| nosotros/as | hemos |
| vosotros/as | habéis |
| ellos/as/Uds. | han |

**Pretérito imperfecto**

| | |
|---|---|
| yo | había |
| tú | habías |
| él/ella/Ud. | había |
| nosotros/as | habíamos |
| vosotros/as | habíais |
| ellos/as/Uds. | habían |

**Pretérito perfecto simple**

| | |
|---|---|
| yo | hube |
| tú | hubiste |
| él/ella/Ud. | hubo |
| nosotros/as | hubimos |
| vosotros/as | hubisteis |
| ellos/as/Uds. | hubieron |

**Futuro simple**

| | |
|---|---|
| yo | habré |
| tú | habrás |
| él/ella/Ud. | habrá |
| nosotros/as | habremos |
| vosotros/as | habréis |
| ellos/as/Uds. | habrán |

**Condicional simple**

| | |
|---|---|
| yo | habría |
| tú | habrías |
| él/ella/Ud. | habría |
| nosotros/as | habríamos |
| vosotros/as | habríais |
| ellos/as/Uds. | habrían |

## Subjuntivo

### FORMAS SIMPLES

**Presente**

haya
hayas
haya
hayamos
hayáis
hayan

**Pretérito imperfecto**

hubiera o hubiese
hubieras o hubieses
hubiera o hubiese
hubiéramos o hubiésemos
hubierais o hubieseis
hubieran o hubiesen

**Futuro simple**

hubiere
hubieres
hubiere
hubiéremos
hubiereis
hubieren

## Imperativo

* hé (tú)
* habed (vosotros, vosotras)
* Estas formas ya no se utilizan.

**Nota:** En el presente de indicativo, el verbo **haber** tiene una forma especial: **hay,** que no tiene nunca sujeto. Por ejemplo, «*¿Hay manzanas?*».

## Formas no personales

**Infinitivo**

haber

**Gerundio**

habiendo

**Participio**

habido

# Ser

VERBO IRREGULAR • 2.ª CONJUGACIÓN

## Indicativo

| | FORMAS SIMPLES | FORMAS COMPUESTAS |
|---|---|---|
| | **Presente** | **Pretérito perfecto compuesto** |
| yo | soy | he sido |
| tú | eres | has sido |
| él/ella/Ud. | es | ha sido |
| nosotros/as | somos | hemos sido |
| vosotros/as | sois | habéis sido |
| ellos/as/Uds. | son | han sido |
| | **Pretérito imperfecto** | **Pretérito pluscuamperfecto** |
| yo | era | había sido |
| tú | eras | habías sido |
| él/ella/Ud. | era | había sido |
| nosotros/as | éramos | habíamos sido |
| vosotros/as | erais | habíais sido |
| ellos/as/Uds. | eran | habían sido |
| | **Pretérito perfecto simple** | **Pretérito anterior** |
| yo | fui | hube sido |
| tú | fuiste | hubiste sido |
| él/ella/Ud. | fue | hubo sido |
| nosotros/as | fuimos | hubimos sido |
| vosotros/as | fuisteis | hubisteis sido |
| ellos/as/Uds. | fueron | hubieron sido |
| | **Futuro simple** | **Futuro compuesto** |
| yo | seré | habré sido |
| tú | serás | habrás sido |
| él/ella/Ud. | será | habrá sido |
| nosotros/as | seremos | habremos sido |
| vosotros/as | seréis | habréis sido |
| ellos/as/Uds. | serán | habrán sido |
| | **Condicional simple** | **Condicional compuesto** |
| yo | sería | habría sido |
| tú | serías | habrías sido |
| él/ella/Ud. | sería | habría sido |
| nosotros/as | seríamos | habríamos sido |
| vosotros/as | seríais | habríais sido |
| ellos/as/Uds. | serían | habrían sido |

## Subjuntivo

| FORMAS SIMPLES | FORMAS COMPUESTAS |
|---|---|
| **Presente** | **Pretérito perfecto compuesto** |
| sea | haya sido |
| seas | hayas sido |
| sea | haya sido |
| seamos | hayamos sido |
| seáis | hayáis sido |
| sean | hayan sido |
| **Pretérito imperfecto** | **Pretérito pluscuamperfecto** |
| fuera o fuese | hubiera o hubiese sido |
| fueras o fueses | hubieras o hubieses sido |
| fuera o fuese | hubiera o hubiese sido |
| fuéramos o fuésemos | hubiéramos o hubiésemos sido |
| fuerais o fueseis | hubierais o hubieseis sido |
| fueran o fuesen | hubieran o hubiesen sido |
| **Futuro simple** | **Futuro compuesto** |
| fuere | hubiere sido |
| fueres | hubieres sido |
| fuere | hubiere sido |
| fuéremos | hubiéremos sido |
| fuereis | hubiereis sido |
| fueren | hubieren sido |

## Imperativo

sé (tú)
sed (vosotros, vosotras)

## Formas no personales

**Infinitivo**

ser

**Gerundio**

siendo

**Participio**

sido

# Estar

**VERBO IRREGULAR • 1.ª CONJUGACIÓN**

## Indicativo

| | FORMAS SIMPLES | FORMAS COMPUESTAS |
|---|---|---|
| | **Presente** | **Pretérito perfecto compuesto** |
| yo | estoy | he estado |
| tú | estás | has estado |
| él/ella/Ud. | está | ha estado |
| nosotros/as | estábamos | hemos estado |
| vosotros/as | estáis | habéis estado |
| ellos/as/Uds. | están | han estado |
| | **Pretérito imperfecto** | **Pretérito pluscuamperfecto** |
| yo | estaba | había estado |
| tú | estabas | habías estado |
| él/ella/Ud. | estaba | había estado |
| nosotros/as | estábamos | habíamos estado |
| vosotros/as | estabais | habíais estado |
| ellos/as/Uds. | estaban | habían estado |
| | **Pretérito perfecto simple** | **Pretérito anterior** |
| yo | estuve | hube estado |
| tú | estuviste | hubiste estado |
| él/ella/Ud. | estuvo | hubo estado |
| nosotros/as | estuvimos | hubimos estado |
| vosotros/as | estuvisteis | hubisteis estado |
| ellos/as/Uds. | estuvieron | hubieron estado |
| | **Futuro simple** | **Futuro compuesto** |
| yo | estaré | habré estado |
| tú | estarás | habrás estado |
| él/ella/Ud. | estará | habrá estado |
| nosotros/as | estaremos | habremos estado |
| vosotros/as | estaréis | habréis estado |
| ellos/as/Uds. | estarán | habrán estado |
| | **Condicional simple** | **Condicional compuesto** |
| yo | estaría | habría estado |
| tú | estarías | habrías estado |
| él/ella/Ud. | estaría | habría estado |
| nosotros/as | estaríamos | habríamos estado |
| vosotros/as | estaríais | habríais estado |
| ellos/as/Uds. | estarían | habrían estado |

## Subjuntivo

| | FORMAS SIMPLES | FORMAS COMPUESTAS |
|---|---|---|
| | **Presente** | **Pretérito perfecto compuesto** |
| yo | esté | haya estado |
| tú | estés | hayas estado |
| él/ella/Ud. | esté | haya estado |
| nosotros/as | estemos | hayamos estado |
| vosotros/as | estéis | hayáis estado |
| ellos/as/Uds. | estén | hayan estado |
| | **Pretérito imperfecto** | **Pretérito pluscuamperfecto** |
| yo | estuviera o estuviese | hubiera o hubiese estado |
| tú | estuvieras o estuvieses | hubieras o hubieses estado |
| él/ella/Ud. | estuviera o estuviese | hubiera o hubiese estado |
| nosotros/as | estuviéramos o estuviésemos | hubiéramos o hubiésemos estado |
| vosotros/as | estuvierais o estuvieseis | hubierais o hubieseis estado |
| ellos/as/Uds. | estuvieran o estuviesen | hubieran o hubiesen estado |
| | **Futuro simple** | **Futuro compuesto** |
| yo | estuviere | hubiere estado |
| tú | estuvieres | hubieres estado |
| él/ella/Ud. | estuviere | hubiere estado |
| nosotros/as | estuviéremos | hubiéremos estado |
| vosotros/as | estuviereis | hubiereis estado |
| ellos/as/Uds. | estuvieren | hubieren estado |

## Imperativo

está (tú)
estad (vosotros, vosotras)

## Formas no personales

**Infinitivo**

estar

**Gerundio**

estando

**Participio**

estado

**Operación Mundo** es un proyecto educativo de Anaya para Educación Primaria.

En la realización de este proyecto han intervenido:

Edición: Maite Vargas, Isabel García, Tulia Guisado, Olivia Melara, Nayeli Rodríguez.

Diseño y gráficos: Patricia G. Serrano, Paz Franch.

Ilustración: Edu Rubio.

Maquetación: Antonio Mateo.

Corrección: Miguel Ángel Alonso.

Edición gráfica: Mar Merino.

Fotografías: Album (Lionsgate/Mandeville Films / Participant Media / Walden Media); Cordon Press (National Geographic /Courtesy Everett Collection); Archivo Anaya (Balaguer, T.; Candel, C.; Cosano, P; Martin, J.; Martín, J.A.; Padura, S.; Rico, J.J.; Sánchez, J.); Getty Images (London Stereoscopic Company; Illustrated London News; Mike Harrington; Heritage Images; Klaus Vedjelt; Damocean; Stock Planets; Hulton Archive; Giovanni Ferrari; Apic; Kerrick; Vesnaandjic); iStock/Getty Images, 123RF y colaboradores.

Proyectos interdisciplinares: Victoria Castellano.

IMPORTANTE. Las actividades propuestas en este libro deben ser realizadas en cuadernos u hojas sueltas; nunca en el propio libro.

Esta obra puede contener **enlaces** a páginas y sitios externos, que ANAYA no edita, controla, supervisa y/o mantiene, por lo que ANAYA declina expresamente cualquier responsabilidad respecto a dichas páginas y sitios.


ISBN: 978-84-143-0192-0 - Depósito Legal: M-2545-2022 - Printed in Spain.



ET043267/1E1I - 8400000